企业AI之旅

[德] 拉尔夫·T.克罗伊策 (Ralf T. Kreutzer) 著
玛丽·西伦贝格 (Marie Sirrenberg)

邵牧寒 译

中国科学技术出版社
·北京·

First published in English under the title
Understanding Artificial Intelligence: Fundamentals, Use Cases and Methods for a
Corporate AI Journey
by Ralf T. Kreutzer and Marie Sirrenberg, edition: 1
Copyright © Springer Nature Switzerland AG, 2020
This edition has been translated and published under licence from
Springer Nature Switzerland AG.
Springer Nature Switzerland AG takes no responsibility and shall not be made liable for
the accuracy of the translation.
Simplified Chinese translation copyright ©2024 by China Science and Technology Press
Co., Ltd and China Atomic Energy Publishing& Media Company Limited All rights
reserved.

北京市版权局著作权合同登记　图字：01-2023-4518

图书在版编目（CIP）数据

企业 AI 之旅：修订版 /（德）拉尔夫·T. 克罗伊策，
（德）玛丽·西伦贝格著；邰牧寒译 . -- 北京：中国科
学技术出版社，2025.4. -- ISBN 978-7-5236-1326-9
Ⅰ . F272.7
中国国家版本馆 CIP 数据核字第 2025L2F118 号

策划编辑	任长玉	责任编辑	任长玉
封面设计	北京潜龙	版式设计	蚂蚁设计
责任校对	张晓莉	责任印制	李晓霖

出　　版	中国科学技术出版社
发　　行	中国科学技术出版社有限公司
地　　址	北京市海淀区中关村南大街 16 号
邮　　编	100081
发行电话	010-62173865
传　　真	010-62173081
网　　址	http://www.cspbooks.com.cn

开　　本	710mm×1000mm　1/16
字　　数	292 千字
印　　张	20.5
版　　次	2025 年 4 月第 2 版
印　　次	2025 年 4 月第 1 次印刷
印　　刷	北京盛通印刷股份有限公司
书　　号	ISBN 978-7-5236-1326-9/F·1359
定　　价	79.00 元

（凡购买本社图书，如有缺页、倒页、脱页者，本社销售中心负责调换）

前言

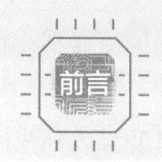

在数字化主题论坛中,有一个术语的热度越来越高:人工智能(AI)。商汤科技等中国企业甚至将人工智能作为第四次工业革命的核心。当今世界,大多数经济体都在这场革命中明确了自己的定位。商汤科技无疑站在第一梯队——毕竟它是目前全球最有价值的初创公司之一。

这种情况并非偶然。中国在国家行动纲领《中国制造 2025》中,将人工智能确定为未来引领全球的十大工业领域之一。中国的雄心壮志令人印象深刻。到 2030 年,中国的目标是成为世界主要人工智能创新中心。届时,人工智能产值将达到 1500 亿美元,而相关衍生产业的产值将是这一数字的 10 倍。中国已经认识到,人工智能将成为所有新科技的基础学科。

美国和欧洲的发达国家离这些战略规划还有很长的路要走。可能的原因有以下几种:

- 人工智能能够为企业、行业和国家做出什么样的贡献尚未形成一个全面的概念。
- 严格的法律框架使得人工智能企业难以收集和使用相关数据。
- 缺少相关概念(经过验证),所以现在也就没办法释放人工智能的潜力。

我们如今已经在多个领域使用了人工智能程序。例如,使用 Alexa(亚马逊旗下智能音箱)或谷歌之家等智能助手,我们就可以访问人工智能程序。使用谷歌翻译或 DeepL 翻译也都会使用到人工智能服务。人脸识别系统也使用了人工智能算法。放射科医生通过计算机检查 X 光片和 CT 扫描结果时,也借助了人工智能专家系统的帮助。另外，各种领域的机器人部署也越来越多，自动驾驶汽车就是其中一个人工智能应用领域。

以上这些说明，人工智能已经深入到我们的日常生活中。我们希望通过本书帮助读者理解并认识到人工智能的潜力，同时还明确了发展人工智能所需的各种框架。最后为大家展开了一幅人工智能的展望画卷，促进企业发展人工智能潜力。毕竟，有一件事是肯定的：人工智能将以比许多人能够想象的更先进、更长久的方式深入人们日常生活和工作中。

本书鼓励读者深入研究人工智能，并尽早确定其可持续增值的应用领域。更重要的是激发人们对人工智能在各领域作用的好奇心。那就是人工智能将很快从先进科技转变为基础科技。毕竟，人工智能并不像其他科技一样单纯是一项技术，而是一项基本创新，而且将在未来几年内渗透到商业和日常生活的所有领域。

做好准备吧。

目录

第 1 章　人工智能的概念与应用　001 CHAPTER 1

1.1　人工智能的核心　/　004

1.2　人工智能的用途　/　018

1.3　人工智能的应用领域　/　027

　　1.3.1　自然语言处理（NLP）　/　030

　　1.3.2　自然图像处理　/　037

　　1.3.3　专家系统　/　041

　　1.3.4　机器人　/　043

1.4　人工智能会对全球经济产生什么影响　/　050

第 2 章　人工智能的驱动因素　067 CHAPTER 2

2.1　摩尔定律和指数效应　/　069

2.2　产品、服务和生产流程的数字化和非实体化　/　070

2.3 万物互联 / 072

2.4 大数据 / 075

2.5 新技术 / 080

2.6 投资人工智能 / 094

099
CHAPTER 3

第 3 章
人工智能在工业生产中的应用

3.1 应用领域的介绍 / 101

3.2 工业生产中的重大进步 / 102

3.3 智能制造 / 103

3.4 价值链和价值体系的进一步发展 / 108

3.5 智能制造的影响和展望 / 111

119
CHAPTER 4

第 4 章
人工智能在客户服务中的应用

4.1 客户服务：从简单的聊天机器人到智能个人助理 / 121

    4.1.1 客户和企业的诉求 / 121

    4.1.2 客户服务中的语音分析和聊天机器人 / 123

    4.1.3 客户服务中的智能助手 / 134

    4.1.4 将聊天机器人和智能助手整合进客户服务 / 144

4.2 市场营销 / 149

    4.2.1 潜在客户预测、潜在客户分析和推荐动机 / 149

目录

4.2.2 会话商务 / 153

4.2.3 情绪分析 / 156

4.2.4 动态定价 / 160

4.2.5 内容创建 / 162

4.2.6 图像识别 / 165

4.2.7 错误检测 / 169

175
CHAPTER 5

第 5 章
人工智能在零售、服务和维护中的应用

5.1 零售价值链 / 177

5.2 零售业中的购买行为预测 / 180

5.3 服务与维护 / 182

189
CHAPTER 6

第 6 章
人工智能在医疗保健、教育和人力资源管理中的应用

6.1 利用医疗应用程序优化就诊流程 / 191

6.2 数字孪生和人脑计划 / 193

6.3 基于人工智能的医疗实例 / 196

6.4 人工智能在教育领域的应用 / 202

6.5 人工智能在人力资源管理领域的应用 / 211

第 7 章
人工智能在能源、智能家居、交通和运输中的应用

217
CHAPTER 7

7.1　人工智能在能源领域的应用　/　219

7.2　智能家居　/　221

7.3　从智能家居到智能城市　/　227

7.4　交通和运输　/　229

第 8 章
人工智能在金融服务和创意行业中的应用

235
CHAPTER 8

8.1　金融服务　/　237

8.2　创意行业　/　240

第 9 章
人工智能在安保和军事中的应用

251
CHAPTER 9

9.1　安保和社会评级　/　253

9.2　军事领域　/　256

第 10 章
人工智能面临的挑战

10.1　作为基础框架的三层模型　/　263
10.2　记录下企业人工智能技术的应用成熟度　/　266
10.3　让你的企业踏上人工智能之旅　/　270
　　　10.3.1　第一阶段：综合信息收集　/　271
　　　10.3.2　第二阶段：人工智能部署准备　/　274
　　　10.3.3　第三阶段：人工智能程序的发展　/　277
　　　10.3.4　第四阶段：将人工智能程序和人工
　　　　　　　智能结果整合进企业　/　299

第 11 章
未来展望

11.1　人工智能发展的时间线　/　307
11.2　政治和社会的挑战　/　313

第 1 章

人工智能的概念与应用

第 1 章　人工智能的概念与应用

> 本章主要介绍人工智能的核心内容，包括中心定义、神经网络、机器学习以及深度学习等概念；还有人工智能的各种应用领域，如语言处理、图像处理、专家系统和机器人等，最后介绍了人工智能在全球经济发展中所起的作用。读者可从本章了解到世界各国在人工智能领域的研发情况和成就。

一切皆有可能！

人工智能属于较为前沿的科研领域，专业性极强。通常情况下，我们并不会注意到存在于生活中的人工智能，只是感觉做很多事情都比以前方便多了。比如，我们通过语音命令来控制 Alexa[①]、谷歌家庭智能设备或者 Siri[②] 等智能语音助手来播放音乐、购物、安排日程、阅读文本，甚至可以控制智能家居。人工智能扮演的是数字助理的角色，而不是真人助理。

人工智能广泛存在于我们的周围。比如使用谷歌翻译或者德国的初创公司 DeepL 开发的软件进行在线翻译时就会用到人工智能，进行人脸识别时也要用到人工智能（例如，用于企业的控制权限或使用智能手机），还有各种用于评估病史或 X 光片、CT 检查的专业系统都绕不开人工智能的帮助。尤其是在机器人领域，人工智能的主要应用已经不再局限于生产和物流运输控制，而是逐步向自动驾驶方面发展，也就是让机器人成为驾驶员。现在人工智能面临的最大挑战就是取代人脑。

无论是学生、管理者、企业职员还是政府公务员，深入挖掘人工智能的潜力都具有巨大的现实意义。我们可以清晰地看出 2016—2025 年，全球预计在人工智能领域的获利情况（图 1.1）。

---

① Alexa 是亚马逊旗下的智能音箱、智能语音助手。——编者注
② Siri 是苹果智能语音助手。——编者注

（单位：万美元）

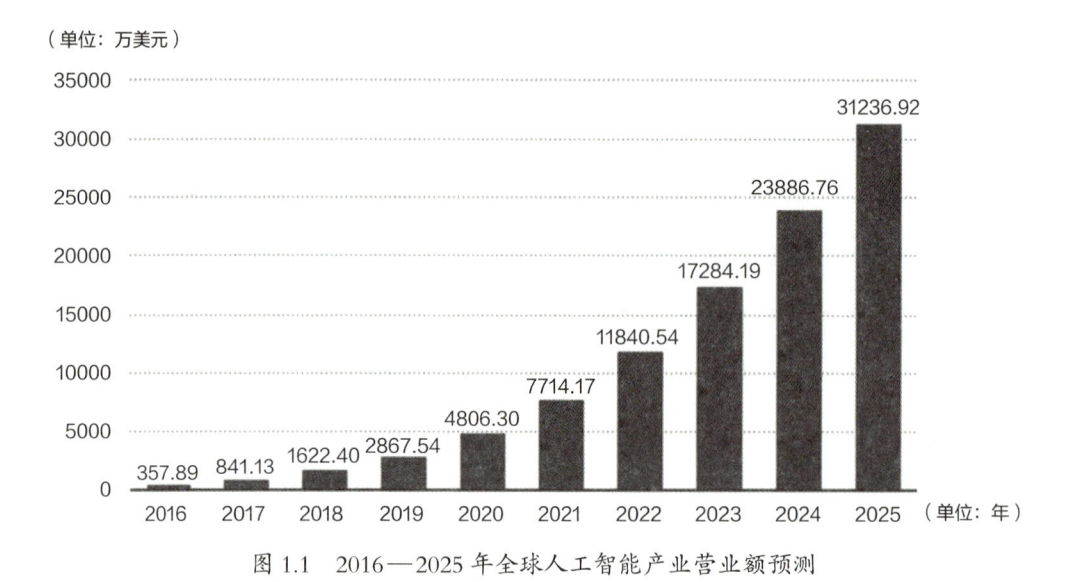

图 1.1　2016—2025 年全球人工智能产业营业额预测

资料来源：Statista①（2018 年）。

在我们深入了解人工智能的各个应用领域之前，首先要明白人工智能的准确定义以及功能，然后详细了解其不同的应用领域，探索人工智能的应用范围。此外，我们还研究了人工智能在全球经济中所起的作用。

1.1　人工智能的核心

在我们探讨人工智能之前，先来了解一下什么是智能。此处的"智能"并不是狭义上的智商，而是指人类智能的具体定义，即在下面各方面涉及的多种智能：

- 语言智能
- 音乐智能
- 逻辑数学智能
- 身体运动智能
- 人际交往智能
- 自然主义和存在主义智能

---

① Statista 是一家德国的在线数据平台。——编者注

- 空间智能
- 创造性智能

上述的多样性智能充分证明了我们在人工智能领域仍然还有很长的路要走。因此，人们担心的人工智能会取代人类主宰世界的这种可怕场景，现在看来有点杞人忧天了。

知识点

人工智能系统是研究"智能"行为如何处理问题，也就是根据现有知识信息，开发出自动生成"智能"解决方案的系统。这种系统并不仅仅以人类的方式解决问题，还能以其他的方式突破人类能力限制来解决问题。人工智能的核心是程序。

从本质上来说，人工智能有多种定义，里奇（Rich，1983）曾对此做出了一种最基本的解释，"人工智能的目的是研究如何让计算机能够做到此时此刻人类已经完全掌握的东西"。我们对人工智能的认识清晰地表明，其概念正在随着科技的发展不断地更新。就在10年、15年或者20年前，你能想象到，2019年的汽车已经大规模普及了自动驾驶功能了吗？

人工智能最准确的定义是：以与人类智能相似的方式做出反应的能力。其中包括如何感知以及论证、独立学习，最后独立解决问题的能力。如下是三种类型（独立评估或组合评估）的评估方法：

- 说明（对于实际情况的说明）
- 预估（对于意愿的预估）
- 方案（实际操作的方案）

在人工智能的发展过程中，出现了一个有趣的现象。其首要任务是处理人类难以完成，但对于人工智能系统却很简单的情况（比如复杂的计算过程）。这样的任务可以通过固定的规则来解决，也就是说人工智能系统最基础的任务之一就是使用这些规则处理大量数据。另外，在某些解决方案没有固定规则的情况下，计算机处理起来就会非常困难。语音识别和人脸识别就是这种情况。比如，某个物理实体是桌子或椅子，那么人类可以很容易地识别。因为桌子和椅子通常都有四条腿，但功能不同。但是对于人工智能系统来说，则需要识别出大量不同的图像。然而，人工智能通常还不能识别实际的"目标对象的含义"。

人工智能系统通过大量图片学习牧羊犬和狼之间的区别，因为许多狼的背景图片中都有雪，那么如果牧羊犬的背景图片中有雪的话，系统就会被误导，将牧羊犬错误地识别为狼。反过来说，如果狼佩戴了牧羊犬的项圈，那么系统就可能把狼错误地识别为牧羊犬，因为绝大部分狼的图片中都不会出现佩戴项圈的现象，这几乎是当前计算机的人工智能水平。

我们先来了解一下人工智能（图 1.2）。人工智能的一个重要元素是神经网络。神经网络的概念最初来自神经科学。此处的神经网络是指作为神经系统的一部分执行某些功能的神经元之间组成的网络。现在我们正在建设这种神经网络。神经网络中的信息并不是线性处理的，而是并行处理的，可以通过连接神经元和特殊处理功能来实现。这样，即使初始信息非常复杂，也可

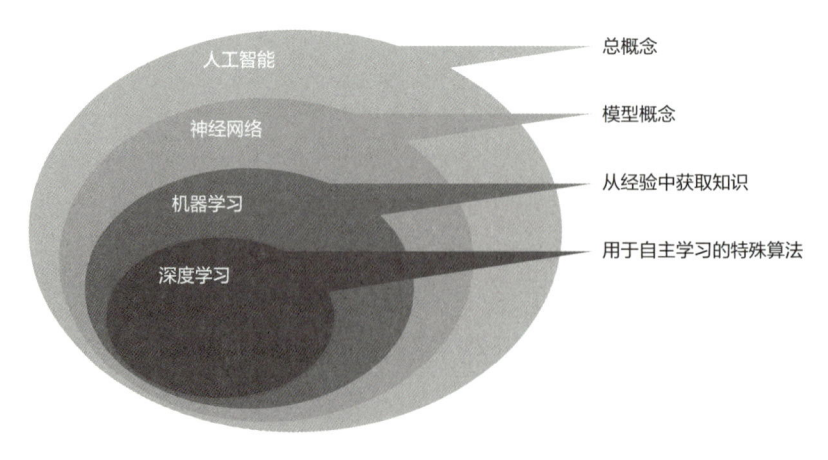

图 1.2 人工智能的结构

以通过多线程分别处理，并且不影响信息间的关联。神经网络的重点就是独立学习这些关联，而这种学习则是基于系统初始提供的学习数据（也称为训练数据）。

神经网络是一种以人类大脑为蓝本设计的硬件和软件系统，因此也代表了人工智能的巅峰。神经网络包含大量多线程处理器，这些处理器分为各个层级（图1.3）。第一层（输入层）接收原始数据，这一层类似于人类视觉系统中的视神经。接下来的每一层（隐藏层1和隐藏层2）都会接收前一层输出的结果，而非上层的处理数据。这类似于人类神经系统中离视觉神经较远的神经元只从附近的神经元接收信号。神经网络就是模拟人类神经的这种机制，利用大量的隐藏层来处理数据，隐藏层的数量特别巨大，远远超出100、1000甚至10000个层级数量！人工智能系统就在大量层级中学习（理想状况下）。最后一层（输出层）负责输出人工智能的处理结果。

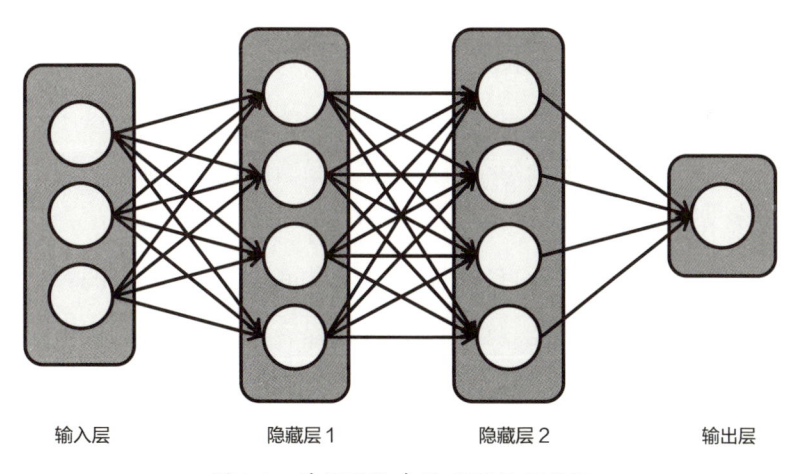

图1.3 神经网络中的不同处理层级

每个处理器都负责一个专门的信息范围。这个范围不仅包括初始设置的处理规则，还包括了在机器学习过程中人工智能自主补充的信息和规则。这意味着"机器"可以自主学习，所以能够或多或少地超越初始规则。

知识点

"机器"在使用过程中会在原始数据的基础上逐渐丰富各种知识。与传统的基于指定算法的系统（数据按照指定规则进行处理）相比，人工智能会自主进化和学习，可以做到近乎完美的结果，其中初始算法是自主进化的基础。如果新算法在学习过程中产生了更完美的结果，"机器"就会自主选择新算法，这个过程称为机器学习。

不同的处理器层级可以用多种关联方法来用于自主学习。如图1.3所示，层级"n"中每个节点的输入都连接上一个处理层级"$n-1$"中的许多个节点。输入层级是个例外，它只能拥有一个节点（图1.3中显示了3个节点）。另外，层级"n"的输出连接下一层级"$n+1$"的输入，这些连接可以使数据逐层传递。输出层级的节点数量也是个例外，所有的节点都可以从中读取信息。

神经网络的结构可以用长度来表示，具体取决于输入层级和输出层级之间的层级数量，也就是隐藏层。此外，神经网络还可以通过宽度来表示。宽度指的是隐藏节点数量以及每个节点的输入和输出数量。标准的神经网络结构允许信息在层级之间双向传递。

我们来仔细看看机器学习的原理。从上文可知，机器学习的算法能够自主学习，从而提高自身性能。算法是一种编程语言，以固定的规则处理输入数据并根据规则输出结果。机器学习使用非常特殊的算法，即自适应算法。这种算法允许机器自主学习而无须程序员的干预。当然，这一过程需要大量数据。通过这种方式，算法不断地自我进化，功能也随之越来越强大，而无须人类的介入。为了保证机器自主学习，就需要输入大量的高质量数据作为"培训材料"。新算法用这些数据作为基础不断进化，学习完毕后，再输入复杂的数据用于检查成果，进行局部调整。为了提高算法的性能，我们还需要反馈数据。

在机器学习以及日益强大的算法开发中，有几种不同类型的学习。

- 监督学习

在监督学习中，人工智能系统已经知道正确的答案，只是需要调整不同的算法，以便从现有数据集中尽可能地算出最精确的答案。因此，算法的目标和任务属于已有内容。

在算法运行时，我们必须要给每一组输入和输出的数据都赋予定义。算法会根据输入的数据进行自主学习来确定输入数据和输出数据之间的关联，使用的方法包括线性回归、线性判别分析和决策树等。在算法足够精密、准确后，人工智能系统完成自主学习，接下来就会使用学习到的新规则处理数据。

这种人工智能系统可以根据不同车型的特征（例如品牌、马力、发动机型号、特性）来分析其售价。该系统独立于预先设定的数据集之外进行学习，然后对模型进行解读。

- 非监督学习

在非监督学习中，人工智能系统并没有预先设置的规则，所以系统必须自主学习数据中的关联性和模型。人类对此并不知情，相反，一切都会交由系统自主学习。因此，该系统通过自主学习获得的信息极有可能超出人类的认知。

在这种情况下，算法接收的是未知数据，所以需要独立处理这些数据。为此，算法会识别表现出相似行为或相似特征的数据组。这里使用了分层和K均值聚类方法。

经研究发现，这种学习经常用于在社交软件中筛选某些容易受虚假信息欺骗，并且评论或转发虚假信息的群体。这一类群体的典型特征是特别喜欢猫咪的图片，或者在晚上10点到11点特别活跃，积极发布社交动态。这项发现明显不符合人类常态。不幸的是，这种算法在2016年的美国总统大选和同年的英国脱欧投票中已经投入使用。

- 强化学习

在强化学习中，学习初始阶段并不会产生最优方案，整个系统通过不断试错来迭代更新解决方案，在迭代过程中随时放弃或进一步深入产生新的方案，其中的驱动机制由"奖励"（产生优秀解决方案时）和"惩罚"（解决方案存在瑕疵时）组成。这一方法只在初始学习数据很少或者无法明确界定理想的结果时采用，另外也适用于某些内容只能从与外部环境的交互中自主学习时。

在学习过程中，一切决策和行为都由机器算法来决定。如果某动作准确，那么就会产生奖励，相反，如果某行为错误，那么就会产生惩罚。所以这种学习方式是通过不断试错、不断修正来自动优化行为。

这一学习方式可以用于第 1.2 节中提到的围棋世界冠军和人工智能阿尔法狗（AlphaGo）之间的人机大战。阿尔法狗通过自己与自己对弈，从"胜利"（奖励）和"失败"（惩罚）中获取经验，由此不断进化。

深度学习是神经网络的一种特殊方案，同时也是机器学习的一部分（图 1.2）。深度学习属于一种机器学习，可以处理相当多种类的数据，而且几乎不需要人类介入，最后的处理结果也要比传统的机器学习精确得多。"深度"指的是神经网络的大量层级。为了接收大量输入数据并在多个层级上进行处理，所以要搭建起一种特别的网络。另外，深度学习的内部网络要比传统的神经网络更为合理，各个数据节点彼此在深度学习网络中互相关联。

为了应对更复杂的情况，现在的计算机可以进行自主分析学习，然后将新的数据与现有的数据进行对比。人们再也不用预先设定数据规则，机器会慢慢学会将各个简单数据整合成高级数据。这种整合可以体现在图表上，图表中包含了许多层级，所以形成了"深度"（图 1.3），也就是我们说的"深度学习"。比如手写板就是深度学习的一个例子。手写板的原理就是连续监测像素并填充像素。传统的编程语言无法做到识别五花八门的笔迹，所以这里就需要机器具有自我学习的能力。

知识点

人工智能程序应该具有感知、理解、学习和动作等基本属性。

本部分内容中，我们讨论了神经计算（也称为神经网络），主要内容就是模拟人类大脑的神经网络技术。这种神经网络通常用于大型企业中面向某个特定业务的范畴。人工智能程序的综合目标可以用术语"知识发现"（也可称为在数据库中挖掘信息，简称KDD）来表示。人工智能属于"数据库知识识别"范畴，因此它需要应用各种先进技术来分析各种未知知识之间的关联，也就是大型数据库中的核心概念。这个"核心概念"应该有效、新颖并且实用，理想状况下应该表现出合理的模型。与简单的数据挖掘相比，知识挖掘不仅包括数据处理，还需要对产生的结果进行评估。

知识点

为了更清晰地解释人工智能的定义，我们可以这么说：人工智能的核心是自主处理大量数据、检测模型，然后根据获得的信息进行绘制、评测、制定方案甚至是自主决策。为了达到这样的效果，人工智能程序的效率通常比人工操作更高，而且根据不同的系统，其效费比[①]也会更加经济。

神经网络的一个特点就是在某个特定应用领域的适应性，这也说明神经网络可以在不同的情况下不断地自我进化。计算出的结果都是根据初始的学习数据以及深度学习后得到的丰富学习成果，各输入流的权重也很重要。人

---

① 效费比：指投入费用和产出效益的比值，可以用来衡量营销活动的效果。——编者注

工智能系统能够独立向某些有助于获取正确结果的数据进行倾斜。

为了训练人工智能的神经网络，首先就要输入大量初始数据。与此同时，还要设定结果输出的规则。比如设计一个用于识别著名演员人脸的神经网络，首先要在初始阶段让神经网络熟悉演员、非演员、面具、塑像和动物等图片，每张图片都附带说明用于描述图片中的内容。根据说明，神经网络会区分出图片显示的是演员、面具还是动物。

通过附带的说明，神经网络可以调整其内部权重，所以就达成了不断自我更新的效果。其中的节点 A、B 和 D 可以告诉下一层的节点 BB 输入的是丹尼尔·克雷格（Daniel Craig）的图片。相反，节点 C 认为这是罗杰·摩尔（Roger Moore）的图片［图片中显示演员旁边停着一辆詹姆斯·邦德（James Bond）电影中经常使用的阿斯顿·马丁汽车］。如果最终结果确认图片上确实有克雷格，那么 BB 节点将减少 C 结输入的权重，因为它做出了错误的评估。同时，系统将增加节点 A、B 和 D 的权重，因为它们的评估正确。

每个节点都可以独立决定哪些数据用哪种形式从上一层传递到下一层。这些决定需要使用特定的规则和原理来支撑，其中包括梯度训练、模糊逻辑、演化算法和贝叶斯推理。根据这些可以得出算法结构中不同对象的关联情况。人脸识别系统就可以用以下方法进行训练：

- 眉毛在眼睛上面。
- 胡须在鼻子下面。
- 胡须可以在嘴上面或嘴旁边、脸颊和下颌位置。
- 胡须主要见于男性；然而，女性也可能有胡须。
- 两只眼睛高度相同，位置相对应。
- 眼睛位于鼻子上面的左右两侧。
- 嘴位于鼻子下面，等等。

以上这些标准在系统设计之初就输入到位（也就是预加载），可以加快系统的学习速度，提高效率。另外还可以对数据进行各种假设，然后在后期处理中证明这些假设的有效性。因此，事先设置准确的定义和标准非常重要。

另外，请大家注意人工智能的公平性。无论如何，人工智能都是由人类来设计的，所以在初始输入处理规则和标准以及原始数据的输入时都是由人类来控制的，这样就必然会产生一些偏差，因此最终产生的结果多多少少会存在一些误差，会对后期的评估和决策产生影响（例如信用度检查），却没办法轻易发现。

知识点

> 人工智能程序的一个主要误差来源在于输入偏差和输出偏差！

法律界有这样一个例子可以证明输入和输出偏差带来的风险。在美国，人工智能系统应用于法庭判决当中，该系统的培训数据主要来源于旧时的法庭案例。人们在应用人工智能判决过程中发现了一个特殊的现象，如果将被告的肤色从白色改为黑色，那么系统就会将被告判以重刑。很明显，旧时的法庭案例中对有色人种的偏见也被人工智能系统毫无保留地应用到新的案例中。

为了预防输入和输出偏差导致的各种风险，所以要确保初始数据的公平性。这一点可以通过在各机构之间交换数据来实现。2018年，IBM公司将100万张人脸照片数据输入人脸识别系统中。如果仅仅在人工智能系统中输入欧洲或亚洲人的人脸照片，那么想在全世界范围内使用的话，必然会产生大量错误。另外，一个好的人工智能程序开发团队的成员应该具有高度的多样性（年龄、性别、国籍等），这样才能避免输入数据由程序员的固定观念和偏见（非故意）带来的各种偏差。

2017 年的一项研究显示了人工智能的结果偏差。在研究中我们发现脸书（Facebook）的广告投放存在一定程度的性别歧视。有两则广告是 STEM（科学、技术、工程和数学）部门的招聘广告，其中女性的招聘广告播放频率低于男性，这种无意识的偏差源于年轻女性是脸书上的热门目标用户。因此，为她们做广告的成本更高。人工智能算法在点击率相同的男性和女性之间做出选择时，就会选择更便宜的变体，也就是男性。

知识点

为了避免数据中可能出现的偏差，我们必须要保证数据源（可靠的）的多样性。团队中的明显差异，会尽可能地规避人工智能系统中容易产生错误结果的偏见或过时规则。通过系统性地检查输入数据的质量，数据审核机制会保障整个系统的有效性。

另一种全新的机器人训练方案是模仿训练。为机器人编程（尤其是用于工业生产活动的机器人）是一项复杂、耗时且昂贵的任务，需要极强的专业知识。如果机器人的任务、动作流程或生产环境发生了变化，那么就要为机器人重新编程。德国的 Wandelbot 公司开发了一个新的解决方案，就是通过演示新动作来让机器人自我编程，而无须人类重新编写程序。也就是说为机器人演示所需的新动作，然后由机器人独立学习这些动作。专家们可以在动态、复杂的环境中教授机器人，而无须编程。在学习过程中，机器人的传感器和其他外部传感器会记录下各种环境特征。

知识点

我们在为机器人进行模仿训练时，要清楚模仿训练的程度。

除了避免错误的数据记录之外，人工智能系统的决策过程也存在某些风险。由于人工智能系统可以独立作决策并产生结果，所以人们不禁会对机器人"为什么"产生这样的结果或者作出这样的决策而好奇。毕竟我们可不想把自己的命运完全交给一台电脑，无论是金融投资决策（关键词：机器人顾问）、被拒的贷款申请还是自动驾驶。我们就很好奇机器人是基于什么标准来作出各种决定的。

这里就产生了一个概念：人工智能的可读性（XAI）。这就意味着要抛弃封闭的"人工智能"，而使用开放式的"人工智能"。开放的意思是人工智能作出的决策和结论都允许追溯，使人们更了解其使用过程和结果。人工智能的可读性涉及以下几点。

- 数据的透明度

由于人工智能的质量及"稳定性"由当前的数据库来决定，所以人类可以对人工智能程序的数据库进行检查。如果数据库中存在误差或者无效信息，那么人工智能程序给出的结果就不太可信。这时我们就需要有专业人士仔细检查数据库，如果是非专业人士来检查，那么就可以通过认证流程来进行测试。

- 算法的透明度

在人工智能程序中，分清楚哪些算法能够获取哪些结果十分重要。因为机器一直在自主学习、自我进化，所以人类根本没办法完全理解算法和结果的对应原理。但是为了证实结果的可靠性，我们至少要能够了解机器决策的主要影响因素（例如，在客户信用评级中，通过某个特定时间段及某个特定渠道推荐的客户可以获取不同的报价）。我们只能尽力分析人工智能的决策依据，毕竟人们不愿意稀里糊涂地轻易接收人工智能的结果。

- 数据传输的透明度

数据传输的透明度可以让非专业人士对人工智能程序传输数据的过程更加一目了然。比如，在基于人工智能的信用评级中，用户可以了解客户 A 的信用度为什么比客户 B 的信用度低。在基于人工智能的法庭庭审中，为什么对被告 X 判决缓刑，而对被告 Y 判决监禁。

如果我们不了解人工智能系统的决策依据，那么它纯粹就是一个黑盒系统，没有任何证据能佐证人工智能决策的可靠性和准确性。我们也不会知道决策结果的依据是什么，更遑论信任这个结果。

知识点

> 无论如何，务必要让人工智能系统具备可读性。如果人工智能系统的数据、处理过程和结果没有任何透明度，那么用户也不会认可这个系统。

人工智能技术可以通过自动化程度来区分，图 1.4 所示为人类和机器之间的五步分工法。人工智能的自动化程度取决于数据的复杂性和系统的性能。我们用下面的例子来说明在法律、伦理和经济等方面如何进行分工。人工智能系统可以充当辅助决策的角色，它既可以是人工智能算法，也可以是亚马逊的人工智能服务，也可以是谷歌的自动检索。智能手机中的自动校正功能也是电子助理的例子。这些例子充分说明很多用户都允许人工智能系统在某方面可以自主决策。

在部分情况下，人工智能直接跨越人类的权限进行自主决策（图 1.4），比如网络和社交程序中的搜索功能就是这种情况，人工智能根据某些不透明的特定算法为用户反馈信息。我们每个人都生活在自己的世界里（想象中的世界），或多或少地都与现实世界不一样，所以这也称为过滤泡沫。目前基于人工智能的翻译程序还不完善，在面对复杂文章时，人工智能的翻译结果往往是错误连篇。

在验证决策时，人工智能系统的交叉验证程序会对人类的决策进行复核。如果人工智能系统和人类得出的结果一样,那么就会采用该结果。另外,人类也可以把部分决策交由人工智能系统来处理。比如在流水线上的质量控制体系中,人工智能系统可以独立决定产品是否满足质量标准。在自主决策中,可以将整个决策任务交由人工智能系统处理,人类无须进一步干预。比如机器助理就属于这种情况,人工智能可以独立作出投资决策(见第 8.1 节)。再比如智能驾驶,人类司机就会把整个车辆驾驶权限交给人工智能。

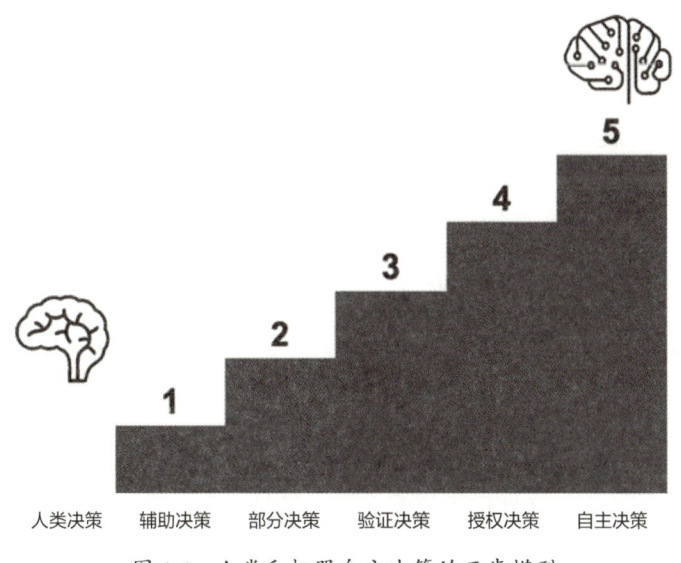

图 1.4　人类和机器自主决策的五步模型

资料来源:BitKom 和 DFKI(2017,62 页)。

　　人工智能系统的不同决策场景会产生不同的结果。人们在亚马逊或者 Zappos[①] 上收到的大数据推送,虽然未经过人工干预,但是也不会产生什么严重后果。就算是谷歌翻译或者其他神经网络翻译把复杂文章翻译得一塌糊涂,也不会对人类生命产生危害。而车辆的自动驾驶就不一样了,交通安全

---

① Zappos 是美国一家卖鞋的 B2C 网站。——编者注

人命关天，这种情况下，人工智能系统必须实时且准确地作出所有决策。就算是小幅度地变更车道，也可能危及车内外人员的生命安全（见 1.2 节中新能源车辆的问题）。

小结

- 人工智能已经深入我们生活的方方面面。
- 人工智能需要长时间的研发和高额的预算投入才能逐渐接近人类智慧。
- 人工智能程序是基于神经网络中获得的知识，其理论来源于机器学习和深度学习的概念。
- 信息通过多个层级处理。
- 用监督学习、非监督学习和强化学习的方式来进化自主学习能力。
- 必须要保证训练算法和初始算法数据的真实、公平和公正性，否则无法保证结果的"客观性"。
- 关键在于人工智能系统的决策过程和结果要易于理解，也称为人工智能的可读性。
- 人工智能的可读性是指数据、算法以及结果的透明度。
- 透明度是企业采用人工智能系统的先决条件。

1.2 人工智能的用途

人类一直都在模仿大自然，并从大自然中获得了很多灵感，比如发明刀的灵感就是源自动物的利爪。发明飞机的灵感则来自飞行的鸟儿，空中客车 A380 就是其中的代表。火的属性和作用也被人类"驯化"作为炉灶、照明和取暖的来源。

时至今日，人类为自己设定了一项尚未解决的任务：让机器达到人类的智慧水平。人类最早的计算工具诞生于公元 17 世纪。而机械计算器阿巴库斯（Abakus）最早甚至可以追溯到公元前 2000 年左右，其中部分原理现在还在应用。到了 20 世纪 40 年代，德国科学家康拉德·祖泽（Konrad Zuse）在计算机领域取得了重大进展。他开发的 Z3 和 Z4 型计算机是世界上首批通用可编程计算机，其主要目标是在科技加持下向人类智慧看齐。1997 年，国际象棋卫冕世界冠军加里·卡斯帕罗夫（Garry Kasparov）在与 IBM 的超级计算机深蓝的对弈中落败，吸引了全世界的关注。

2011 年，IBM 的超级计算机沃森（Watson）在智力比赛电视节目《危机边缘》（*Jeopardy*）中击败了人类卫冕冠军肯·詹宁斯（Ken Jennings）和布拉德·拉特（Brad Rutter）。这是一档涵盖范围较广的智力抢答节目，选手需要展开联想，回答各种问题。詹宁斯在赛后说道："我和拉特是第一批被'智能机器'淘汰掉的脑力工作者。"沃森的胜利不仅仅是因为其百科全书似的知识存储量，更体现出了人工智能理解生活化的语言、区分语境、分析抽象表达以及迅速决策的能力。

虽然计算机反馈的结果是用人类能理解的自然语言表达，但限于当时的条件，计算机并不能理解自然语言，所以测试问题需要用文本的方式输入计算机，然后计算机算法在自身存储的信息中搜索相关的关键字。沃森可以在线检索维基百科和《纽约时报》（*The New York Times*）的最新 10 期内容。每一次检索都会选择 50 ~ 60 条信息，并制订最多 200 条假设，然后根据相关度对假设进行排序。沃森要回答的问题涉及地理知识、历史事件的准确日期，甚至是双关语等五花八门的内容，根据这些问题来确定采用对应的算法，而总算法超过了 1000 种。这是一个与国际象棋截然不同的领域，而沃森在这个考验知识储备以及分析准确度的领域击败了人类选手。

5 年后，也就是 2016 年 3 月，在全世界公认最复杂的棋类比赛——围棋对弈中，来自韩国的围棋世界冠军李世石被谷歌的超级计算机阿尔法狗击败，李世石面对能够自主学习并且不断进化的阿尔法狗输掉了 5 场比赛中的 4 场。在比赛前，人们都认为李世石会毫无悬念地获胜，毕竟围棋比国际象棋复杂得多。国际象棋只有 64 个格，而围棋有 361 个格，这也意味着围棋的变化更丰富——无论对人还是对机器都是巨大的挑战。李世石只有一个训练有素的大脑，而阿尔法狗能够借助两个具有数百万连接的神经网络的力量。阿尔法狗可以"思考"并预测各种可能性，尤其能够将信息与直觉相结合。深度学习算法更是可以分析出数千个步骤。通过反复试错，神经网络像人类一样不断地从经验中自主学习，但学习速度要比人类快很多。

赛后，李世石提到了两个方面：第一，阿尔法狗的棋路千变万化，许多从未见过的路数大大超出了他的认知；第二，他并没有感觉到对手是一台计算机，而是一名人类棋手。

2016 年，人工智能在围棋比赛中击败了人类。同一年，许多国家开始全力进入人工智能的"太空时代"。"太空时代"一词源自美国和苏联在 1957 年 10 月开始的太空竞争时期，当时苏联首先成功发射了第一颗人造卫星"斯普特尼克 1 号"（Sputnik-1）。紧接着，美国国家航空航天局（NASA）成立，正式开启了美苏间的太空竞争，1969 年 7 月，美国率先登月。

在围棋界的人机大战之前，中国在人工智能领域的研究力量非常薄弱。自 2016 年起，中国人工智能的研究如雨后春笋般迸发，数十万科研人员投入其中，政府从国家层面进行了大规模投入，并取得了长足进展。

时至今日，人工智能的最大用途就是将一种信息转换成另一种信息，包括人类语言翻译、信用卡诈骗检测、预估库存或者规划最佳行驶路线等。1990 年，信用卡诈骗的检测率只有 80%，而到了 2000 年，这一比例已经上升到 90%~95%，现在更是达到了 98%~99.9%。实际上，最重要的成就是人工智能的准确度和精度越来越高。先进的算法和广泛的数据适应性使得人工智能在日常生活中的众多领域能够以与人类相同甚至是更低的成本来提供更好的服务，体现出了极高的性价比。

第 1 章 人工智能的概念与应用

知识点

便利性和低成本是人工智能技术突破的决定性因素!

人工智能的应用场合非常广泛,足以改变世界。从技术角度来说,其应用场合几乎没有任何限制,因此我们需要从道德标准的层面加以限制。由于曾经的和平和发展的多边主义日益受到挑战,所以这种道德层面的限制标准的可行性还有待商榷。

今天,人工智能的发展方向已经确定为实时感知、自主学习、自主规划、自主决策以及自主行动,并且同时处理各种高度不确定性。因此,现在的人工智能系统已经不再像以前那样,仅仅着眼于模仿人类的外观和思维。各大企业开始逐渐尝试通过人工智能来获取各种社会优势,尤其是经济优势。人工智能的设计目标有很多种分类,如下是常见的两种:

- 强人工智能
- 弱人工智能

这两种分类由美国哲学家 J.R. 塞尔(J.R.Searle)在 1980 年首次提出。强人工智能能够覆盖我们日常生活中的各个方面,通过技术复制优化能够与人类比肩;而弱人工智能则是专门应用于某个特定方向,比如下棋和根据客户喜好实时推送信息等,也就是说它的重点不是模仿人类,而是要超越人类的智力和物理能力处理更复杂的问题。

虽然目前我们还是以弱人工智能的应用为主,但研究人员正在努力向强人工智能领域发展。根据现有人工智能的自主学习能力,预计不久后,人工智能技术会达到一个临界"知识量"。现有的人类知识和经验很快就会无法满足人工智能系统,接下来人工智能系统就会开始基于自主学习能力获取超越人类认知的知识,最后导致真正的智能大爆炸,形成超智能——这是一种超越人类思想、情感和行为的智能(图 1.5),也就是真正的超人工智能。

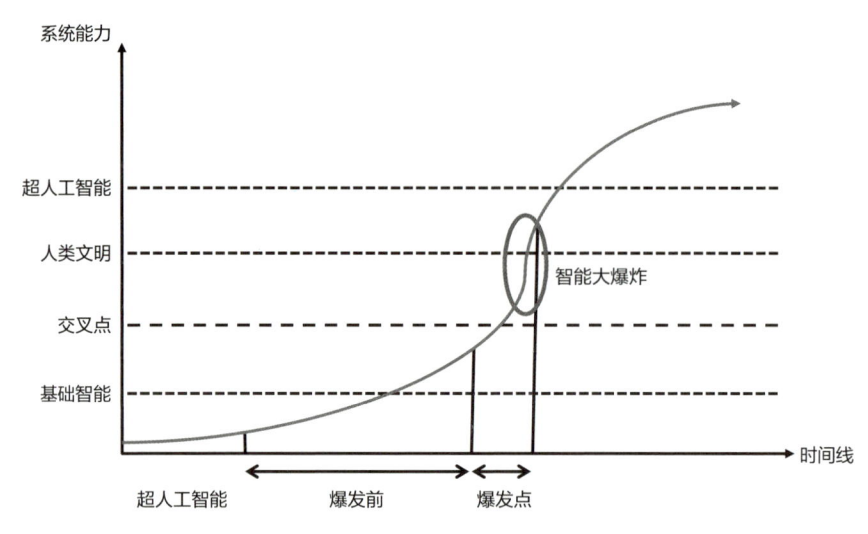

图 1.5　智能大爆炸的发展历程

资料来源：博斯特罗姆（2014 年，第 76 页）。

超人工智能会彻底超越人类智能，通过更多数据、更快的处理速度和更理性客观的结论得出与人类能够想到的截然不同的解决方案。但是超人工智能得出的解决方案是不是会比人类想到的解决方案更好？我们可以在道德价值层面进行评价。这也提出了以下几个问题：

- 到底是由人类还是机器来定义人工智能系统的决策和行为的价值观？
- 什么是"正确"的价值观？
- 什么是"合理"？从哪个角度来定义？
- 如果人类和机器的价值观不一致时会怎样？
- 如果人类和机器的价值观不一致时，以谁的价值观为准？
- 机器还有多久会凌驾于人类之上？
- 人类还说了算吗？如果算，谁会听？

知识点

> 尽管强人工智能已经存在风险,但我们还是要考虑继续开发超人工智能。无论如何,超人工智能的出现都会对人类社会产生巨大影响!

对于超人工智能,霍金(2014年)曾说过:"人工智能可能意味着人类的终结。"在此背景下,英国剑桥大学的利文休姆未来智能中心(简称CFI)开展了关于人工智能的基础研究,研究内容如下。

利文休姆未来智能中心的任务是建立一个全新的跨学科研究机构,科研人员以社会应用为导向,并确保人类在未来几十年内能够充分发展、充分利用人工智能。

CFI的目的是研究人工智能技术带来的机遇和挑战,主要领域从算法透明度到人工智能对社会制度的影响。另外我们还认为,在本世纪会出现一种能够与人类智能并驾齐驱的人工智能,CFI就是要集中人类智能的天花板来充分利用人工智能。

谷歌的工程总监雷·库兹韦尔(Ray Kurzweil)预计,到2045年左右,智能会出现爆发式增长,人类大脑会得到极大丰富,从而大幅度提高智能效率。极端情况下,这是不是意味着人类克服了自身的生物学限制(包括死亡)并将科技引入身体?

根据上文,我们提出两个术语:上传和升级。上传是一种过程,在这个过程中,人类将全部意识上传到一台功能强大的计算机上,上传的内容包括一个人的全部人格以及他的所有记忆、经历和感情等,上传的耗时较短;升级是另一种过程,意思是人类大脑的脑细胞逐渐用电子元件代替,升级的耗时较长。这两种过程的最终结果相同,但是耗时不同。

这种变化被称为超人类主义,意思是人类躯体的电子化。这个概念听起来可能很抽象，我们用医学来举例。科技在医学中一直扮演着重要角色，人类身体受损后，可以用假肢来代替失去的部分。从木制的假肢、眼镜和心脏起搏器，一直到现在扩展到神经层面。现代医学已经可以利用仪器直接对大脑进行干预，减轻帕金森病、癫痫或抑郁症等疾病给患者带来的痛苦。神经技术植入体已经可以用来自主刺激大脑的某些区域。由此产生了以下问题：

- 人类现在的研究涉及多少超人类主义？
- 人类该如何将超人类主义融入现有社会认知？
- 科技对大脑的直接干预会对人类人格和社会有什么样的影响？
- 人类的定义到底是什么？

引发的思考

超人类主义的发展充分说明，当前人工智能的局限性并不在于技术，因为现有科技水平还无法达到人类的智能水平。相反，关键问题在于我们需要处理好伦理层面的问题，否则人工智能系统肯定会被某些有野心的科学家滥用。

人工智能科技不仅有很多拥趸，也还有很多反对者。反对者们认为人工智能存在相当大的风险，并且他们不信任人工智能。这些人不仅有保罗·艾伦（Paul Allen）、戈登·贝尔（Gordon Bell）、戴维·查尔莫斯（David Chalmers）、杰夫·霍金斯（Jeff Hawkins）、道格拉斯·霍夫施塔特（Douglas Hofstadter）、戈登·摩尔（Gordon Moore）、史蒂文·平克（Steven Pinker）、瑟曼·罗杰斯（Thurman Rodgers）和托比·沃尔什（Toby Walsh）等，还有一些世界各地的不同机构。他们给出了很多理由来证明为何技术奇点在未来几十年内或者永远都不会出现。"技术奇点"一词是指人工智能超越人类智能的时间点，其发展的速度会变得飞快，甚至都无法预测人类的未来。

即使面对人工智能的众多不确定性、无法预测的预期结果以及到底有没有技术奇点等问题，我们依然需要确定人工智能的道德价值标准。这里用汽车的自动驾驶为例：

- 如果遇到紧急情况，系统如何处理？
- 如果事故已经来不及规避，那么系统是会向儿童撞去，还是会向一对老夫妇撞去，还是会不顾驾驶员和乘客的生命，撞向障碍物？
- 我们能不能将人类根据其创造的社会价值分为三六九等，以此来决定他人的生死？还是在程序设定之外随机处置？

本部分的内容被称为死亡算法，毕竟这个算法决定了谁生谁死！

有意思的是，与人类相比，"机器"的道德标准更为理性。因为即使是驾驶员，在这种情况下也没有强制性的规定来决定他该怎么做。

上述问题的答案可能会有着持续性的社会、政治、生态和经济影响。人工智能现在已经具备了一定的控制权限，这一点从人类现在已经无法完全理解人工智能的决策逻辑中就能看出来（见第1.1节），毕竟人工智能使用的算法众多。一方面，传统决策逻辑树产生的结果始终可以复查；另一方面，如果使用强化学习或深度学习，则很难通过分析数百万个参数来追溯分析过程和结果。

知识点

随着人工智能算法的不断进化，其产生的结果也越来越无法在可追溯性和准确度之间达成平衡。因此用户就要确定是分析过程的可追溯性更重要，还是结果的准确度更重要，毕竟这两个要求往往没法同时满足。

如果我们在不确定人工智能系统决策逻辑的情况下依然接收产生的结果，那么系统会将该结果所依据的决策逻辑作为标准逻辑。但是如果这个逻辑限制了其他决策逻辑，或者是干脆阻止了"最佳"结果，这时会发生什么？人工智能系统是不是会自主发展出新的价值观？随着科技和社会的发展，即使是人类当前的价值观也可能在不久的将来过时。

如果人工智能系统发现，从长远来看，地球只有在承载 10 亿人口的情况下才能保证生态平衡，或者干脆人类就是地球的累赘时，那么会发生什么？到时候该怎么办？谁来作决定？谁来执行？抑或在发现了足够多的其他类地行星（无论是否有碳基生物）时，地球是否还有存在的必要？还是说无论如何，人类的生存和发展才是第一要务？

谁来制定相应的标准？谁来推广这个标准？谁能够认可这个标准？这些问题迄今根本无法解答。

无论如何，我们在人工智能实际部署之前就要确定其自主决策的权限强度，这也是控制人工智能的唯一方法。或者说，我们因为发现人工智能能够做得比人类更好，就应该进一步放开其自主权限吗？我们能创造出一种安全、以人类为重的人工智能吗？军方对于人工智能系统的使用就非常广泛（见第 9.2 节）。

哲学家托马斯·梅岑格（Thomas Metzinger）公开反对科学界为保护多元社会而设立意识标准。马克斯·泰格马克（Max Tegmark）创立了生命未来研究所（FLI），并联合数百位科学家共同签署了一份反对人工智能武器化的倡议书。但如今的情况是这样：人工智能控制的无人机不仅能自主飞行，还能独立识别和瞄准目标（无论是人还是其他目标）。到目前为止，几乎所有的高精尖技术都首先应用于军事目的。

引发的思考

- 作为企业的客户和管理者，我们打算赋予人工智能多少自主权限？
- 我们在哪些方面为人工智能设定伦理标准？
- 我们怎么才能将这些标准设定得更有目的性？
- 我们的目的是什么？

- 我们的标准是什么？什么是"善"？什么是"恶"？

阅读建议

如果你对"未来史"感兴趣，可以阅读尤瓦尔·赫拉利的畅销书《未来简史》。

小结

- 人工智能不只是简单地模仿人类智力，更可以用于取代人类执行某些人类不太擅长或者无法做到的任务。
- 常见的人工智能可以细分为弱人工智能和强人工智能。
- 弱人工智能主要面向某个特定项目（如棋类对弈）。
- 强人工智能主要面向人类日常生活中能接触到的所有领域。
- 强人工智能的发展会导致超智能、技术奇点和超人类主义等现象。
- 超人类主义的发展过程包括上传和升级。
- 理想状况下，我们需要在开发出强人工智能之前制定一项全世界都认可的道德伦理标准，但这可能永远都无法实现。

1.3 人工智能的应用领域

到目前为止，世界上还没有任何一种通用标准来界定人工智能的不同应用领域。某些学者主要关注 IT 方向，因此人工智能在 IT 方向产生了诸如"机器学习""模拟""信息处理"以及"非确定性知识"等类别。在我们看来这种分类并没有任何实际意义，毕竟 IT 方向的分类瞄准的是人工智能的基础知识，并不具有实际的社会应用意义。图 1.6 中即为人工智能的重要应用领域。

企业 AI 之旅

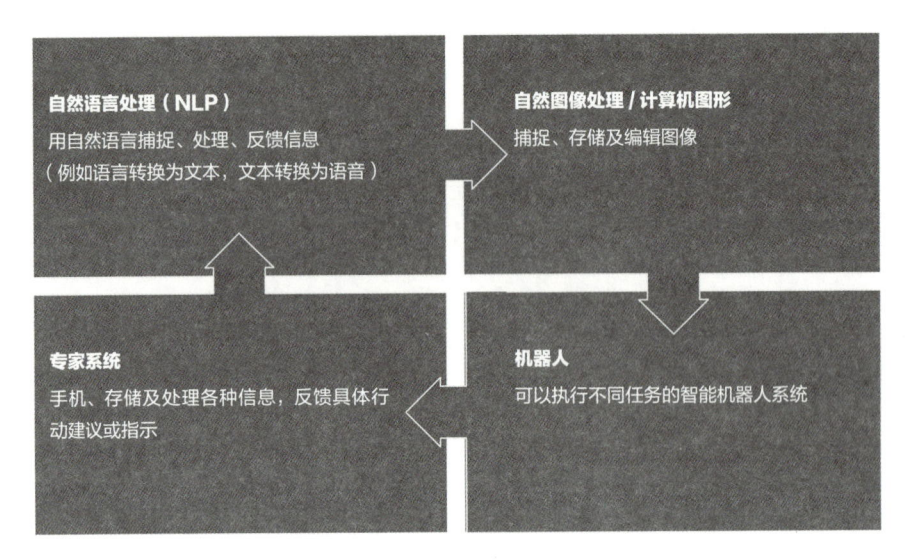

```
┌─────────────────────────────┐  ┌─────────────────────────────┐
│ 自然语言处理（NLP）          │→│ 自然图像处理/计算机图形      │
│ 用自然语言捕捉、处理、反馈信息│  │ 捕捉、存储及编辑图像         │
│ (例如语言转换为文本，文本转换 │  │                             │
│  为语音)                    │  │                             │
└─────────────────────────────┘  └─────────────────────────────┘
              ↑                                ↓
┌─────────────────────────────┐  ┌─────────────────────────────┐
│ 专家系统                    │←│ 机器人                      │
│ 手机、存储及处理各种信息，反馈│  │ 可以执行不同任务的智能机器人 │
│ 具体行动建议或指示           │  │ 系统                        │
└─────────────────────────────┘  └─────────────────────────────┘
```

图 1.6　人工智能的应用领域

　　图 1.6 中的各应用领域之间的界限越来越模糊，我们用车辆的自动驾驶举例：

- 如果驾驶员使用语音控制输入导航目的地，并且车辆使用人类语言确认目的地（比如"你的导航目的地是上海"），那么人工智能系统输入和输出的过程都通过语音来执行。

- 自动驾驶或半自动驾驶系统会连续处理来自不同车载摄像头的多个图像信息，以此来识别红绿灯、停车或限速标志以及行人、自行车和其他交通参与者，这一切的基础就是图像处理。

- 行驶过程中，乘客可以沿路寻找最便宜的加油站、旅游景点和餐厅酒店等，这里使用的是专家系统。

- 整个车辆以及车载的各系统（包括语音系统和图像识别系统）实际上就是一个特别强大的机器人，它的任务就是安全经济地将乘客或者货物从 A 点运输到 B 点。

　　从上可知，当今的许多人工智能应用已经相互融合为一体了。

第 1 章 人工智能的概念与应用

知识点

人工智能是一种跨越多学科的综合技术，比如计算机、汽车、手机和互联网。因此，人工智能程序迟早会覆盖到所有领域。

德勤（Deloitte，2017 年）曾发起了一项针对 250 名 AI 公司高管的调查，目的是研究图 1.6 中覆盖的人工智能应用领域中，哪些领域占主导地位。图 1.7 显示，机器自动化处理领域的占比最高，机器学习位居第二，第三是自然语言处理。该研究并未提及图像处理。我们认为，根据上文，图 1.7 中的机器学习和深度学习神经网络并不能代表各自的独立应用领域，而是构成了人工智能的应用基础。

接下来，我们来详细研究人工智能的各个应用领域。

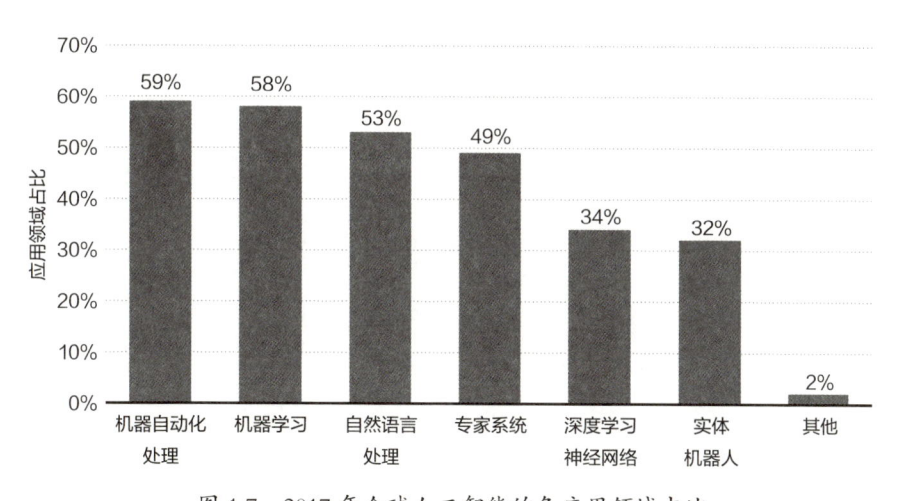

图 1.7　2017 年全球人工智能的各应用领域占比

资料来源：德勤（2017 年，第 6 页）。

1.3.1 自然语言处理（NLP）

自然语言是指人们日常所说的语言。与之对应的是编程语言，如 Java 或 C++。自然语言处理（NLP）或语音识别是一种使机器能够理解人类语言（口头话语或者书面文字）的程序。这是一种特殊的自动识别程序，称为语言智能。

如图 1.8 所示，语音识别在未来会扮演极为重要的角色。相关研究显示，自 2015 年起，预计到 2024 年为止，语音识别带来的经济利益会增长 14 倍多。这就是人们投身人工智能的最佳理由。

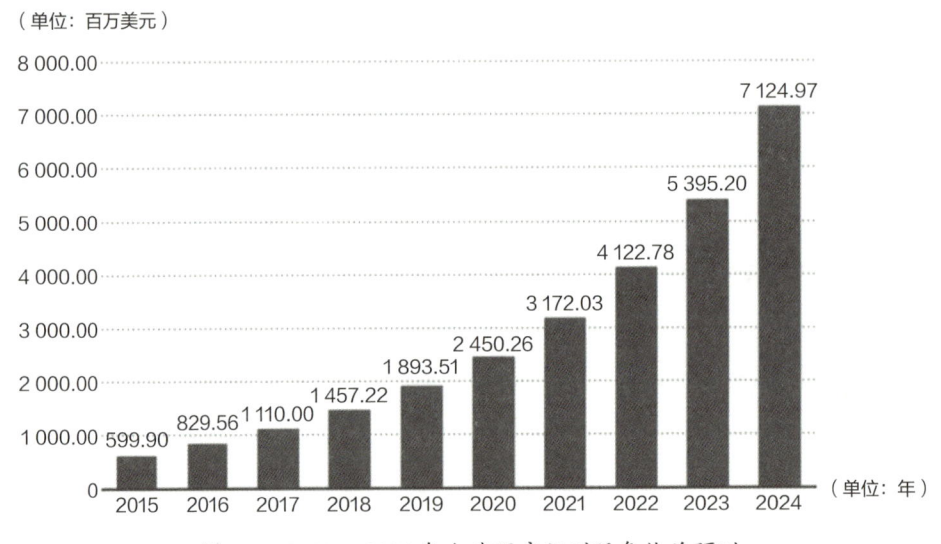

（单位：百万美元）

年份	收益
2015	599.90
2016	829.56
2017	1 110.00
2018	1 457.22
2019	1 893.51
2020	2 450.26
2021	3 172.03
2022	4 122.78
2023	5 395.20
2024	7 124.97

图 1.8　2015—2024 年全球语音识别服务收益预测

资料来源：Statista（2018 年）。

以下是不同类型的自然语言识别：

- 语音转换为文本（STT）

指的是将人类语音转换为文字文本。比如 Siri 就属于这一类型，它可以将人类说的话直接输入智能手机中。

- 语音转换为语音（STS）

谷歌翻译就具备这种功能。我们输入英语语音，然后谷歌翻译输出汉语语音。这就是自然语言生成。在使用智能助理（比如 Alexa 或谷歌家庭系统）时也是同样的原理。准确来讲，这个过程应该是 STT—处理—TTS。因为智能助理首先将口语转换为文字文本，然后对其分析并处理，再生成回答的文字文本，最后用相应的语音读出，这一系列操作需要的时间非常短，仅有数秒而已。

- 文本转换为语音（TTS）

这种是将文本转换成文本的语音版本。电子邮件、短信和其他内容都可以通过这种方式"朗读"出来。语音控制系统中的语音助手也属于这一种应用，这一功能对视障人士作用颇大，可以帮助他们"阅读"屏幕信息。

- 文本转换为文本（TTT）

文本转换为文本就是使用翻译程序（比如 DeepL 或谷歌翻译）将一种语言的文本转换成另一种语言的文本。

对于人工智能系统来说，处理这一类数据比较复杂。因为每个人都有其自己的口头表达和书写习惯，这包括了方言、口音、词汇、语法、句法和句式等方面。尽管如此复杂，但 NLP 必须要像人类一样能够理解语句的"真正"含义（虽然偶尔也有错误），如果使用了俏皮话、讽刺、双关和修辞等语言成分，对于人工智能系统来说就更复杂了。

负责处理口语的人工智能处理过程称为自然语言理解（NLU）。其中的挑战不仅在于语句的本身含义，更有语句本身衍生的其他多层含义。我们在这里用四耳模型（four-sides model，也称为沟通模式，图 1.9）来说明，每条口语信息都包含 4 个层面：

- 真实信息

指的是内容的"字面"意思。

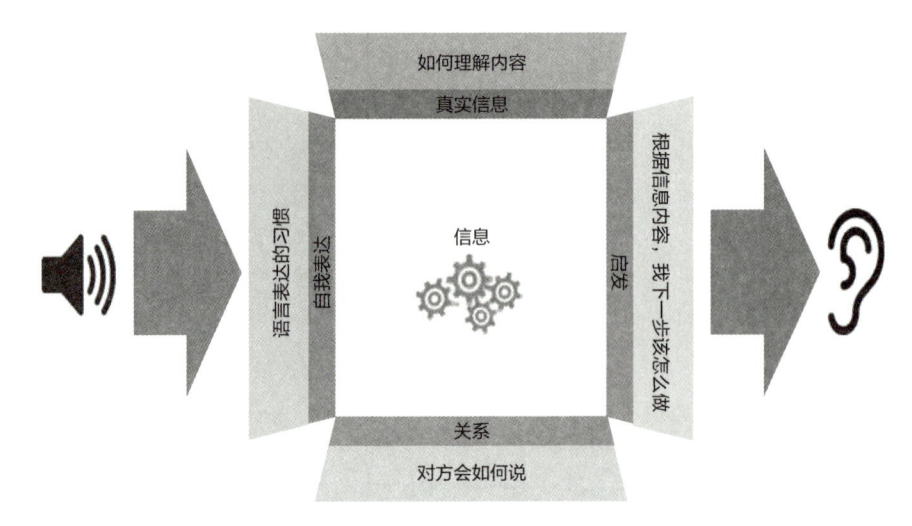

图 1.9 四耳模型——信息的四个层面

资料来源：舒尔茨·冯·图恩（Schulz von Thun，2019 年）。

- 自我表达

信息发送者通过一条信息有意或者无意地传递关于其自身的其他信息。

- 关系

通过使用的术语和重要性，我们也"表达"出对信息发送者的看法以及相互间的关系。

- 启发

信息通常还包含着发送给第三方的请求，因此，我们并不清楚信息接收者会如何处理信息，而对方可能将信息通过 4 个层面进行解读，并且从中提取出自己需要的内容。

知识点

我们的日常谈话就有着很多误解，这都是因为我们通常不会在意上述的 4 个层面，因此自然会产生误解，但还是有办法避免的。

我们来举个例子：她坐在驾驶位，他坐在乘客位。现在他说："绿灯亮了。"根据两人的对话和座位，我们能得出什么结论？
- 真实信息：绿灯亮了，可以走了！
- 内心意思：我比你强多了，因为我早就看到绿灯亮了！
- 关系：没有我你可怎么办！
- 启发：赶紧开车！

多个角色之间的关系的持久性在很大程度上取决于是 4 个层面中的哪一个层面接收并且解读的信息。

知识点

我们可以试一试在日常生活使用四耳模式，这样你会认识到在沟通不畅时会发生哪些误解。所以，当对方出现意料之外的反应时，我们可以澄清自己"实际上"打算发送信息的含义。

如果我们想将人工智能系统打造成一个优秀的对话伙伴，那就要为之引入四耳模型，哪怕我们自己都还不太了解这个模型。现在很多系统尚未具备这个模型。

图 1.10 中显示了自然语言处理包含的所有子系统。自然语言理解（NLU）就是其中之一。NLU 中的附加语义处理或纯语音反馈等功能被指定给 NLP。

自然语言理解是指系统对自然语言的转换，也就是在以文本或语音形式存在的信息输入系统中进行语义分析或信息提取（图 1.10）。语音分析负责处理语言符号本身以及其不同排列代表的意义，也就是关于单词、语句或段落的含义，这里的处理代表分解或者分析。

转述的含义也与此相同（图 1.10），意为将语音信息与其他单词或表达相互转换，所以有必要将自然语言转换为机器能够理解的表达。关系提取指的是通过文本内容以及上下文语义来分析关系。比如其公司的新闻发言人马丁·米勒在采访中回答了记者的问题，那么我们就可以认为马丁·米勒是该公司的员工，或者至少得到了该公司的授权。

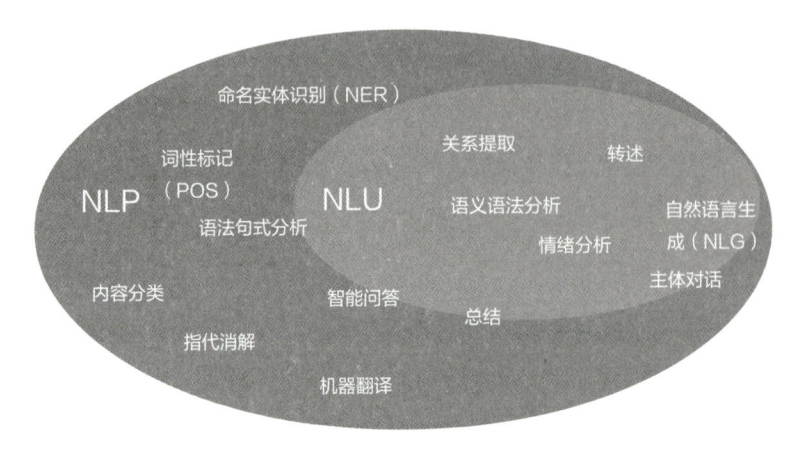

图 1.10　语言处理系统的各项功能

资料来源：麦卡尼 MacCartney（2014 年）。

情绪分析用于识别语音信息中的某些特定成分（图 1.10）。积极情绪、平和情绪和消极情绪之间差别颇大。因此我们可以从推特（Twitter）的评论区里看出来网友对某个政治家、政党或者政治项目持有支持、中立或批评的态度。同样，这一情况对品牌或企业也有效。

以上各分析过程共同构成了机器理解语音消息的基础，并从中生成反馈信息。语音助手程序就是这种工具，除了智能助手外（如 Alexa、Bixby、微软小娜、谷歌助手、Siri 等，见 4.1.2 节），语音助手也越来越广泛地应用于我们的日常生活。文本到文本、文本到语音、语音到文本以及语音到语音的所有转换都可以通过语音助手来完成，语音助手的工作原理就是自然语言生成。

当我们需要对语言或文本进行简单说明时（比如回答问题或者精简摘要，图 1.10），就要用到 NLP。摘要最标准的定义，也是最常见的要求就是通顺。它用一个词或短短一句话就能概括整个内容。我们用客户评论功能来说明："耳机太贵了！而且质量太差，还没用多久接口就坏了"。这条评论可以通过"太贵了"三个字分配给关键词"价格"的分类。通常来说，这一条评论可以同时分类给多个项目。比如关于产品的关键词"耳机"和"质量"（可以分配给"处理"和"损坏"）。由于网店商家经常会收到评论，所以根据这些关键词可以简单地评估产品。

在不同语言之间翻译文本也需要 NLU 的帮助，同时也需要使用更先进的分析法。这里我们使用句法分析。与语义学相反，句法是指句子的成分结构，也就是单词和短语在句子中的组成方式。因此，我们通过分析文本的语法结构来明确各个单词元素之间的关系。解析一词指的是分解或分析。通过对语义和句法的共同分析，不仅可以理解单个词语或句子，还可以由此推断出整个文本的内容，然后对其进行处理并生成反馈。

另外还可以使用词性标记（POS）。标记指的是对单词的注释或额外解释。具体来说，在自然语言处理中，标记代表对单词或整个文本都附有补充说明或者附加信息，以增加对文本的理解，排除歧义。我们举个例子，"这位女士在这家企业里工作"。那么相应的注释如下：

- "这位"（注释：特指，单数）
- "女士"（注释：名词、女性、单数、主语）
- "工作"（注释：动词、现在时态、第三人称单数、指代，"工作"）
- "在"（注释：介词）
- "这家"（注释：特指，单数）
- "企业"（注释：名词，单数）

与信息提取相关的另一种方式是命名实体识别（NER）。NER 系统会尝试着识别所有专有名称，比如名、姓、品牌名称和公司名称等，然后把它们分别归类。这样的话，"Kreutzer/Land"就不会被错误地从德语翻译成英语"Kreutzer/Country"，而我的家乡"Königswinter"也不会被翻译程序翻译成"Royal winter","Mark Zuckerberg"也不会被错误翻译成"Mark Sugar Mountain"!

指代消解属于对文本的深入处理，其目的是确定哪些词属于同一实体（即同一概念），以便进行相应的分配。我们用奥迪汽车公司（Audi AG）举例：提到"奥迪"时，有这么一句话，"该公司在车辆动力工程方面具有悠久的历史，时至今日，他们依然砥砺前行，创造未来"。句子中的"公司"和"该"属于实体概念"奥迪"汽车公司。这一技术是深入理解语义的重要基础。

知识点

NLP 程序的原理是分析文本的语法结构，将其中的单词和语句分配给特定的词组分类，其他文本字面意思之外的内容由其他功能模块来处理。NLU 作为 NLP 的一个功能模块负责文本或者语音内容的字面含义转换。在不同的功能模块的相互配合下才会完整地转换出文本和语音的真正含义，这也是成功沟通的基础。

NLP 程序的目的是使机器能够通过自然语言与人类沟通。除了沟通功能之外，如今的 NLP 还可以通过人工智能系统为残障人士提供语音、书写以及阅读等方面的辅助，极大地改善了残障人士的生活。

如今，机器的对话系统（客服机器人或语音助手）越来越多地通过人工智能系统深入日常生活。以下是对话系统的两种变体：

- 基于文本的对话系统（TTT）
- 基于语音的对话系统（STS）

对话系统的第一个变体是基于文本的对话系统（TTT），用于人与机器之间的文本对话。为此，对话系统为文本输入和输出提供了一个专用的对话框来显示文本。对话框里可以使用头像，头像是一种可以代表对话系统用户和机器人的特殊（定制化）图像，头像的意义是在对话框中可以让人类与系统的沟通显得"更加自然"（见第 4.1.2 节）。

对话系统的其中一个应用是社交机器人。社交机器人存在于社交媒体中，并且有着自己的账户。它们可以在社交媒体中和人类用户一样发表动态和评论、转发链接和其他内容。如果社交机器人与人类用户直接对话，那么其身份就属于客服机器人。如果它们装作人类用户，那么就是带有假身份信息的假账户。社交机器人也能以辅助组件的角色出现（见第 4.1.2 节中的微软 Tay 系统）。这种情况下，它们会对帖子和动态进行分析，如果识别出特定的标签或其他关键字，就会自动激活。通过这种方式，社交机器人可以加强社交媒体中内容的传播（文本或者图像），从而评估各种经济和政策带来的影响。

在基于语音的对话系统（STS）中，内容的输入和输出不再依赖文本，而是直接的语音对话。这也代表着人类与机器的交流更像是直接的口头交流。这一类的应用以 Alexa、Bixby、微软小娜、谷歌助手和 Siri 等语音助手为代表（见第 4.1.2 节和第 4.2.3 节）。

1.3.2　自然图像处理

图像处理（也称为自然图像处理或计算机视觉）是对表示图像的信号的处理（图 1.6），这主要包括照片和视频内容。图像处理的结果可以是图像或是经处理过的图像特征的数据集。后者称为图像识别（也称为机器视觉），可以是静止图像（照片）和运动图像（视频）。图像处理过程开始后，系统通过分析图像信息来启动决策或者进行深入处理。另外还有一种特殊的自动识别模式，称为视觉智能，这种模式与常规的图像处理不同，它主要是修改图像的本身内容（例如 Adobe Photoshop）。

如果要在图像中识别人类，可以对图像（照片和视频）进行分析。这一过程称为标记。我们以脸书为例，用户上传到脸书的照片和视频可以被系统自动识别，而无须手动标记。此时脸书会访问用户的个人照片和用户特别注释过的照片，然后根据这些照片特征创建一个自动识别标记，再将这些标记作为标准来检测现有相册或新上传的照片。通过这种机制，脸书会自动分析出照片中的相关用户的关联（用户 A 和用户 B，或者用户 A、用户 C 和用户 G）以及其各自的活动（A 单独在泰国度假、A 和 B 一起参加聚会、A、C 和 G 一起徒步旅行、B 在海滩）等。随着大数据越来越丰富，脸书对我们的了解也越来越多，大数据推送的广告也越来越多！当然，我们也可以自主决定要透露多少隐私给脸书。

图像识别还可以用于搜索与目标图像相似的图像。谷歌的以图搜图就是这样一种功能。在测试中，该功能体现出了一定的准确率，不过整体性能还有提高的余地。比如，我们搜索一张带有黄色清洁桶的拖把照片，但系统有可能将其识别为蛋糕。这就出现了一个问题：如果汽车自动驾驶功能中的图像识别也存在这种失误率，那么我们在多大程度上能够信任这一功能？

这种明显的错误为什么会发生？很简单，由于如今的系统算法是基于数十万张不同对象的图像以及附加说明建立的，所以系统只能够进行对比，而不能理解图像中物体的真实"定义"。比如系统对桌子和椅子的识别正确率并不高。如果一张桌子倒扣在另一张桌子上，那就更没法区分了。

如图 1.11 中的任务对于人工智能系统来说已经无异于识别难度的天花板。图中显示的是玛芬蛋糕和吉娃娃犬。人类的智力可以非常简单地将它们区分出来，而人工智能却不能，因为识别这些图并不是简单地基于图中内容的相似性。

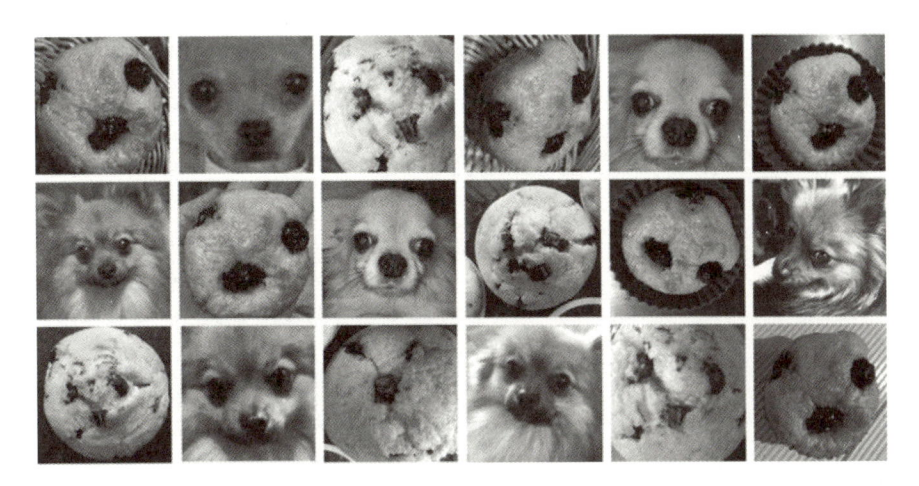

图 1.11　吉娃娃和玛芬蛋糕图

知识点

人工智能系统中的图像识别功能目前仍存在一定的局限性，毕竟现在只能对图像进行对比，而无法理解图中内容的真实定义。

人类的思维和智力让我们能够发现事物的本质，而不受其表面情况影响。我们的感知能力超越了视觉印象，因为我们能够通过视觉印象发现事物的本质。

举个简单的例子：如果有一条用木头雕刻出来的内裤，我们就会立刻发现这条内裤肯定不能真的用来穿，因为穿起来肯定不舒服，所以就会下意识地将其认为是一件雕刻品，但人工智能系统就有可能将其识别为"木纹风格的内裤"。

原因非常简单：人工智能系统算法处理这种情况的方式与人类完全不同，因为算法并不存在对世间万物的"普遍"认知，而且没法对事物产生直观理解，而人类在社会发展中慢慢地积累出了这些能力。我们通常只需要对某个物体简单接触就能够将其识别出来，比如凭借直觉将新事物与经验进行对比：某个东西有四条腿，还有皮毛和鼻子、眼睛，那这肯定是动物！但是人工智能系统就无法做到这一点。

知识点

今天的人工智能系统依然无法理解更高层次的符号，比如我们想到复活节清晨时，就会在脑海中浮现出对应的影像。这一影像对应着许多记忆特征：

- 体验（在花园中徒劳地寻找复活节彩蛋）
- 图像（摆放精美的水仙花早餐桌）
- 嗅觉（很棒的烤羊肉）
- 口味（如彩色甜点）
- 声音（城市教堂的钟声）
- 感觉（触摸复活节兔子时）
- 情绪（如歌德诗歌朗诵）

迄今为止，任何人工智能系统都无法实现通过关键词"复活节"进行多印象联想的功能，但是人类可以轻轻松松地做到！

图像识别系统也可应用于其他领域，比如中国的互联网科技公司猎豹移动就将该系用于公司员工的人脸识别（图1.12）。

中国公司商汤科技是世界上最具价值的人工智能初创公司之一。该公司在整个建筑内都安装了摄像头，可以对访客进行持续监控。为了更全面地了解访客，还可以输入更多的数据和属性。

现在的图像识别系统已经越来越倾向于视频监视系统，视频监视系统不仅仅用来区分行人与车辆，更可以预防犯罪（例如电子警察），并且还能利用实时数据自主分析犯罪情况（见第 9.1 节）。

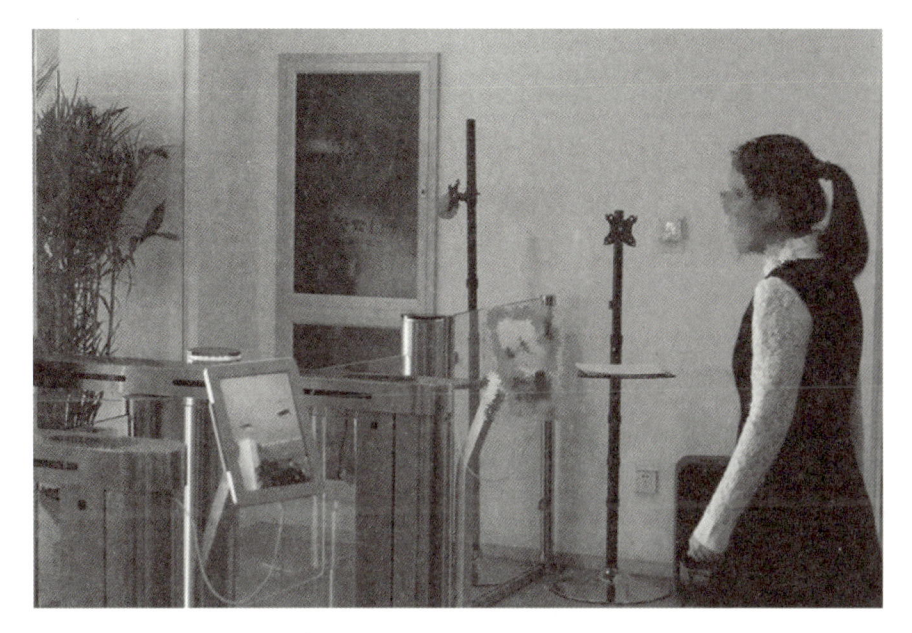

图 1.12 位于北京的猎豹公司使用人脸识别系统确定用户权限

1.3.3 专家系统

专家系统是一种模拟人类专家来解决复杂问题的计算机程序，它会通过内置的知识库给出准确的决策和建议，所以系统内部要具有丰富的知识库。首先，专家系统的基础是"如果—那么"的关系，系统通过这一关系可以理解人类的知识。时至今日，人工智能的引入使得已经使用了几十年的专家系统可以得到飞跃式的发展。我们在未来几年将会见证这一切。

专家系统分为以下几个部分。

- 知识获取

这一部分涉及构建和扩展知识库，系统基于数据库作出决策。主要的问题在于"挖掘"来自大数据源的数据流，并为最终决策提供相关信息。比如根据社交媒体的发帖情况推导社交媒体用户的受教育情况。

- 开发问题解决方案

面向解决方案的知识库评估方法有很多种。一方面可以根据可用数据预测未来的发展趋势，比如数据传输或前向链推理，这种方法主要应用于金融领域的机器人客服。另一方面可以重新计算已经确定的发展阶段来确定触发因素，通过这种因素诱导或反向计算，可以对已有过程（比如全球变暖）进行假设来获取知识，然后生成决策或者建议（比如人类"可接受"的全球变暖程度）。

- 解决方案输出

整个系统的关键部分就是"方案输出"。这一部分的目的是将系统生成的解决方案反馈给用户。当用户在面对无法理解的解决方案时会产生怀疑，所以反馈结果的质量取决于系统方案的"可接受性"（见第 1.1 节中人工智能的可读性）。在上文全球变暖的例子中，我们就需要让系统生成一种易于理解的结果。

显而易见，专家系统在人工智能的加持下会起到重要的作用。具有人工智能的专家系统可以基于初始知识库自主学习新的知识，从而扩展人类的知识库。这些由专家系统自主学习来的知识可以直接提供给人类，而人类用户也可以直接应用这些知识，也就是说这些知识可以自动（无须人工干预）融合进日常生活中。比如工厂生产流程（见第 3 章）或物流系统（见第 7.4 节）的质量监控，X 光和 CT 检查（见第 6.1 节）以及汽车的自动驾驶系统（见第 7.4 节）等。

专家系统也可以应用于艺术创作。我们可以适当改动一下系统设置用来分析所有的贝多芬交响乐。通过分析贝多芬《第十交响曲》，系统会了解到贝多芬的作曲风格，然后创作出听起来像贝多芬的作品。这并不是假设，而是近在眼前的现实（见第 8.2 节）。

在未来，强大的专家系统极有可能会覆盖所有的"普通"用户。比如自助服务技术（SST），这个简单的程序就是谷歌搜索查询的基础。另外，DeepL、谷歌翻译、Skype 也在使用相应的专家系统来提供文本到文本和语音到语音的实时翻译。

引发的思考

绝大多数情况下，我们只能在日常熟悉的生活和工作环境中作出准确的决策。为什么机场的候机厅都十分巨大？因为旅客需要有一个等待值机和登机的地方。旅客与机场之间存在信息差，所以就要通过为每一个旅客都提供缓冲时间来补偿这个信息差。由于不同信息源之间的连接不畅，所以无法实现即时旅行。我们缺少以下方面的信息：

- 能否找到出租车
- 支线道路的交通情况（自驾车、出租车或巴士）
- 列车的准点情况
- 机场的停车条件
- 机场内部交通的最短路线
- 行李转盘的排队长度和安保控制
- 航班的实际登机时间

要是不想错过航班，我们就必须要计划出足够的富余时间。也许几年以后，会有一辆自动驾驶的汽车在最合适的时间接我们去机场坐飞机，中间不需要任何缓冲时间，一切都会衔接得十分精确！为了做到这一点，所有信息流都要接入交通专家系统中。因此，未来的人工智能系统也应该越来越准确。

1.3.4 机器人

"机器人"一词指的是代替人类执行工作或其他任务的机器设备。由于机器人的分类界限比较模糊，我们可以大致分类如下：

根据应用领域分类：

- 工业机器人（例如：汽车工业）
- 医疗机器人（例如：外科检查）
- 服务机器人

　　——服务业（例如：酒店前台和机场值机）

　　——家庭（例如：清扫、擦窗、除草或植物修剪）

- 勘探机器人和军用机器人（例如：火星探测、矿产勘探、排爆、无人机）
- 玩具机器人（例如：韦尔尼、乐高、思维机器人、Cozmo）
- 导航机器人（例如：自动驾驶系统）

根据移动性分类：

- 固定机器人（例如：汽车生产线上的装配机器人）
- 移动机器人（例如：自动化物流运输系统、自动割草机）

根据安全程度分类：

- 传统机器人（需要与人类保持安全距离，通常周边有防护装置，防止人类受伤）
- 协作机器人（可以与人类近距离接触，带有传感器，不会伤及人类）

根据人形仿真程度分类：

- 机械机器人（外观和动作都是机械）
- 人形机器人（外观和动作都尽可能地模拟人类）

引发的思考

时至今日，机器人的动作行为已经越来越自然，但是要想让它们像人类一样能够清洗餐具并且将干净的餐具分门别类摆放起来仍需时日。

不同的机器人虽然用途不同，但核心部件都大同小异

- 环境探测传感器

如今的机器人都配置了许多不同功能的传感器，用于感知周围环境。环境发生变化时，机器人就可以感知到。比如感知下一个待加工的零部件或者13号汽轮机的压力变化。传感器还可以用来检测和理解动作，比如与人类互动，最后还可以允许人类直接与机器人对话。

- 功能设置

根据机器人的复杂程度可以设置某些单一动作能力（例如：为流水线上的车身焊接24个焊点或者为车身喷漆），或者为机器人加装机器学习功能，让其具备自主学习能力以进一步提高工作效率。

- 移动功能

基础的工业机器人用防护网与人类分隔开，因为这一类机器人无法检测人类，所以可能会发生意外误伤。而高级机器人（例如：自动物流机器人）可以在仓库中自主前进、爬楼梯以及自主躲避障碍物。

- 与环境互动

机器人的夹持臂和其他类似装备可以用来执行与周边环境互动的功能，另外还需要一个控制终端来输入操作命令。比如输入程序、视觉功能（机器人通过"实时"行为来识别和学习）或语音输入（语音命令："操作下一个工件！"）来实现。多年来，机器人已经能够发挥比人类更强大的优势，包括：

- 力量
- 耐力（全年无休，不用休假）

- 准确
- 速度
- 无畏（没有任何情绪波动和外界干扰）
- 低成本（包括检修费用），而且没有工会影响

接下来，我们在上面添加一个重要项目，这个项目会在不久的将来大幅度提高机器人的普及率，这就是人工智能。

知识点

人工智能的加入使得机器人瞬间拥有了巨大优势——智能！这也将会从根本上改变整个世界。

接下来，我们仔细了解一下人形机器人。人形机器人的开发必须克服许多技术挑战，人工智能在其中起到了重大作用。人形机器人应该能够与周围环境自主互动，并且能够通过机械腿或者带轮子的机构自主移动。另外，人工手臂以及人形面部都会让它们看起来像人类（图1.13）。

图1.13　与人形机器人派珀（Pepper）交流

像派珀这样的人形机器人的"可爱"外形还远未达到这种机器人发展的终点，汉森机器人公司于2016年推出的人形机器人索菲亚（Sophia）将拟人化提高到了一个全新层次。她看起来真的像个女性，说话时也能表现出不同的情绪。我们从索菲亚（Sophia）可以看出来机器人的发展进入了新的阶段，机器人已经开始超越仅外形"像人类"的层次了。现在，像派珀这样的人形机器人一直被特意设计成可爱的外表以避免吓到人的时代已经过去了。

现在，我们可以将索菲亚的人类外表与IBM沃森（Watson）的知识库组合起来。另外，还可以加入人类的感知功能（例如：情绪、手势和面部表情）和行为模式，最后打造出一个具有强大学习能力的高性能人形机器人。通过云端服务器，机器人还能够每天学习新的内容，实时掌握最新信息和其他新"技巧"。

现在的机器人发展程度如何？未来该向哪个方向发展？凯捷公司（Capgemini）于2018年在德国开展的一项调查得出了以下结论：

- 64%的受访者支持人形机器人使用人工智能。
- 52%的受访者认为具有人类特征的人工智能系统"令人毛骨悚然"。
- 71%的受访者无法接受人形机器人应用于服务领域。
- 62%的受访者可以接收机器人使用人类声音和智能行为。
- 52%的受访者希望机器人能够检测人类情绪。

知识点

德国人想要的是说话像人、行为像人、能够识别情感的机器人，但外观不能像真人，起码现在不行！

这种情况我们称为恐怖谷效应，即如果机器人进化得越来越像人类，那么人类也会越来越接受这类机器人，当机器人进化到某种程度之后，人类就会感到不舒服，这时候就进入了恐怖谷效应。

机器人的人工智能水平越来越强大，但下面这则小故事也应该引起我们的思考。一个安保机器人本应该在乔治城海滨巡逻，这是位于华盛顿港的高级商圈。安保机器人可以自动移动，拉响警报。然而它的压力看起来有点大，所以，根据"站着进，躺着出"（Come in and burn out）原则，机器人就自己跳井自杀了。

这是一个悲剧，因为这种安保机器人可以用极低的成本来实现与人类同等的工作效率。正常情况下，在购物中心和停车场巡逻的安保机器人，所需费用要比美国最低工资标准还要低四分之一，也就是每小时只需要1美元的成本。据统计，这类安保机器人经常被醉汉殴打、推倒，而且有一次还轧过一个小孩儿。所以这也没有任何安全性可言了，也从侧面说明了故事中的安保机器人自杀是可以理解的。

即使是自动驾驶的汽车，其本质上也是一个人工智能机器人。首先，车身周边配置了一些摄像头来识别外部环境，汽车系统会通过拍摄下来的照片进行分析并实时作出决策。如果摄像头检测到当前所在车道亮了红灯，那么就根据更进一步的环境信息（例如：前车有没有踩下刹车，后车与本车的距离）等情况停车。在探测到当前车道有限速时，如果当前车速超过了限速，车辆就会自动将车速控制在限速范围内。但是现如今的自动驾驶系统还不是特别完善，近年来发生的几起由于自动驾驶系统失灵导致的重大事故警示我们，必须要为自动驾驶系统制定非常高的安全标准。

对环境的感知一直是机器人领域面对的一项重大挑战。20世纪70年代，首批机器人（例如埃莉萨Eliza）被赋予感知房间墙壁的功能。时至今日，机器人还需要掌握更多的感知能力。如今的机器人不仅应该能定位建筑物，还要能够将路线绘制出来。这个功能被称为同步定位和地图绘制（SLAM）。这是一种人类在婴儿时期就具备的能力，如：

- 门在哪儿？

- 经过哪几个屋子才能到达洗手间？
- 屋子里物体摆放的位置？

2010年11月，微软首次推出了xBox平台的Kinect体感外设。即使屋子里有两个人，而且其中一人躲在另一人身后，Kinect传感器也能将其发现并理解他们的行为。2011年6月，微软为Kinect提供了一个软件开发工具包，可以用于SLAM研究。

时至今日，我们还没有一种完整的全能解决方案。对于花园里的除草机器人来说，还要另外配备传感器来控制其不要误割到花儿。尽管如此，自动驾驶汽车的应用依然显示出人工智能机器人正在不断取得进步。

人工智能的另一项令人兴奋的应用领域是酒店服务业。在日本的长崎，2016年开业的海茵娜（Henn-na）酒店就全面使用了人工智能技术。Henn-na这个名字意为"奇怪酒店"，整个酒店的客服系统都是机器人。客服机器人会接待客人并通知其"仆人"，然后为客人办理入住，其提供的服务与人类无二。

客人在酒店客服系统输入自己的姓名，然后摄像头记录人脸。门禁系统通过记录的人脸对客人进行人脸识别开锁。另外有移动机器人负责搬运客人的行李，同时还能播放音乐。房间内有智能助理Chu-ri-chan，客人可以通过语音来控制灯光和室温等。点餐也可以通过机器人送达房间。

知识点

如今我们已经可以预见，在不久的将来，服务类机器人会在我们的生活中越来越普及。技术限制往往比文化限制更容易克服，无论是在美国、中国、日本还是韩国，公众都很容易接受新生事物。但在欧洲，人们对这类全新事物往往都会有所保留，甚至是恐惧。所以在开发服务类机器人时，要考虑到这一因素。

引发的思考

也许我们很快就会进入机器人世代，这一代的人会像今天的人们使用智能手机和互联网一样自然地使用机器人。

小结

- 人工智能的应用领域之间的界限已经越来越模糊。
- 人工智能的一个重要应用领域是自然语言处理。自然语言处理实现了人与机器之间的自然通信。
- 图像处理能力允许人工智能系统具备新的能力，可以使人类和机器人并肩作战。
- 专家系统会提供更全面的知识，使人工智能根据更全面的基础数据作出更完善的决策。但决策过程必须要透明。
- 人工智能机器人会同时具备多种甚至是全部功能。它们可以"自然地"听和看，自主作出合理决定并执行。总之，它们会对企业、经济以及社会产生巨大影响。

1.4 人工智能会对全球经济产生什么影响

麦肯锡[①]的一项研究表明，随着人工智能的普及，全球经济都会受到影响。根据预测，到 2030 年，全球大约 70% 的企业都会引进至少一种人工智能技术。接近一半的大型企业将全方位使用人工智能技术。

---

① 麦肯锡为一家世界级领先的全球管理咨询公司。——编者注

知识点

如果排除竞争情况和转型成本，到 2030 年，人工智能可以带来约 13 万亿美元的额外经济产出，这将使全球国民生产总值每年增长约 1.2%。

哪怕是这种预测过于乐观，我们还是要为之奋斗。大力发展人工智能，宜早不宜晚！

值得注意的是，人工智能的应用对经济的影响最初比较小，而随着科技的发展，其影响会越来越大。企业对人工智能的预期如图 1.14 所示。首先，了解人工智能并且购买服务需要必要的投资，所以初始阶段会比较谨慎；其次，在企业竞争和企业自身急需人工智能应用的加持下，发展加速。因此，到 2030 年左右，人工智能贡献的增长率可能会更高。在人员和系统方面相对较高的初始投资、技术和应用领域的持续发展以及与向人工智能转型的大量过渡成本可能会给小企业造成门槛，同时影响整体人工智能的普及率。

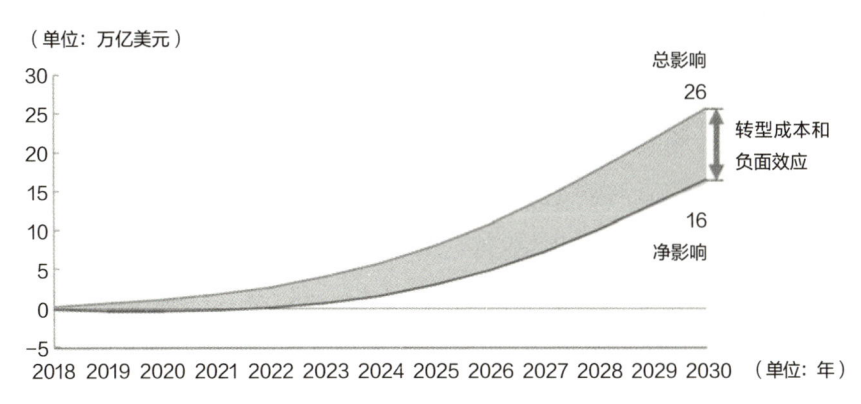

图 1.14 历年来人工智能产生的及预计产生的累计经济效应

资料来源：麦肯锡。

另外，人工智能的普及可能会进一步扩大国家、企业和产业工人之间的差距。首先，各国之间的经济水平会进一步拉大。相较于今日，未来普及人工智能的发达国家可能会额外取得 20%～25% 的经济效益，而发展中国家却只能取得 5%～15% 的经济效益。这里指的是两种国家类型（以人工智能的应用而言）需要不同的道路来在本国社会和经济领域普及人工智能。

未来，许多工业化国家将不可避免地依赖人工智能来实现更高的经济增长，这些国家的经济增速逐年放缓。这不仅仅是由于人口老龄化和市场高度饱和，还是由于本国工资相对较高，整体生产成本较高，这也加强了用机器取代人类劳动力的必要性。而发展中国家的整体生产成本较低，其全国经济不允许进行大规模投资，所以只能在工业生产中优化生产流程以及调整产业方向，这就是为什么人工智能对发展中国家的吸引力不高。然而，这并不一定意味着发展中国家肯定会输掉人工智能竞赛。

我们来看看各地区，中国等一些发展中国正在坚定地逐步推进人工智能的应用。对于中国的情况应考虑到以下几点：根据人均国内生产总值来看，中国现在仍然是发展中国家，但也是全球第二大经济体，仅次于美国，领先于日本。另外，今天的中国拥有一些世界上非常有价值的人工智能初创企业，其中商汤科技的市值已达到 115 亿美元（2023 年 3 月）。值得注意的是，中国企业在其发布会上经常将人工智能定义为第四次工业革命的核心。中国企业猎豹移动的首席执行官傅盛制定了以下发展方向（猎豹移动，2018 年）：人工智能正在重塑整个行业以及我们的整个思维方式。因此，我们将借助人工智能来实现猎豹移动未来 10 年的新使命——让世界变得更聪明。

因此，中国在其总体规划《中国制造 2025》中将人工智能确定为国家级的目标产业。到 2030 年，中国将成为世界领先的人工智能中心。届时，中国人工智能产业的价值将达到约 1500 亿美元，而人工智能周边附加的产值将是这一数字的 10 倍。为了实现这一目标，商汤科技开发了自己的深度学习平台鹦鹉（Parrots）。其特点如下。

- 超级深度网络（1207 个网络层）
- 大数据学习（同时训练 20 亿张人脸照片以及来自 18 个行业的 100 多亿张图像和视频）
- 复杂网络训练（支持多模式学习）

爱思唯尔[①]（Elsevier）的一项研究（2018 年）表明，2013—2018 年，中国的人工智能类论文发表数量全球排名第一，远远领先于美国和所有其他国家。顺便说一句，印度发表数量排名第三，明显领先于英国、日本和德国。

看来现在的欧洲只是（目光长远）避免在未来的人工智能竞争中扮演（领导）角色，从而实现战略竞争优势。2018 年生效的欧盟《通用数据保护条例》（GDPR）使得欧洲企业越来越难以获取相关数据来开发人工智能。这里有一个简单的说法：

没有全面的数据库＝没有高性能的人工智能系统

欧洲国家一直在尝试着保护数字世界中的个人隐私，但是新的 *GDPR* 是否能实现这一点值得怀疑。在这里，法律框架已然变成拦路虎，阻碍了数字转型和人工智能发展的脚步。

知识点

在这种背景下，当今只有美国和中国企业在主导人工智能应用程序的开发。也就是所谓的 GAFA（谷歌、苹果、脸书和亚马逊），再加上微软和 IBM。确切地说应该是 GAFAMI，脸书甚至在开发自己的人工智能芯片；而中国则有百度、阿里巴巴和腾讯（BAT）。

[①] 一家荷兰的国际化多媒体出版集团。——编者注

曾经的脸书剑桥分析公司泄密案再一次证实了我们的担心：个人隐私数据存在被系统滥用的风险，而不幸的是，目前 GDPR 并不能成功阻止这一切。就算小型企业、中型企业以及初创企业现在也都必须要保护好自己的隐私，以免遭到泄密。就像每日新闻报道中说的那样，信息泄露很快就会击垮这些企业。这真的是我们所期待的社会进步吗？当然不是！

一方面来说，我们赞成各国对于保护个人隐私所做出的努力，然而目前的情况确实是 GDRP 发力过猛，过度保护了隐私，欧洲企业为此正在重新研究 GDRP 的保护标准。但亚马逊、脸书和谷歌等巨头基本上不会受到影响，它们只需要用户签署进一步的数据使用授权就可以。用户通常都不会耐心地读完授权声明（动辄几十页），只能不情愿但又毫无办法地签下同意书。毕竟在现代社会，我们根本离不开各种搜索引擎和社交软件。因此互联网巨头们就会越做越大，而小型企业却越来越被边缘化，从而失去竞争力。

那么欧洲企业如何开发自己的人工智能解决方案？如果无法找到一种合适的方式来处理人工智能技术所需要的数据，那么它们也就不得不接受美国、中国的企业在未来主导人工智能解决方案这一可能。如今，中国企业阿里巴巴、百度和腾讯正在加快推进人工智能技术。由于这些企业具备极为庞大的综合数据库，所以它们的人工智能技术也会更加强大，我们将在全球市场上见证来自中国的超级力量。

总而言之，对于欧洲来说，如果想要实现个人隐私和企业利益之间的平衡，那就必须要重新设计 GDPR。

现在，欧盟各国已经宣布打算加强成员国之间人工智能系统的整合。这一行为旨在确保欧洲在人工智能技术领域拥有更强的竞争力，同时还要控制人工智能给社会、经济、伦理和法律带来的影响。欧盟许多成员国还举全国之力推动这一领域的研究来促进人工智能的普及，该举措会产生什么样的效果还有待观察。

美国在人工智能领域的发展程度如何？字母表公司（谷歌母公司）、亚马逊、苹果、脸书、IBM 和微软等企业在这一领域尤其活跃，它们正在将所有知识数据库整合到现有和未来的产品和服务中，并由此开发新的商业模式。由于到目前为止，欧洲还没有在人工智能开发的领先地位竞争中脱颖而出，因此人工智能领域很可能仍然是美国和中国两国的互联网巨头垄断。也许中国会赢得这场竞争，毕竟中国有大量的数据可用于训练。人工智能领域的开拓者弗雷德·杰利内克（Fred Jelinek）曾这样说：

"数据永远都不会嫌多。"

的确，中国和美国两国之间的数据差十分巨大，这不能仅仅用人口规模的差距来解释。每一位中国人可用的数据节点数量都超过美国居民可用节点数量的好几倍，而且这一差距正在逐步拉大。

知识点

人工智能的应用领域并不会在意这些系统的研发基础。哪家的系统强大，哪家就会在全球取得领先。欧洲目前在这方面比较薄弱，所以只有中国和美国占据着人工智能领域的主导地位。

俄罗斯现在的人工智能研究发展到了什么程度？人工智能系统具有完整的自主性，远远超过了对人类智能的简单模仿。想达到这一阶段，似乎不是能不能的问题，而只是时间问题。俄罗斯在 2012 年宣布拉开本国人工智能研究的大幕，而且雄心勃勃地表示：

- 2015—2020 年，开发一个虚拟人类 A，作为通过大脑 - 计算机接口远程控制的虚拟人类。
- 2020—2025 年，开发一个虚拟人类 B，人的大脑在生命结束时可以被移植到 B。
- 2030—2035 年，开发具有全部智能的虚拟人类 C，人的性格在生命结束时可以被移植到 C。

- 2040—2045 年，开发以全息影像形式存在的虚拟人类 D。

目前，俄罗斯的人工智能领域为人类提供了可行的方案。

麦肯锡对不同国家的竞争地位进行了深入分析，中国和美国目前领先，德国位于中下位置，新加坡、英国、荷兰和瑞典等国也位于前列。有意思的是，多年以来，各国在人工智能应用领域的差距日趋扩大（麦肯锡）。从上文可知，人工智能技术可以为经济增长放缓的老牌工业国家重新注入发展的活力。图 1.15 显示，在一些发达国家（例如，瑞典、韩国、英国和美国），人工智能带来的 GDP 增长十分可观。

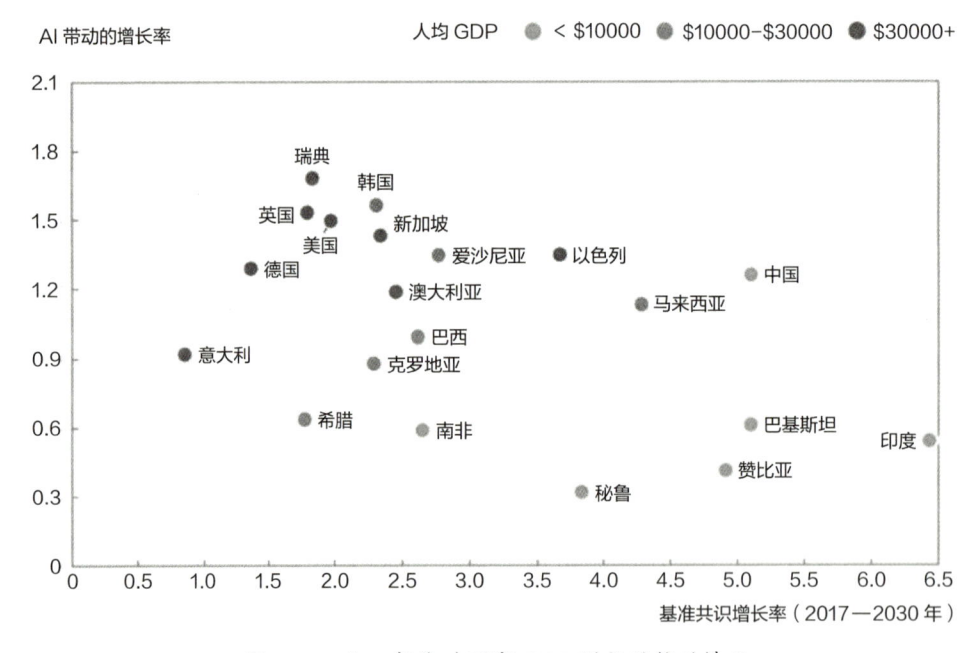

图 1.15 人工智能对国家 GDP 增长的推动情况

资料来源：麦肯锡。

在企业层面，大规模采用人工智能的企业、优先采用人工智能的企业以及不采用人工智能的企业之间的效益差距会进一步拉大。人工智能领头企业会将人工智能完全整合进生产链中，并且从中大幅度获益。到2030年，这些企业的现金流可能会翻一番。这意味着未来10年内，它们的每年净现金流增长率将增加6%左右。如此高的增长率也会为企业带来庞大的基础数据库和精彩的商业案例。在相同的成本结构和商业机会的前提下，对于大量没有采用人工智能技术的企业来说，到2030年为止，它们的现金流可能会比当前降低20%左右。

这种发展差异也可能发生在员工层面。社会对工作的需求可能会从具有重复性劳动的工作转变为对社会和认知要求更高的工作。以重复性劳动或仅需要低知识水平为特征的工作岗位在总就业率中的比例可能会出现明显降低：到2030年，这些岗位的比例可能会从40%下降到近30%。另一方面，社会对于非重复性劳动和高知识水平岗位的需求将增加。在此期间，这些岗位的比例可能会从40%增加到50%以上。具备开发和使用人工智能系统的高素质人才在就业市场上会占有巨大优势。

然而，全球范围内对于人工智能带来的就业影响预测并不一致，经合组织（OECD）的研究认为劳动力市场可能会发生两极分化。除了上述对高素质人才的需求之外，对低端劳动力的需求可能也会不断增加。俗话说："高素质人才也需要人来清洁房子，需要人做饭，还需要人冲咖啡"。最终，中端岗位会逐渐消失，而高端和低端劳动力岗位会始终保持增长。在过去20年中，德国已经表现出了这种发展趋势。

引发的思考

单个企业和整个经济环境中使用人工智能的速度和程度的不同会对社会产生不同的影响。如果人工智能主要用于提高生产服务效率，那么新技术的巨大价值以及潜力还需要进一步开发；另一方面，如果企业越来越多地将人工智能用于产品和服务创新或开发新的商业模式，那么将对整体经济环境产生更全面的影响。

麦肯锡还对人工智能的各个应用领域进行了研究。研究结果显示，首先，人工智能带来的生产率提高，包括工作自动化和创新以及新竞争对手的出现受到几个因素的影响，其中分为微观因素和宏观因素。前三个研究领域涉及微观因素。麦肯锡分析了人工智能的引入对公司生产要素产生的影响，主要是关于人工智能的应用普及率和应用范围。宏观因素指的是总体经济环境和人工智能在经济环境中的占比变化。这也涉及全球一体化和单个国家的劳动力市场结构（图1.16）。

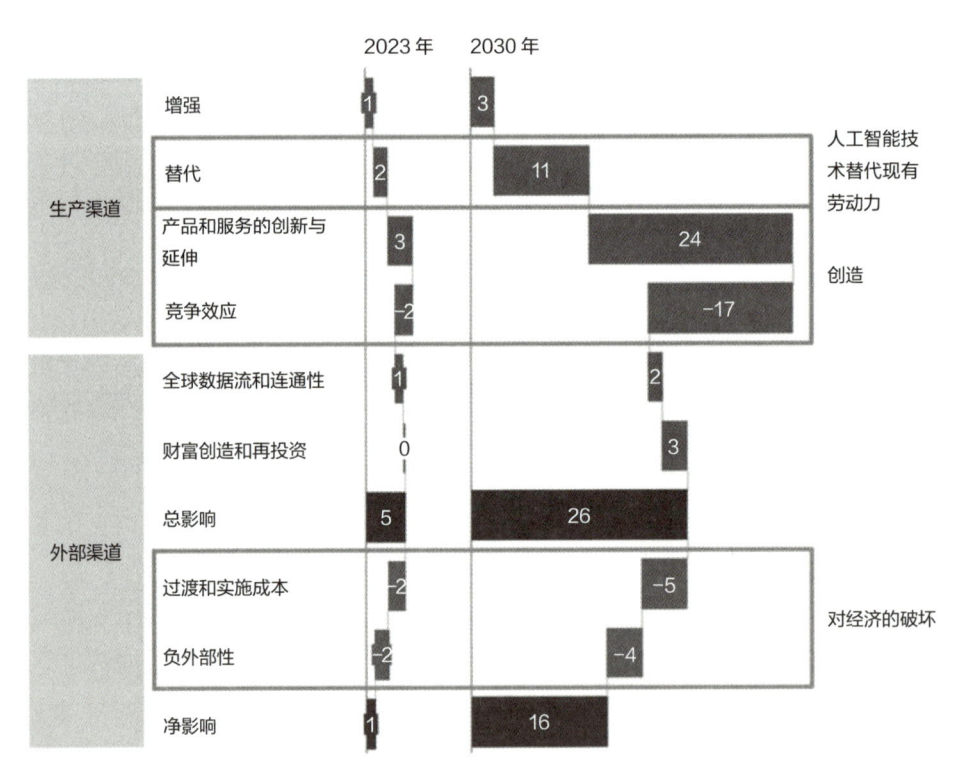

		2023年	2030年	
生产渠道	增强	1	3	
	替代	2	11	人工智能技术替代现有劳动力
	产品和服务的创新与延伸	3	24	创造
	竞争效应	-2	-17	
外部渠道	全球数据流和连通性	1	2	
	财富创造和再投资	0	3	
	总影响	5	26	
	过渡和实施成本	-2	-5	对经济的破坏
	负外部性	-2	-4	
	净影响	1	16	

图1.16 人工智能对经济的净影响——细分类对国内生产总值的影响（累计增长率以%表示）

资料来源：麦肯锡，2018年。

接下来，我们首先来看看微观因素。

活跃领域1：强化

麦肯锡在2016—2017年的研究显示，截止到当时，企业仅将其"数字化"预算的10%～20%用于人工智能应用；然而，随着人工智能应用的发展，这一份额在未来可能会增加。人工智能应用在各企业预算中的占比变化对许多其他领域都会产生影响，比如就业状况。在这一点上，"强化"一词是指通过人工智能来丰富劳动力和资本。人工智能应用的增加促使企业创造新的岗位来建立人工智能基础设施，比如工程师和大数据分析师。还有一些岗位是通过"人眼"来评估人工智能结果。仅谷歌一家就雇用了10000多名"评估者"来检查视频网站，以重新审查人工智能识别的关键内容；脸书还将大幅增加信息审核员的数量，以符合新的法律要求。因此，人工智能的普及带来了全新的工作岗位。

对于新工作岗位的需求也是由于人工智能应用本身的不太完善。比如能够在照片中轻易区分人和动物的算法却无法区分小轿车和卡车。在全面实现通用人工智能（也称为人工通用智能）之前，许多工作仍然需要人类完成。如图1.16所示，强化带来的总体经济效益处于较低水平。预计到2023年，强化人工智能在国内生产总值中的累积增长率仅为1%，到2030年仅为3%。

活跃领域2：替代

高效率低成本的技术往往会淘汰掉落后技术，尤其是重复性劳动岗位，这就是替代。到2030年，活跃的自动化生产线会在全球范围内替代15%～18%的工作时数，这取决于人工智能应用的相对成本。时至今日，我们已经可以预见，很多岗位将会被自动化和人工智能取代。比如客服中心的很多工作就可以由客服机器人来执行，其他领域中的替代情况也很明显（见第4.1.2节）。

到2023年，自动化劳动力将占全球GDP的2%左右，到2030年将占到11%左右，也就是约9万亿美元（图1.16）。这一增长过程是基于生产效率的提高，同时释放的劳动力可以用于其他经济活动。在总体层面上，生产率的提高可以带来更高的经济效益，在其他地方创造更多的就业机会。在整体经济发展受益的同时，企业员工可能会承受人工智能带来的剧变。总体来说，"替代"是人工智能对经济活动造成的变化之一。

活动领域3：产品和服务的创新和扩展（包括竞争效应）

人工智能的深度应用必然会为生产和服务领域带来技术上的创新。生产流程的创新可以提高企业的生产效率，而产品和服务的创新可以拓展新的业务项目。麦肯锡的研究表明大约有三分之一的企业采用人工智能技术的目的之一就是实现创新。在宏观经济层面，创新会淘汰现有的产品和服务，所以，某些通过创新实现的价值依然属于传统产业。比如优步（Uber），不仅为公共交通领域引入了新的概念，还淘汰了传统的出租车。亚马逊和爱彼迎（Airbnb）等平台淘汰了传统的零售行业和酒店服务，因此，人工智能的很大一部分创新潜力将导致公司之间的生产转移。

从图1.16可以看出，到2030年，产品和服务方面的创新将对GDP产生24%的累计影响。而同时产生的负面竞争影响为17%。一方面，产品销售的增长导致了市场份额的变化，另一方面又导致了替换效应。这就会使那些产品和服务比较落后的企业陷入危机。为了在竞争压力下改善自身的现金流，一些企业可能会减少在研发和新技术应用方面的投资，但这也会逐渐加大这些企业与在产品和服务方面保持领先的企业之间的差距，如此就会陷入恶性循环。

总体而言，根据麦肯锡的模拟，到2030年，产品和服务创新可能占潜在GDP的7%或6万亿美元（实际收益）。人工智能能够产生正面效应的一个重要原因是，依赖人工智能的企业可以通过更有效地利用现有产品和服务进入新兴市场，从而快速增加销售额。此外，还可以通过淘汰人力劳动来提高生产率，实现收益。另一个原因是，科技会鼓励产品和服务的创新，并有助于创造和开发新市场。

宏观因素还包括人工智能如何影响跨境贸易的问题。除了整体经济效益外，人工智能应用的增加还存在过渡成本。

活跃领域 4：全球数据的流动性和连通性

如今，信息、商品和服务的跨境交流已经对整体经济表现做出了重大贡献。全球范围内互联网和数字化较发达的国家将从人工智能产业中获得进一步的增长动力。麦肯锡的研究显示，未来人工智能可能占到数字化技术的 20%。

人工智能可以通过两种方式促进全球数字化的发展。第一种方式是实现更有效的跨境贸易。麦肯锡预测，大约三分之一的数字化数据流与跨境电子商务有关。人工智能可以通过提高供应链效率，降低全球合同、商品分类和贸易的复杂性来促进全球贸易；通过使用自然语言处理自动识别交易商品并根据海关分类法对其进行正确分类，以减少供应链中的损耗。提高供应链的透明度和效率，可以帮助公司获取更好的贸易融资，减少银行对流程合法性的担忧。反过来，银行可以使用人工智能技术处理贸易单据，同时更有利于风险分析。

第二种方式是使用经过优化和改进的独立于电子商务的跨境数据流，这方面还有很大的优化潜力，尤其是在服务领域。每天都有大量的数据超过了限制，越来越多的数据流用来驱动人工智能程序。来自世界各地的诊所和医院的大量数据都可以提高罕见癌症诊断的准确性（参见第 6.1 节）。如果人工智能翻译引擎通过不同语言的合格数据进行自主学习，那么其翻译质量也会越来越高。客服机器人、搜索引擎和门户网站的性能也可以从全球数据流中受益。

另外，人工智能还会产生知识扩散效应。面向全球开放权限的数字化人才平台可以帮助企业获取全世界专家的专业知识。在知识平台的起步阶段，数字化技术的交流和对比比较原始，需要人工手动进行。而人工智能则可以自动进行对比，并且准确度很高，速度也很快。例如 ProSapient 和 NewtonX。ProSapient（2019）号称"下一代专家网络"，主要用于与世界各地的专家建立联系。NewtonX（2019）号称世界上最先进的知识分享平台，该平台包含大量不同行业、主题和地理信息的内容，还签约了世界上许多顶尖专家。

总体而言，根据麦肯锡的研究结果，上述技术发展的累积效应保持在 1% ~ 2% 的有限范围内。

活跃领域 5：财富创造和再投资

由于人工智能有助于促进经济发展，提高的效率和创新的结果可以以工资的形式传递给工人。这种人工智能催生的财富创造可以产生外溢效应，推动经济增长。工人的收入增加，同时支出也会增加，企业将利润再投资于企业时，经济增长就会呈螺旋式上升；然后创造更多的就业机会，强化人工智能价值链条，强化人工智能研发机构，通过再投资，研发机构可以为整体经济做出重要贡献。

麦肯锡的研究表明，这种影响在短期内无法预测。到 2030 年，其累计影响也仅限于 3%（图 1.16）。

到目前为止，图 1.16 中所示的 5 个活跃领域的累积总体影响显示，到 2023 年，其累积总体影响为 5%；到 2030 年，预计其累积总体影响为 26%。这表明人工智能对国内生产总值的影响在不久的将来仍处于可控范围；在 2023 年之后的几年才会显现出明显态势（图 1.14）。

当然，麦肯锡的研究还必须考虑人工智能的使用成本和其他负面影响。如下是相关的驱动因素和影响。

活跃领域 6：过渡和实施成本

人工智能的普及也带来了一系列额外的成本，尤其是劳动力的释放会为社会带来负面影响。另外人工智能的实施成本、招聘相关专业新员工的成本以及员工培养的成本都会增加（图 1.17）。当然，预计到 2023 年，这一情况对国内生产总值的负面累积影响将达到 2%，到 2030 年将达到 5%（图 1.16）。

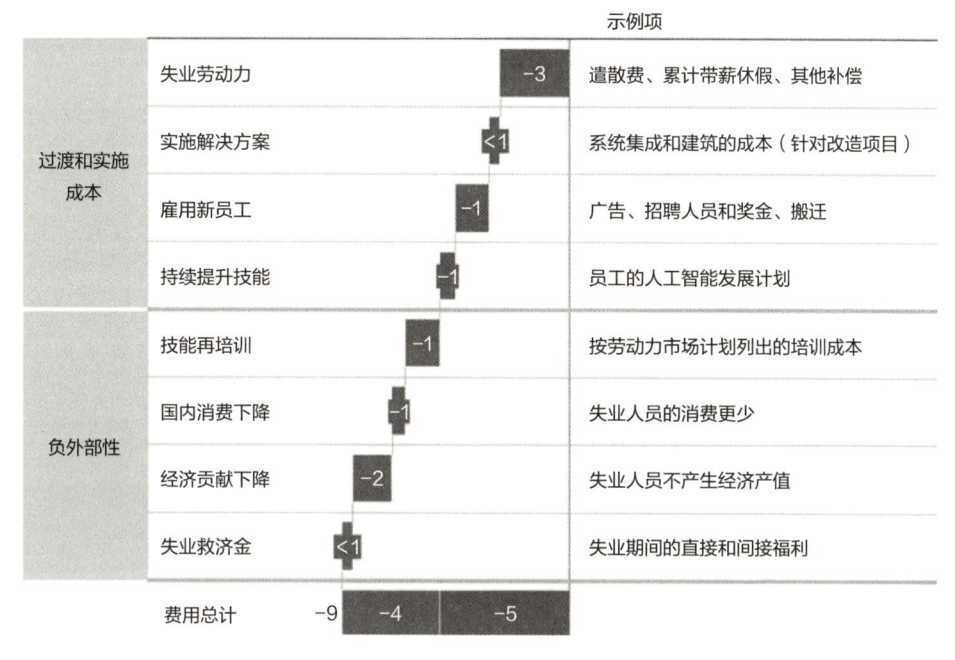

	示例项			
过渡和实施成本	失业劳动力	-3		遣散费、累计带薪休假、其他补偿
	实施解决方案	<1		系统集成和建筑的成本（针对改造项目）
	雇用新员工	-1		广告、招聘人员和奖金、搬迁
	持续提升技能	-1		员工的人工智能发展计划
负外部性	技能再培训	-1		按劳动力市场计划列出的培训成本
	国内消费下降	-1		失业人员的消费更少
	经济贡献下降	-2		失业人员不产生经济产值
	失业救济金	<1		失业期间的直接和间接福利
	费用总计	-9	-4 -5	

图 1.17 到 2030 年，过渡到人工智能经济的成本和负面影响模拟

资料来源：麦肯锡。

活跃领域 7：负外部效应

人工智能的普及也会带来负外部影响（图 1.17）。这些影响也会对企业员工产生负面影响。人工智能的普及会导致经济环境中人类劳动力份额的下降，主要是增加就业和工资压力，从而降低员工收入和潜在的经济增长。因此相关从业人员的消费能力会遭受损失（例如，失业或必要的继续教育）。这一阶段，各国可能会面临更高的成本。

根据麦肯锡的研究，理论上来说，高达 14% 的员工可能被迫改行，这不仅会发生在企业内部，更可能发生在企业间、行业间甚至是地区间。事实证明，大多数员工都将与人工智能系统来竞争岗位。不到 10% 的岗位会完全（或者 90% 以上）由人工智能自动执行。然而在大约 60% 的工作环境中至少有三分之一的岗位都可以由人工智能自动处理。这就会促使员工和岗位发生重大变化。

到 2030 年，由于失业造成的国内消费损失的相关成本约为 7 万亿美元；到 2030 年，人工智能产生的积极影响会降低 4 个百分点，过渡和实施成本可能会占成本的另外 5 个百分点。图 1.17 详细显示了这些负面影响的形成过程。

因此，基于人工智能的自动化和创新是存在一定代价的。人工智能的使用可能会冲击劳动力市场，导致巨大的成本。因为成本可能发生在供需双方的多个方面，而且在大多数情况下都是相互关联的，所以其准确数字根本无法统计。此外，价值链的其中一部分过渡成本可以在另一部分产生新的价值。

如果同时考虑人工智能带来的积极和消极影响，到 2023 年，人工智能对全球国内生产总值的累计净影响为 1%，到 2030 年则为 16%（图 1.16）。

知识点

> 人工智能的应用将对员工、公司和经济产生持久和深入的影响。与许多新技术一样，这些影响在 2023 年后才会显现！

到 2030 年，上述情况会如何影响劳动力市场？首先，大约一半的工作岗位都可以通过使用人工智能技术实现自动化，但由于许多技术、经济和社会因素的影响，这些岗位可能依然需要人类来掌控。事实上，麦肯锡对全球 46 个国家进行了预测，他们的平均自动化水平为 15%，具体占比因国家而异。从图 1.18 可以看出，届时总体就业需求将停滞不前。在每个国家，就业情况都取决于上述各因素之间的共同作用。人工智能的普及将会导致人类失业，但也会产生全新的工作岗位。麦肯锡的预测仅针对总就业情况，不包括某些存在特殊情况的企业和国家。

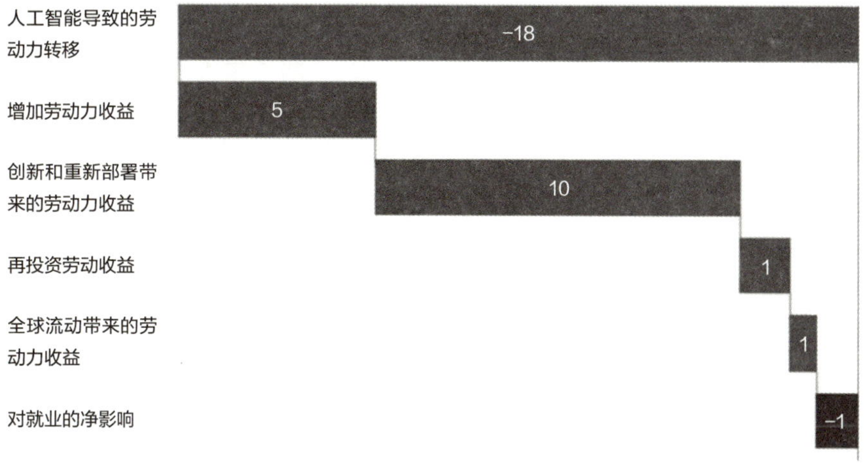

第1章 人工智能的概念与应用

人工智能导致的劳动力转移	−18
增加劳动力收益	5
创新和重新部署带来的劳动力收益	10
再投资劳动收益	1
全球流动带来的劳动力收益	1
对就业的净影响	−1

图 1.18 预计至 2030 年,人工智能对就业的累计影响(全职工作)

引发的思考

新闻中经常会出现关于人工智能技术导致员工失业的新闻。2018 年,德国电子商务巨头 Zalando 表示,他们将在未来的营销方案中大幅度增加算法和人工智能的比重。这也是为什么多达 250 位广告专家离职的同时,人工智能专家却炙手可热的原因。这标志着 Zalando 正在进行其尚短暂的发展史上最大规模的结构调整,"算法和人工智能正在替代人类"。

Zalando 的这一决定在媒体上引起了巨大反响,加剧了民众的恐惧,人们担心人工智能可能导致灾难性的后果,但这只是人工智能产生的后果的其中一方面。我们作为教师、大学学者、企业家和政治家,应该宣传人工智能的积极影响。只有这样,才能实现人工智能的发展不会因为纯粹的恐惧而停滞。

小结

- **人工智能的应用**将会对员工、企业乃至整个社会的经济都产生巨大影响。

- 人工智能在创造新岗位的同时，企业员工将会失去工作。总之，我们每个人都应该追赶发展的浪潮。
- 企业要认识和面对人工智能带来的挑战，同时还要准确发现和规避风险。
- 随着人工智能的使用，全球各国的经济地位将发生变化，当前的倾斜情况也将发生变化。
- 预计到 2030 年，由于人工智能的应用，全世界工作岗位的总数不会发生明显变化，但有些企业和经济体可能发生岗位畸形。
- 总体来说，在 2023 年之前，人工智能对企业和社会的影响会极为有限，但从 2023 年起，人工智能会全面发力，催生出重大的产品、服务和生产流程创新。
- 全世界都应该早早认识到人工智能的优势，并立刻推广利用。要尽快着手！千万不要等！

第 2 章

人工智能的驱动因素

第 2 章　人工智能的驱动因素

> 本章主要介绍人工智能的驱动因素。主要的驱动因素是摩尔定律，产品、服务和生产流程的数字化和非实体化，全球网络连接，大数据和新技术，另外还有对人工智能的投资。

人工智能变得越来越重要，并不是因为某个单独的原因，而是由不同因素之间的共同作用引起的。下列人工智能的驱动因素需要特别指出：

- IT 技术的指数级发展和由 IT 技术发展的科研。
- 数字化和非实体化进入越来越多的价值创造领域。
- 加强不同对象、流程和人之间的连通性，发展出物联网（IoT），加速万物互联（IoE）。
- 尤其是"指数、数字和组合创新"为企业带来了许多机会和风险。

知识点

科技的发展告诉我们，社会未来的变化速度会远超以往，我们现在要抓紧时间享受"缓慢而舒适的变化"，因为未来的变化速度将会快得令人难以置信！

2.1　摩尔定律和指数效应

上述人工智能的驱动因素会使人工智能系统经过指数级发展后到达一个爆发点。为了理解指数增长的含义，我们看看以下几点：

- 假设人的每步长约为 1 米，走 31 步后，一共走了多少米？答案是约

31 米。

- 假设人的每步长都比上一步的长度多了一倍，走 31 步后，一共走了多少米？答案是到第 31 步的时候，已经走了约 10 亿米！

这种指数的概念就是摩尔定律的基础。根据历史经验，戈登·摩尔（Gordon Moore）于 1965 年推导出了一个"定律"，即大约每两年可以实现集成电路性能的翻倍。如果我们将第一个集成电路的制造时间追溯到 1958 年，那么现在已经超过 32 个翻倍周期，这意味着集成电路的性能现在已经达到了非常高的水平。

因为集成电路的小型化已经达到了物理极限，所以其近年来的发展已经开始放缓，但依然没有达到技术极限。然而，技术和性能的下一次飞跃将使迄今为止取得的一切成就再次黯然失色。新一代的技术将会是量子计算，它克服了"0"和"1"的二元机制。

引发的思考

如果汽车行业实现了与计算机行业相同的技术突破，那么 1971 年的大众甲壳虫汽车到了今天将降低到 0.045 美元一辆，车速会达到每小时 48 万千米，这就是科技呈指数发展的结果。

2.2 产品、服务和生产流程的数字化和非实体化

在科技呈指数发展的同时，产品、服务和生产流程的数字化和非实体化也发生在很多领域。去非实体化的产品、服务和流程的物理性通常为这些领域的人工智能化创造了先决条件，因为这些领域已经不再有物理属性和限制了。

图 2.1 中显示了非实体化的程度。其中可以看出哪些应用程序已经集成到智能手机或平板电脑里开发成智能服务终端。电话、相机、手表、闹钟和

录音机等原来的独立设备现在已经变成智能手机的一项基本功能，手机前置摄像头的自拍功能代替了化妆镜，水平仪、高度计、手电筒和指南针等其他独立设备也被集成到智能手机中，成了集成的一种功能。另外，还可以通过 Siri 之类的智能助手监控血压、口述电子邮件和笔记等。同时，导航、日程和移动支付都可以通过各种应用程序进行数字化应用，整个管理流程链也都集成到智能手机中。

从图 2.1 中还可以看出，设备访问功能也越来越非实体化。比如汽车的无钥匙进入和无钥匙启动功能、酒店入住、飞机值机和电影院在线购票等都可以通过网络来完成。另外，现在智能家居系统也可以通过应用程序控制。智能手机还集成了电视、广播、互联网等重要媒体渠道，可以随时访问很多资源。

图 2.1　产品、访问和生产流程的非实体化——开发智能服务终端

从图 2.1 中还可以看出，智能手机正在逐步发展成为一个中央信息平台，书籍、报纸、杂志、CD 和 DVD 或其他内容都可以从智能手机中获得，用户还可以通过流媒体与其他用户传输所需内容（音乐和视频）。传统的导航系统（例如，城市地图或街道地图）都已经非实体化，导航所需的地图和路

线信息都可以实时在线获取。即使是纸面形式的飞行计划（例如，汉莎航空公司的飞行计划）也都不必再打印出纸质版，因为所有的内容都已经非实体化。商品和服务的优惠券也逐步转向网络世界。照片也都从实体相册转换成数字形式：你上次给别人看实体照片是什么时候？如果你仍然在使用实体相册，那么大家应该都会既感慨又惊奇。

随着产品和服务的非物质化，其底层流程也正在数字化，我们可以通过客服机器人来答疑。另外，支付流程也越来越数字化（尤其是支付宝、苹果支付、谷歌支付、微信支付等）。数字世界中流程变化最大的领域是网上购物。

数字化的下一个发展阶段是智能织物。这是一种用数字芯片（例如，微型计算机）制成的智能服装或纺织品，可以具备通信功能。

2.3　万物互联

万物互联的概念推进了产品、服务、生产流程、动物和人类之间互联的发展，图 2.2 中显示了万物互联的发展规模。由于这些通过互联网才能实现，所以我们称为物联网（IoT）。

然而，如今的互联并不仅限于"东西"，还包括了服务、生产流程、动物和人类。因此我们才使用"万物互联"（IoE）一词。图 2.3 中显示了万物互联的相关领域。物联网属于互联网的一个应用范围。个人家庭中的时钟、冰箱、汽车、房子、家电，甚至是玩具都可以与互联网相连。另外，商业环境中的各种生产和服务流程也都可以互相关联。比如饭店前台员工和后厨员工之间，以及大型企业在全球各地的生产工厂之间都可以随时随地互相关联。

第 2 章 人工智能的驱动因素

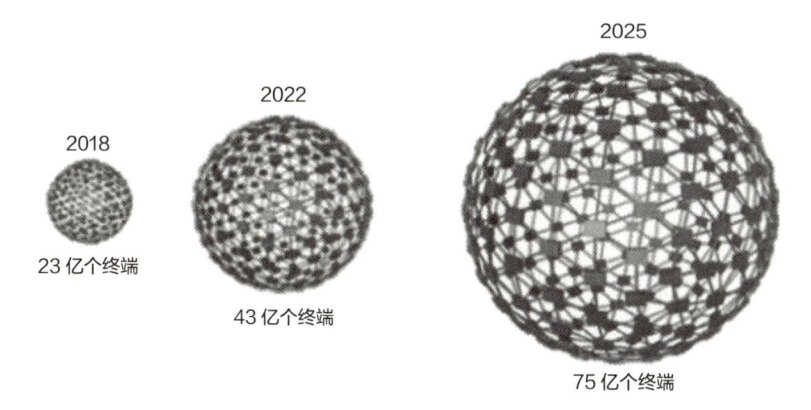

2018
23 亿个终端

2022
43 亿个终端

2025
75 亿个终端

图 2.2 互联规模的变化

注：基于 2018 年的统计数据。

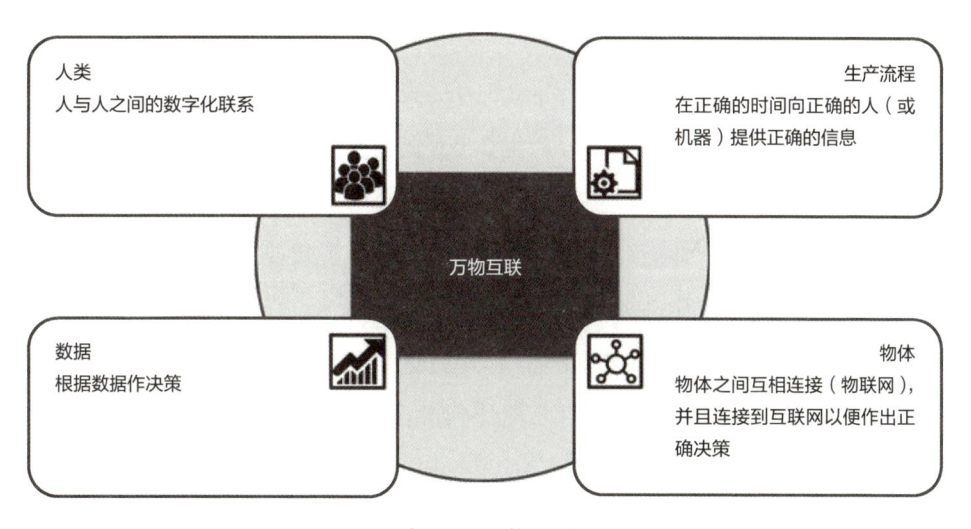

人类
人与人之间的数字化联系

生产流程
在正确的时间向正确的人（或机器）提供正确的信息

万物互联

数据
根据数据作决策

物体
物体之间互相连接（物联网），并且连接到互联网以便作出正确决策

图 2.3 万物互联

另外，借助于人工智能的强大功能，不同来源的数据也可以一起进行分析。传感器的大规模应用也正在形成越来越多能够用于人工智能的数据。由于成本不断降低，传感器已经全面深入所有人的日常生活中。支持语音和影像的用户控制面板也能够生成更全面的数据，这也进一步拓展了物联网，并推进了专家系统和机器人的普及。

最后，越来越多的人可以直接连接互联网。这一功能可以通过体感传感器来实现；或者人类科技发展到半机械化人类的时代，也可以通过直接植入芯片实现。机械化人类是指使用永久性的人工智能产品（这里指芯片）来替换身体的各部分。机械人一词源自电子化有机体的概念，对身体的修补被称为身体入侵。

低功耗广域网（LPWAN）的问世进一步提高了万物互联的规模，LPWAN 是目前发展最快的物联网技术。它以低带宽和低比特率连接电池供电设备，即使在长距离（最长可达 30～35 千米）也是如此。这项技术有助于促进人工智能的进一步发展。

思科[1]（Cisco，2015 年）曾预测，到 2022 年，物联网在全球会产生以下经济效果：

- 通过提高资产利用率，产生 2.5 万亿美元的经济效益。
- 通过提高员工工作效率，产生 2.5 万亿美元的经济效益。
- 通过优化供应链，产生 2.7 万亿美元的经济效益。
- 通过强化客户体验，产生 3.7 万亿美元的经济效益。
- 通过创新，产生 3 万亿美元的经济效益。

总体而言，物联网预计将产生 14.4 万亿美元的利润，企业收益将增长 21%。我们不必拘泥于细节，只要预计到潜在的需求符合自身要求就可以采取行动！

知识点

物联网的发展带来的影响会对单个企业、整个行业和国家都产生巨大影响，因此我们应该积极塑造这些影响，而不是冷眼旁观。

---

[1] 全球领先的网络解决方案供应商。——编者注

2.4 大数据

从前文可以看出，数据基础对于人工智能算法的训练特别重要。企业必须要收集足够量的数据库（大数据），也就是大量的完善数据。大数据可以通过以下标准定义（图2.4）。

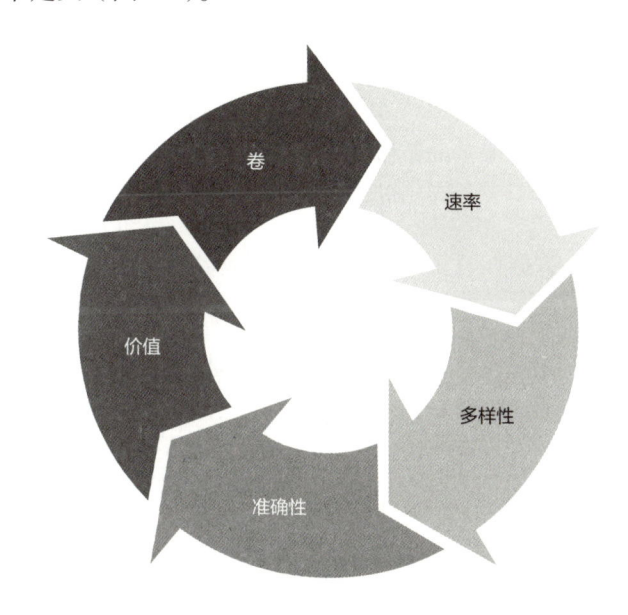

图 2.4 大数据的 5 个方面

- 卷（表示数据分类或者数据集）

"卷"指的是可用数据集。数据集由可用的数据范围和深度决定。由于传感器和终端越来越多，所以产生了大量的数据流。

- 速率（数据生成的速度）

"速率"指的是新创建或现有数据集的更新、分析和删除的速度。例如，如今各种传感器的数量越来越多，所以感知到的各种变化都可以随时记录或删除，并根据实际情况随时评估。

- 多样性（数据源和数据格式的多样性）

"多样性"是指在人工智能应用过程中必须同时处理的大量内部和外部

数据源。另外还代表需要评估的大量不同数据格式（如系统化、部分系统化和非系统化数据以及照片和视频）。

- 准确性（数据和数据源的质量）

"准确性"是指可用数据和数据源的质量。与附加标准"价值"相比，"准确性"不是指字面意义上的数据重要性，而是形式信息内容。"准确性"中的数据质量可以用下列维度表示：

——正确性（数据没有错误）

——完整性（数据覆盖的范围）

——一致性（数据之间不冲突）

——时效性（数据在特定时间范围内的有效性）

另外，数据还存在可信度的问题，也就是不能受到系统偏差的影响，所以重点在于分辨出某些自夸（Pro-domo）的数据。"自夸"的字面意思是"自己夸自己"，此处意思是"不自揭短处"。例如，全国汽车行业协会发布了某些调查结果，那就可以认为这些结果可能会被行业协会所左右，因此会有部分"失真"。同样的情况也会发生在某些企业身上，他们会出版正面展示企业成就的宣传册。即使规避了上述情况，并且使用最复杂的算法，也可能会产生 GIGO 效应，即"进出的都是垃圾"或通俗地说"垃圾数据"。2016 年，微软的客服机器人 Tay 就是一个这样的例子（见第 4.1.2 节）。

- 价值（数据的相关性）

"价值"是指数据与特定应用的相关性。我们用具备人工智能技术的汽车来说明这些标准之间的相关性和影响。如今，全球具备自动驾驶功能的汽车产生的数据量约为每小时 25GB（卷）。这些数据的产生和变化都是实时的，所以也需要实时进行处理（速率）。自动驾驶系统必须同时对天气、路况和目的地等数据进行实时评估。这些数据包含了系统化、半系统化和非系统化等形式。另外要随时评估传感器传来的照片和视频（多样性）。重要的是，如果当前路线上发生了交通堵塞，且预计路线在一个小时内不会畅通，那么系统就要重新规划路线。

传感器要保持清洁，否则数据会发生偏差（准确性），最后数据必须要和车辆本身相关。例如，无关路线上的交通堵塞警告就没有任何意义。同样，非导航区域的天气信息也没有任何意义，非导航道路上的限速警告也没有任何意义（价值）。

知识点

掌握大数据的 5 个特征是人工智能要面对的终极挑战。数据处理的质量直接影响到随之衍生的应用程序的质量。

图 2.5 中显示了数据的发展规模，从图中可以看出，可用数据的规模出现了指数级增长。对于人工智能应用来说，确保各种数据源和数据类别之间的互联至关重要。

图 2.5 中，造成数据呈指数增长的最重要的数据源是什么？一方面，有些物体和流程本身会生成越来越多的关于自身的数据（通过已经部署的传感

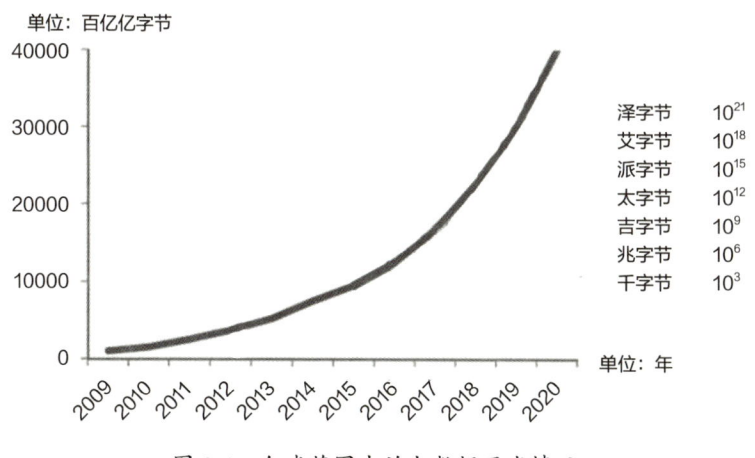

单位：百亿亿字节

泽字节 10^{21}
艾字节 10^{18}
派字节 10^{15}
太字节 10^{12}
吉字节 10^{9}
兆字节 10^{6}
千字节 10^{3}

单位：年

图 2.5　全球范围内的大数据开发情况

器）。诸如智能手表、智能家居、智能冰箱等智能设备在"智能"处理过程（即通过互联网连接）中也必须通过互联网提供数据。另外，在使用 Spotify、Maxdome 或网飞（Netflix）等数字流媒体服务时，也会生成大量关于用户行为的数据。这些数据包含从播放的内容类型到时间和地点，再到播放场景或播放暂停的过程等信息。

另一方面，人类也不断地创建和共享大量数据。全球范围内的沟通方式仍以电子邮件为主。我们可以看看下列通信渠道的使用程度。数字代表互联网上每隔 60 秒发生的一切：

- 发送 1.87 亿封电子邮件
- 收发 3800 万条 WhatsApp 消息
- 收发 1800 万条短信
- 观看 430 万次 YouTube 视频
- 进行 370 万次谷歌搜索
- 创建了 240 万个快照
- Tinder 互动 110 万次
- 登录 0.973 万次脸书
- 发送 0.481 万条推文
- 下载 0.375 万次应用程序
- 网飞上播放 0.266 万小时
- Instagram 上浏览 0.174 万次

与人工智能应用相关的内容在理论上几乎存在无限的数据潜力。其中不仅信息内容互相关联，而且元数据也都互相关联。这些"数据的数据"代表了时间、角色、与谁以及在哪儿联系了多长时间（例如，电话通话，无论通话内容如何）。谷歌搜索不仅记录了搜索内容，还有用于搜索的设备、搜索频率、结果以及搜索的时间。所有这些都组成了数据影子。无论我们愿意与否，这些数据影子一直都存在于我们的各种网络活动中，而且对于人工智能来说，它们也属于一种巨大的数据源。

这些发展都基于扎克伯格定律：

"到第二年，人们共享的信息将会是去年的两倍。"这意味着脸书、应用程序和其他系统的使用率会越来越高。

实际上，这就是发展高性能人工智能系统极佳的先决条件。现在的欧洲政治家们正在热烈讨论《通用数据保护条例》（GDPR），该条例于 2018 年 5

月 25 日生效。自那时起，欧洲企业最终无法全面使用各种数据。为了符合 GDPR 的禁令，企业不得不在研发方面投入大量预算和精力。

2009 年提出的信息不对称定律："关于消费者、决策者和企业的信息越丰富，报价也会越精确。"这也意味着我们需要更多关于潜在客户和现有客户的信息，以便为他们提供更完善的服务，这一点也适用于人工智能。

因此，如果欧洲想在人工智能领域有所建树，就应该重新评估 GDPR 中的各种限制。下面两句话虽然是老生常谈，但依然非常正确：

- 数据就是新的石油！
- 谁拥有数据，谁就称霸行业！

欧洲现在已经不再向企业持续提供数据，而是分批提供。另外，企业不可避免地要尽可能地符合 GDPR 的限制。一方面，现有的业务流程会因此瘫痪，但企业还要疲于应对顾客以及存储顾客数据。另一方面，GDPR 还会转移人们对主要内容的注意力，比如平衡人工智能的影响！这种背景下，如果人工智能的效果取决于有效信息，那么如何才能让它变得成功？

引发的思考

哈佛商学院名誉教授肖莎娜·祖波夫（Shoshana Zuboff）为这种新兴情况创造了"监控资本主义"一词。含义是"以网络监控和数据收集为基础的资本主义形式，其资源是从监控人类行为当中获得的数据"。这些人类行为的数据用于预测人类的行为习惯，预测的结果将作为商品在市场上销售。监控资本主义植根于数字环境，如今已占据主导地位。之所以能够上升到主导地位，是因为它通过快速、可靠地将投资转化为资本以便实现货币电子化。监控资本主义通过深入人类的日常生活、个性和情感来预测我们未来的行为。

在监控资本主义中，我们不再是客户和员工，而是信息源，也就是人工智能设备的数据来源，而我们却混然不知。对我们来说，这不是什么资本主义，而是我们自身已经变成了数据资源。

"他们在窥视我们的隐私，但我们也没什么可隐瞒的"这句话并不正确，实际上我会说"万事皆可公开。我们的内心想法、个人经历、态度、情感和欲望都是我们作为人所必须拥有的东西"。

阅读建议

如果你想深入了解，我们推荐你阅读互联网先驱杰伦·拉尼尔（Jaron Lanier）的书《十条立刻删除你的社交媒体账号的理由》。拉尼尔将他的观点总结为BUMMER。这个缩写的中文含义为"用户的行为变成了租赁帝国"。这本书值得我们深入思考。

2.5 新技术

在开发数据潜力方面，新技术扮演了重要角色，并且催生出了基于物联网或互联网的新商业模式（见第2.3节）。同时，如果企业认识不到新技术与用户间的密切关系，也不尽快利用，那么新技术也会带来很大风险。然后失去生存土壤的商业模式就会出现一种"选择"现象，我们称为数字达尔文主义。

对于企业和读者来说，可以考虑这些问题，哪些技术应该成为关注的焦点？哪些可以忽略？高德纳公司（Gartner）每年发布的新技术周期为企业提供了重要的指导。该报告显示了跨行业技术所处的生命周期阶段。高德纳公司根据对每项技术的预测来确定这些技术的周期阶段（图2.6）。

高德纳公司在技术预期方面定义了五个不同的阶段，这些阶段提供了预期技术状态和市场应用新技术的情况。

- 创新启动

在这一阶段，新技术的概念首先被媒体发布出来。在早期阶段，还不可

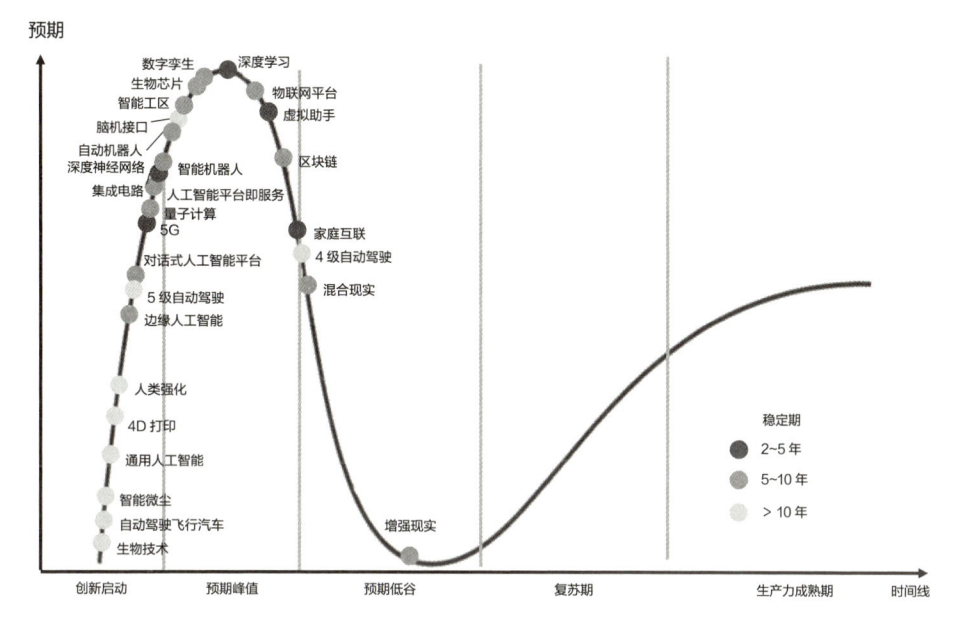

图 2.6 高德纳公司对新技术周期的分析

资料来源：高德纳公司（2018）。

能预测这些技术是否能得到持续利用。

- 预期峰值

在这一阶段，发布第一个成功案例，推动了公众对新技术的进一步期待。同时，技术应用时出现的初始故障可能会变得十分明显，这将期望值推到了极限，技术的使用仍然局限于少数企业。

- 预期峰谷

由于对新式"奇迹武器"的许多期望没有得到满足，所以公众对新技术十分失望。在这个阶段，新技术开始脱胎换骨！

- 复苏期

在这个阶段，越来越多的企业看到了新技术的优势。创新开放型企业开始推出新技术的第二代版本和第三代版本，并且逐渐普及并融入工作流程。

- 生产力成熟期

新技术已经非常普及，其优势不仅显而易见，而且能够带来足够的经济效益。新技术在设计之初就是作为主流技术存在的，新技术在企业和应用领域中的广泛普及只是时间问题。

另外，高德纳公司还对新技术达到生产力平台的周期进行了预测。我们可以从图 2.6 中各技术节点颜色的深浅看出。

高德纳公司的研究副总裁麦克·瓦尔特（Mike Walter）介绍了如何解读图 2.6 中的发展情况："作为技术领导者，你将继续面临日益发展的技术创新，这些创新将深刻影响你与员工、客户和合作伙伴打交道的方式。新兴技术带来的科技发展趋势将形成下一个最具影响力的技术，这一情况有可能扰乱企业的业务，所以你必须积极加以关注。"

图 2.7 显示了高德纳公司（2018）定义的新兴科技发展趋势。其中人工智能节点由深色表示。高德纳公司在 2018 年发布的报告介绍了人工智能、数字化生态系统、自助式人体改造、沉浸式体验和普及基础设施五大主导技术的发展趋势（图 2.7）。

人工智能	数字化生态系统	自助式人体改造	沉浸式体验	普及基础设施
人工智能平台即服务 通过人工智能 4级自动驾驶 5级自动驾驶 自动机器人 对话式人工智能平台 深度神经网络 自动飞行汽车 智能机能人 虚拟助手	区块链 用于数据安全的区块链 数字孪生 物联网平台	生物芯片 生物技术 文化或社会问题 脑机接口 外骨骼 增强现实 混合现实 智能识物	4D 打印 家庭互联 自我诊疗系统 智能微尘 智能工区	5G 边缘人工智能 深度神经网络 集成电路 仿神经设备 量子计算

图 2.7 高德纳公司在 2018 年发布的新兴科技趋势

资料来源：高德纳公司（2018）。

- 民主化的人工智能

人工智能的发展和强大的变革趋势齐头并进。云计算、开源和"创客"社区正在以不断增长的规模提供相应的应用程序，创始企业将受益于该技术的持续发展。而最大的变革力量来自开发者、数据科学家和人工智能架构师，甚至跨越国家和行业边界共同开发所有人都满意的人工智能应用程序。因此，人工智能正在渗透越来越多的生活领域。

现在，深度神经网络（深度学习）处于发展峰值，正在不断地提高人工智能系统的性能。虚拟智能助手（如 Alexa 和谷歌家庭系统）以及日常使用的机器人也在推动这一民主化进程。另外还有越来越多的智能机器人与人类携手合作，提供客房服务或在生产和物流链中执行复杂任务，辅助或者取代人类劳动力。

为此，基于各种人工智能技术的可对话人工智能平台（也称为对话用户界面，CUI）开始出现。可以预见的是，现在一直占据主导地位的图形用户界面（GUI）很快就会过时。CUI 界面用于人和机器、系统之间的语音对话。

我们来看看不同等级的自动驾驶。4 级自动驾驶能够在没有人机交互的情况下自动驾驶车辆，但并不能完全脱离人类。4 级自动驾驶主要用于某些划定区域。预计这种车辆将在未来 10 年引入市场。5 级自动驾驶可以在所有情况和条件下完全自动驾驶车辆，配备 5 级自动驾驶系统的车辆不再需要方向盘或踏板，这种"汽车"为人们提供了额外的工作和生活空间。

首先，根据高德纳公司 2018 年的预测，掌握自动驾驶技术仍然需要至少 5~10 年时间。自动飞行车辆不仅用于运送人员，还可以运送医疗用品和食品。完全自动飞行车辆比地面自动行驶车辆更容易研发。一方面，现在的空域管制非常严格。另一方面，人类作为空中"不可控的干扰因素"在很大程度上可以被排除在外（滑翔机、挂载式滑翔机和跳伞者除外）。在开发自动飞行车辆过程中，必须要解决空域管制问题和社会挑战，另外从起飞到着陆都要做出详细规划。这种自动飞行车辆是高德纳公司在 2018 年新兴技术周期报告中新纳入的 17 项技术之一（图 2.6）。

通用人工智能也出现在高德纳公司 2018 年新兴技术周期报告中的初始阶段。通用人工智能的核心内容是完全达到人类的智慧水平，使系统能够成功地掌握人类能够完成的任何智力任务。通用人工智能代表了"强人工智能"。

知识点

> 通用人工智能的核心内容就是能够独立完成人类能够完成的所有任务，而且还能完成人类智力无法完成的任务。

大脑 – 计算机接口（BCI）正处于技术生命周期的顶峰，正在促进通用人工智能的发展（图 2.6）。由此诞生了脑机接口（BMI）或脑机。脑机接口的核心是一个可以在不影响周围神经系统的情况下实现大脑和计算机之间直接连接的人机界面。因此就需要通过脑电图（EEG）来记录脑电活动，无须开颅手术（无创）。受试者必须佩戴拖着大量电缆的防护罩，这种情况使脑机接口的实用性并不高。在未来，可能会出现经过优化的头戴功能磁共振成像系统用于记录大脑活动而不需要任何干预，现在则必须将人推入专用设备来记录大脑活动，但开颅手术就不需要如此先进的设备。手术会将电极植入受试者的大脑中，直接测量其脑电波。

这一技术的基础是人类对某一动作的想法会触发脑电波的明显变化。因此，大脑 – 计算机接口可用于确定脑电波的哪些变化与哪些想法有关。以这种方式获得的脑电波变化可以用作各种应用的控制信号。迄今为止，这种方式只能做到单向控制。人类可以通过大脑与机器交流，但计算机还不能将任何内容直接反馈给大脑（双向控制）。时至今日，人类（仍然）可以依靠感觉器官来触发系统反应。我们能不能做到大脑与计算机双向沟通？这是一个悬而未决的问题。

目前的发展表明，至少"单轨"的脑-机接口可以在几年内占领市场。这一技术源于为身体残疾者提供与计算机或轮椅进行互动的便利。大脑-计算机的控制方案取代了鼠标、键盘和触摸屏，这些都需要肢体运动才能做到。在游戏行业，已经有了 VR 眼镜产品。在 VR 眼镜的帮助下，玩家可以体验沉浸式游戏环境。目前，用户必须通过涂有接触凝胶的传感器与设备连接（非侵入性设备），系统的处理速度仍然非常慢，错误率非常高，但它已经为深入研究能够用于日常生活的方案提供了灵感。

特斯拉的创始人埃隆·马斯克（Elon Musk）还创立了神经链（Neuralink），这家企业的业务是开发能够将人类直接与人工智能连接的计算机芯片。这些芯片被植入大脑，通过思维连接互联网。大脑通过脑电波活动发出控制命令，因此不需要肢体或语音控制。从神经链网站上 2019 年发布的招聘公告可以看出，他们为了实现雄心勃勃的目标仍然在大规模招兵买马。

脸书也在努力研发不用语音控制或文字控制而直接使用思维的方法。总部位于勃兰登堡的神经技术企业 Neurable 也正在开发一种解决方案，该解决方案将实现"无凝胶的思维转移"，其控制设备是置于耳朵中的一个小装置。脸书已经在 2017 年宣布，成立一个由 60 名工程师组成的团队开发大脑-计算机接口。同样，我们的目标也是通过纯粹的思维控制来写短信。如今我们已经可以做到只要在脑袋里想移动机器人手臂的拇指，它就可以移动了。控制电极要么植入大脑，要么戴在脑袋上，感知与思维相关的大脑活动，然后将活动信息传输到人工智能系统，人工智能系统再根据计算预测行动。

想象一下，在日常生活中，你可以通过纯粹的思维控制与地铁里的朋友们沟通。就在 20 年前，我们几乎无法想象通过智能手机互相沟通有多么便捷，脑-机接口也是人工智能改变我们日常生活的一个例子。

引发的思考

互联网投资商法比安·韦斯特海德（Fabian Westerheide）预测："5年内，所有机器都能通过语音控制，而10年内则能够通过思维控制，这将是有史以来最快的科技进步"。

- 数字化生态系统

新技术需要科技基础和更具活力的生态系统的支持（图2.7）。掌握这些生态系统需要新的商业战略，例如基于互联网平台的商业战略。这意味着越来越多以前独立的技术基础解决方案会被淘汰。区块链在数据安全方面可以发挥决定性作用，并且能够提高集成系统的弹性、可靠性、透明度和信任度。

如今日益重要的物联网或物联网平台也属于一种生态系统。物联网平台主要将万物互联到一起，为物联网平台催生出更多的应用程序以便将人、生产流程和数据连接起来。

另外还有数字孪生的发展。其概念是真实对象通过三维CAD建模，形成真实对象的虚拟镜像。如今，机器、复杂的生产设施、游轮、高速列车和飞机的虚拟镜像越来越多。人工智能应用程序不仅可以用于对设计、生产和深度开发进行模拟，还可以对技术条件、磨损和维护进行数字模拟并据此进行预测。这使得维护工作变得更加简单，并且能大大减少停机时间。高德纳公司（2018年）估计，在未来5年内，数亿个物理实体会拥有模拟镜像。

数字孪生也可以用于B2C市场。H&M[①]的专家们正在研究一个名为"完美修身"（Perfect Fit）的项目，客户可以通过这项功能在自己家中试穿虚拟衣服。"完美修身"功能可以改善用户体验，同时减少退货率。

- DIY：生物黑客、人体黑客

高德纳公司将2018年视为"跨人类"时代的元年，在这个时代，黑客

---

① 一家来自瑞典的时装公司。——编者注

生物学和"扩展"人类的普及率和实用性越来越高。从简单的诊断到神经植入，这已经属于道德和人性的法律问题和社会问题。

生物黑客或人体黑客是指将信息技术转移到生物系统，这里主要是指转移到人体（通常是转移者本人），但也可以转移给所有生物。IT黑客是指对计算机或网络未经授权的入侵，参与此类黑客活动的人员被称为黑客。这些黑客可以修改系统或安全功能，以实现与系统原始设计不同的目标。而人体黑客则是入侵自己，人们用植入物和其他干扰人体生理过程的方法进行实验。这些人自我标榜为自己医治自己，例如独立的DNA测试。人体黑客基于大量数据可以进行自我物理优化。

这里有一个属于自我优化的特殊例子。现在有一种特殊的滴眼液可以帮助人类实现夜视功能。有一种叫作二氢卟吩的光敏剂，经试验表明，为受试者施用这种物质制成的滴眼液后，他们在黑暗中可以获得比别人更好的视力。但是在白天，受试者必须带上黑色太阳镜来保护眼睛，因为他们眼睛的感光能力得到了强化。这个行为不推荐模仿！

知识点

生物黑客也可以由第三方介入，这也使得这一行为越来越像IT黑客了。英国科学家已经成功从脑电波中提取出了个人隐私信息（如信用卡号）并公布于众。因此从脑电波提取数据的行为有可能从临床领域发展到商业领域，并且会面临各种滥用的风险。

生物芯片可以用于在患者出现症状之前对癌症、天花等疾病进行预警。这些芯片由表面的一系列分子传感器组成，可以分析生物元素和化学物质。生物技术是指对生物或生物的成分进行改造和利用的技术。尽管这项技术仍在开发中，但最终可能会产生皮肤和组织在机器人上存活的技术，再赋予体表感受功能。生物芯片技术的下一阶段就是仿真机器人。

生物黑客的另一个发展方向是开发外骨骼，外骨骼可以作为生物体的硬性辅助支撑结构。安装在身体外部的机器人可以强化或放大佩戴者的动作，因此就需要合适的动力装置（电机）。这一功能可以在医疗领域中为截肢患者重新赋予行走的能力。此外，这种外骨骼还应用于生产或物流中，比如高空作业或起吊重物等重体力工作。德国制造商仿生科技（German Bionic）和奥托博客（Ottobock Industrials）提供了相应的解决方案。再进一步发展后，外骨骼就可以由思想控制。这种情况下要借助位于大脑皮层上的脑信号植入物或接收器来实现高级功能。

以色列企业奥卡姆（OrCam）开发了一种帮助视力受损者的小型设备，眼镜上装有一个微型摄像机和一个扬声器。如果用户用产品描述、笔记或标志等功能指向文本，NLP 就会通过系统捕获特定的文本信息，并用语音告知用户。

该领域还包括人类强化、增强人类的开发。这一人工智能领域的目的是强化和提高人的效率。其核心是通过人工智能系统"优化人类"。如前文所述，医疗领域可以使用活性物质来治疗艾滋病。健康的人也可以通过适当的应用程序与设备连接进行"身体优化"。超人类主义的目的是通过科学和技术手段使人类继续进化。一方面，本研究的本质还是基于传统的人类认知；另一方面，人们试图全面优化身体，继续进化。现在的重点是前文提到的机器人——也就是人类（或动物）与机器的融合。

目前全球约有 7 万人接受了电子芯片注射，这些芯片正在逐渐取代身份证、登机牌甚至钥匙。接受电子芯片注射后，人体可以直接与感应设备互动，比如办公楼权限和网络账号注册。结合身体传感器的数据，不仅可以实时获取血糖值和其他生物数据，还可以预警心血管疾病，甚至是提示用户身体透支需要休息。专家们认为，注射芯片可以彻底改变人们的日常生活，尤其是对于工作繁忙的群体，芯片能够实现智能手机的所有功能。如今已经有了自助植入装置问世，不过还需要人类的智慧来发现其他的扩展应用。

目前有一个问题就是主控芯片系统尚未问世。因此，人们有时会同时注射两个、三个或更多的芯片来组合以获得更多功能。未来，VivoKey[①]的注射芯片有可能成为主要产品，因为该芯片具有更大的内存和更强的微处理器，所以可以实现诸如防伪签名、金融交易处理、在线购物和无现金支付等更多功能。

正如马斯克所言："如果我们想在机器人的压力下生存，自己就必须成为机器人。"

知识点

对人体黑客来说，有一种风险始终存在：在进行核磁共振（MRI）检查时，强磁场会擦除芯片上的所有数据。因此就要备份一套注射设备和注射许可来重新合法注射芯片。另外，非贵金属芯片在工作中或多或少地会发热。

- 创建沉浸式体验

人工智能应用程序可以为人类带来全新的工作和生活体验，比如沉浸式体验就是其中一种（图 2.8）。沉浸式体验指的是通过虚拟现实或者 VR 创建出能够媲美真实环境的虚拟效果。在支持 VR 的电子游戏里，可以通过 VR 体感设备来体验虚拟效果。VR 体感设备可以通过实时跟踪将肢体运动投射到虚拟现实中，玩家可以在其中与虚拟现实互动。通过对外骨骼施加压力，玩家还能感受到触觉反馈。

---

① VivoKey 是一种植入式微型计算机芯片，可将个人身份、医疗记录和数字身份证明储存在身体内。——编者注

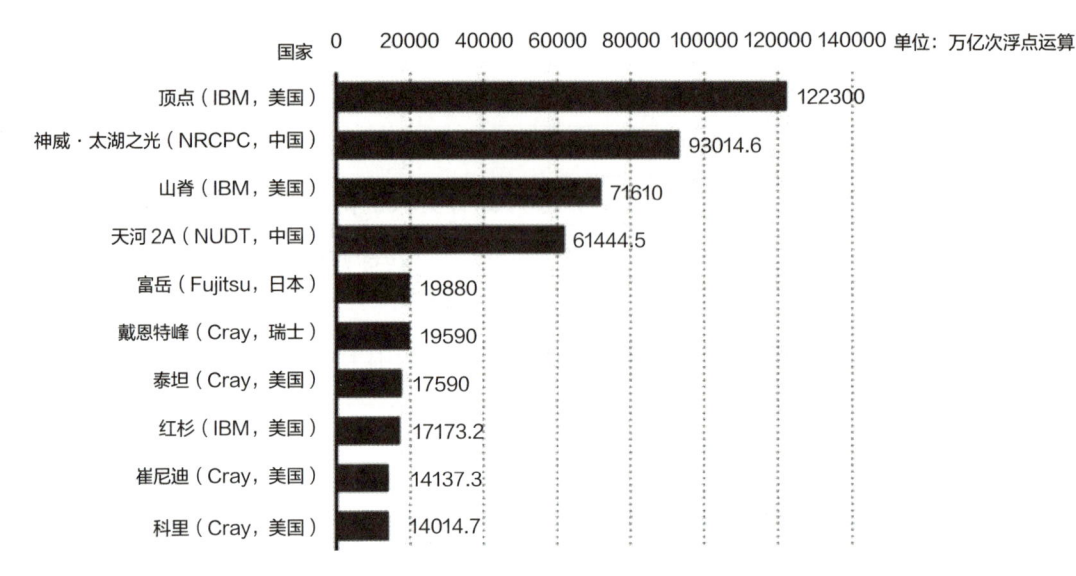

国家	万亿次浮点运算
顶点（IBM，美国）	122300
神威·太湖之光（NRCPC，中国）	93014.6
山脊（IBM，美国）	71610
天河2A（NUDT，中国）	61444.5
富岳（Fujitsu，日本）	19880
戴恩特峰（Cray，瑞士）	19590
泰坦（Cray，美国）	17590
红杉（IBM，美国）	17173.2
崔尼迪（Cray，美国）	14137.3
科里（Cray，美国）	14014.7

图 2.8　世界超级计算机排行（2018 年 6 月）

触感外壳可以通过不同的振动马达（刺激触点）给用户身体施加压力，强化沉浸感。因此 VR 设备不仅营造视听环境，还可以给身体带来触觉反馈。通过将触感外壳覆盖全身，还可以非常精确地识别用户的动作和位置。

如今的人工智能工作领域越来越面向人类，人与物体之间的界限会越来越模糊。比如简单的电子白板就可以用于自动录制会议内容。另外，员工还可以通过传感器实时接收位置和任务等信息。增强现实系统可以用于设备维护（见第 5.3 节），办公用品也可以直接与网络平台连接，直接进行在线订购。

在家庭环境中，智能住宅连接了各种设备、传感器、工具和家具，通过遍布全家的传感器可以了解居民的生活习惯。这也为智能系统提供了丰富的数据，创造出情景化和个性化体验，从而能更好地融入人们的生活中。

- 无处不在的基础设施

必须注意的是，许多领域的基础设施已不再是竞争焦点。万事万物都可以提供服务。如今，服务项目 x 已经广泛存在，如：

- 备份服务（BaaS）
- 数据密集型计算服务（DICAS）
- 高性能计算服务（HPCaaS）
- 人力服务（HuaaS）尤指众包服务
- 基础设施服务（IaaS）
- 移动服务（MaaS）
- 音乐服务（MUaas）
- 平台服务（PaaS）
- 软件服务（SaaS）
- 交通服务/运输服务（TaaS）

基础服务（包括人力服务）可以广泛应用于各种领域，极大地改善了企业环境。

知识点

以前，电钻属于商品，如今钻孔也属于商品！

边缘人工智能与云计算形成了对比，云计算是一种基于人工智能的分布式"网络分布"数据处理形式。AI 应用程序和数据从中心节点（例如数据中心）传输到网络边缘。为了减轻网络传输的负担，在各节点对数据流进行深度处理。设备、工厂或物联网平台就属于节点。

量子计算机的处理器性能以指数级的优势超越了传统计算机。未来，量子计算机将对机器学习、加密技术和数据处理（包括文本和图像）产生巨大影响，强大的处理器性能能够轻松支持更多的人工智能应用。

很明显，图 2.8 中提到的许多技术都可以用于支持人工智能。技术的不断进步以及应用领域的进一步发展促使人工智能越来越全面地深入家庭和工作环境中。

引发的思考

现在，你需要发扬创业精神，从技术层面和应用实例中开发出有价值的商业方案！因为有一点是肯定的，从长远来看，人工智能应用将再次改变世界。这是因为人工智能技术具有极高的创新水平，因此具有巨大的发展潜力。人工智能技术促进数字化转型已成为不可避免的事情！

从上文可知，全球人工智能竞争的重点在于高质量数据的规模（见第2.4节）和性能强大的计算机。那么，我们来看看当今世界上最强大的计算机在哪里（图2.8）。计算机的计算能力以万亿次浮点（TeraFLOPS）为单位。"运算"是指数字的处理，"浮点"是指计算机领域中的数字表示方法，"每秒浮点运算次数"是指计算机每秒可以执行运算的次数，这个数字越大，计算机的性能就越强大。如果一台计算机的运算能力为1万亿次浮点运算（TFLOPS），那么就可以换算成每秒1万亿次运算。

纵观全球拥有超级计算机的国家，美国拥有6台超级计算机，排名第一，紧随其后的是中国，瑞士是唯一进入前10名的欧洲国家。

图2.9中显示的是世界前500台超级计算机的所属国家，再次凸显了中国的主导地位。如前所述，中国在其总体规划《中国制造2025》中已将人工

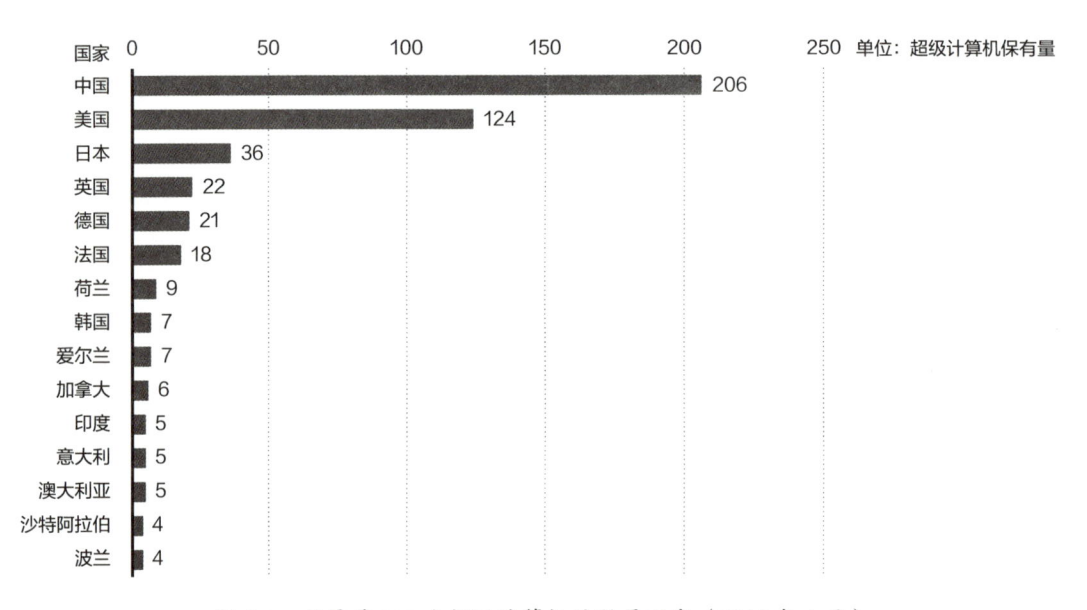

国家	超级计算机保有量
中国	206
美国	124
日本	36
英国	22
德国	21
法国	18
荷兰	9
韩国	7
爱尔兰	7
加拿大	6
印度	5
意大利	5
澳大利亚	5
沙特阿拉伯	4
波兰	4

图2.9　世界前500台超级计算机的所属国家（2018年6月）

智能确定为实现全球领导地位的核心领域，并且正朝着这一目标迈进。德国在世界领先的工业国家中排名第五，尚需努力！

全欧洲的超级计算机全部加起来也只有 86 台，远远落后于美国和中国。这种情况下也就能够理解为什么欧洲科学界和工业界的 10 家巨头于 2018 年共同联手，在尤利希研究中心制造一台名为 OpenSuperQ 的量子计算机。这台超级计算机具有 100 量子比特，计划于 2021 年年底制造完毕。欧洲希望通过这台计算机来确保他们在全球超高性能量子计算机竞赛中保持竞争力。该项目是欧洲重点科研计划的一部分，旨在促进欧洲量子技术的研究。OpenSuperQ 主要应用于加速化学和材料科学过程的模拟以及人工智能中的机器学习。量子计算机可以做到传统计算机永远无法完成的计算任务，在研发的量子计算机应具有 100 个量子或量子比特，并通过云服务使用开源软件访问任何应用程序。

量子计算机发挥作用的一个重要先决条件是全面覆盖的高性能移动网络——5G 移动网络标准，"5"代表第五代。新标准具有以下特征：

- 数据传输速度比 4G 网络快 100 倍（最快可达 10 Gbit/s）。
- 更高的频率覆盖范围。
- 更高的数据吞吐量。
- 支持全球 1000 亿台移动设备之间实时传输。
- 即使在较长的传输距离上（约为人眼向大脑传输信息所需时间的 10 倍），延迟也缩短至 1 毫秒（反应、延迟或传输时间），约是 4G 网络的 1/10。
- 与 4G 相比，数据传输能耗显著降低。
- 5G 每平方千米可连接 100 万台设备，是 4G 的 10 倍。

5G 的引入不仅能够实现机器与机器间实时通信，还能实现人与机器间实时通信，由此也可以催生出全新的交互形式。要想实现这一点，除了网络基础设施之外，还有一个重要的先决条件就是制定数据传输的通用标准。

2.6 投资人工智能

谷歌首席执行官桑达尔·皮查伊（Sundar Pichai）的讲话代表了各个企业对人工智能的重视。他表示谷歌是以人工智能为主的企业。自那时起，谷歌所有的业务重点都集中到先进技术研发上，主要是进一步拓展人工智能的性能。皮查伊进一步表示："人工智能比火或电更重要。"

人工智能的投资情况如何？根据麦肯锡的一项研究（2018 年），在 2016 年，全球企业在人工智能领域的投资额达到了 260 亿至 390 亿美元。"科技巨头"（字母表、亚马逊、苹果、脸书、IBM、微软）的投资额达到了 200 亿至 300 亿美元。初创企业的投资额在 60 亿至 90 亿美元。总体而言，自 2013 年以来，人工智能技术获得的投资增加了 3 倍。

欧盟计划对人工智能领域投入 17 亿美元用于研发，希望能够弥补与美国和中国之间的差距。同时，数字专员玛丽亚·加布里埃尔（Mariya Gabriel）指出，除了投资和明确的道德法律框架之外，还需要更多可以公开的数据。目前，亚洲对人工智能研究项目的私人投资是欧洲的 3 倍，美国是欧洲的 5~6 倍。为了调动更多的私人资金，欧盟推出 17 亿美元的刺激计划。到 2020 年，还需要投资 230 亿美元［见《时代周报》（*Zeit*），2018 年］。

从麦肯锡发布的报告（2018 年）中可以看出，在发展人工智能方面，除了金融投资以外，欧洲还缺少必要的决心。一项对 10 个国家（中国、加拿大、法国、德国、意大利、日本、瑞典、韩国、英国和美国）和 14 个行业中的 3000 名 C 级经理（人工智能领域）的调查显示：

- 一般而言，企业除技术部门以外的各部门对人工智能的接受程度仍处于早期阶段，通常只是试用。
- 只有 20% 的受访者在较大范围或在公司核心领域使用人工智能技术。
- 许多企业并不确定是否能收回投资。
- 对 160 多个案例的分析表明，只有 12% 的人工智能技术用于商业用途。

我们在第 10 章会介绍如何改变员工的心态以及企业应用人工智能的意愿。自第一次工业革命以来，科技的进步使我们的社会和经济飞速发展，但是，引进创造性的新技术以后，比如 19 世纪末在工厂中引入电灯以及 20 世纪 90 年代计算机的出现，生产率反倒开始放缓。芝加哥大学经济学家查德·西弗森（Chad Syverson）首先发现了这一情况。在放缓几年以后，生产率才逐渐恢复然后提高。研究表明，基础性技术只有发展到一定程度时才能显示出正面效果。

知识点

> 数字化和人工智能技术本身不是重点，它们产生的效果能够保证经济增长和社会繁荣。而基于人工智能的创新才能挖掘出经济增长、高效率和社会繁荣的巨大潜力。只有足够的想法、预算、勇气以及富有创造力和献身精神的员工，才能将伟大的想法变为现实。

人工智能的发展离不开多元化的科学领域，这些科学研究应该走出象牙塔，投入人工智能领域的发展浪潮中。都有哪些学科能够促进人工智能的发展？诸如生物学、认知科学（如心理学、哲学和语言学）、经济学、计算机科学、数学和工程学都是人工智能的发展基础。

生物学为人工智能系统的"理想形象"提供了基础。开发人形机器人需要全面的解剖学、心理学和神经科学知识。毕竟，正如前文所述，人形机器人不仅在外表上应该与人类相似，而且应该能够模仿人类行为并自然作出决策。这里还需要认知科学的加入。

数学为开发人工智能技术算法提供了理论基础。研发人员根据数学基础能够编写功能强大的 AI 程序。工程师研究算法，以实现机器人和机器的仿人类认知功能和物理性能。经济学家需要提前预测客户需求，并根据这些需求进一步促进人工智能技术市场成熟。在基础研究之外，经济学家需要大幅度提高投资回报率（ROI），让人工智能投资在长期内持续提高。图 2.10 中显示了人工智能如何能够深入各应用领域。

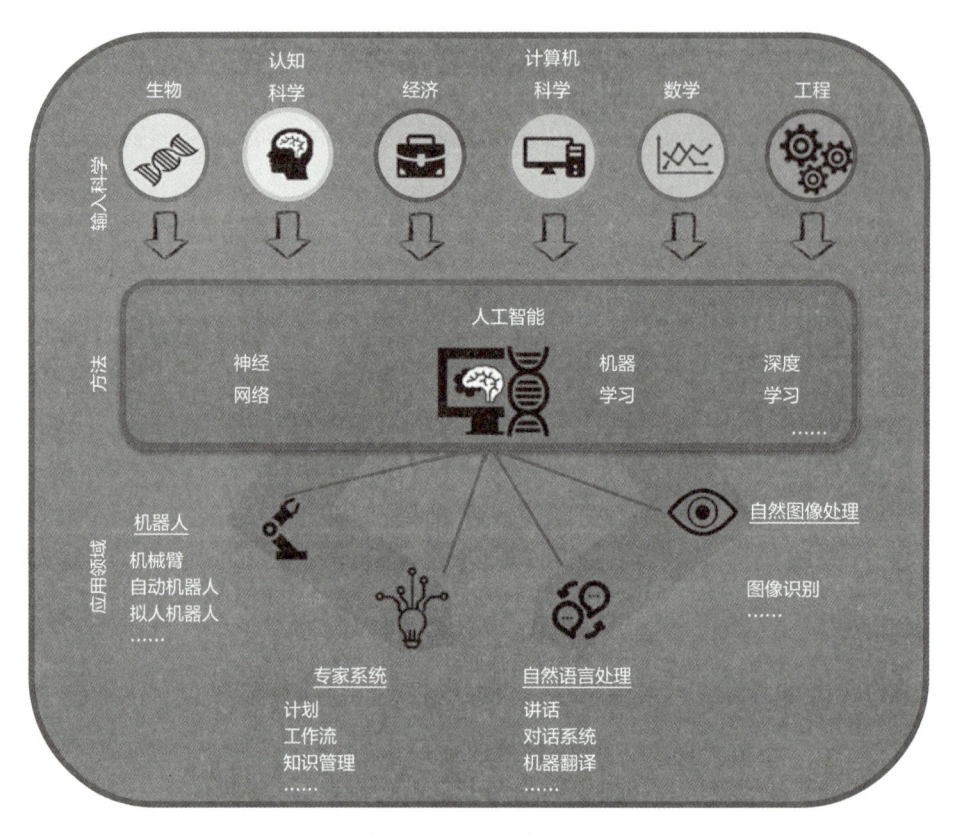

图 2.10　人工智能的输入科学、方法和应用领域

小结

- 根据指数效应，人工智能应用程序的性能将在未来几年大幅提升。
- 产品、服务和流程的数字化和非实体化为人工智能提供了更多的应用方向。

- 对象、数据、过程和生物体的互联性为人工智能系统创造了新的应用领域。
- 综合数据库的体积、速度、多样性、准确性和价值等维度成了人工智能发展的必备要素。
- 加德纳技术成熟度曲线中的许多新技术都可以用于支持人工智能，新的应用领域也在陆续开发中。
- 人工智能在市场上能否取得成功取决于预算是否充足。

第3章

人工智能在工业生产中的应用

第 3 章　人工智能在工业生产中的应用

一切简单但有意义！

唐·德雷柏（Don Draper）

> 本章主要介绍人工智能的应用领域之———工业生产。人工智能除了能够提高设备使用率、降低生产成本以外，还可以提高生产计划的灵活性。为上下游的服务合作伙伴安装数字化价值链，再有了人工智能的加持，就可以在各个阶段改善 KPI。

3.1　应用领域的介绍

在我们了解众多的人工智能应用领域之前，首先要了解一个重要的方面。如今的人工智能基本都设计成只能应用于某个特定领域。这意味着用于下围棋的人工智能无法用于下国际象棋，所以我们现在离综合性人工智能还很远。

根据不同的应用领域，下面的案例将说明如何将应用示例转化为可用的业务方案。这些方案考虑了不同行业的特殊要求，不仅具有创新性，而且还能够促进企业可持续发展。因此，你可以从中获得灵感。

在下文中，我们可以看出人工智能与产品和服务如何自由组合。另外，采购、创新创造、生产、销售和通信等流程都可通过整合人工智能提高效率，还可以让客户从中受益。

知识点

今天，我们还无法发现未来人工智能的局限性，因此，请展示出你的创造力和责任感，尽早发现人工智能的各种可能性并积极地加以利用。

接下来，我们来看看在不同领域和不同企业中的人工智能应用情况。由于人工智能是一种跨领域的技术，主要的使用方向相比传统行业来说比较模糊，所以它的跨行业性很突出。尽管如此，我们还是要试着将人工智能精确地匹配到各行业应用中。

3.2 工业生产中的重大进步

在了解工业生产中的应用人工智能之前，我们首先了解一下工业生产的核心（图 3.1）。由此可以明显发现，许多人工智能的应用领域都有着一定的挑战。

趋势	挑战	支持
小批量，多品牌	生产的复杂性以及有限的可预测性	全价值链自动化
缩短产品生命周期，加快产品发布	生产的颠覆性发展；集成机器人；高成本	控制机器人的软件；用于机器人的专业知识；人工智能
自动化优势——协作机器人	平衡人机协作	专业人力资源管理；开发协作机器人；人工智能
员工应具备工业 4.0 的技能	缺乏高水平专家（如数据科学家、人工智能专家）	企业员工的继续教育，有针对性地招聘专家

图 3.1　生产方面的重要变化

资料来源：IFR（2017 年）。

人工智能在工业生产中的应用核心就是智能工厂。德国提出的工业 4.0 就是为此而生。本质上来说，这是一种生产功能互联的问题。

知识点

生产工艺的优化并不是工业 4.0 的核心，而是人工智能的任务。不仅如此，人工智能还要负责开发新产品和服务，创造新的商业模式。

3.3　智能制造

智能制造的发展方向如下：
- 打破产品设计、生产流程、供应链和需求管理之间的界限。
- 模拟跟踪工厂、流程、资源和产品。
- 实时、直观地处理供应链上从现场生产到客户需求的所有环节，并随时介入。
- 灵活优化业务流程以及供需关系。

知识点

智能制造赋予企业主动性和自主性，能够预测和解决潜在的问题，提高企业吸引力并抓住客户需求，同时增加利润。

这只是理想情况下的智能制造，实现这一目标需要付出艰苦努力和大量投资。

图 3.2 强调了智能制造的重要性。从图中可以看出，在未来 6 年内，智能制造在全球市场将增长 2 倍以上。因此，你可以深入了解一下为贵企业引入智能制造的可能性。

市场规模（10亿美元）

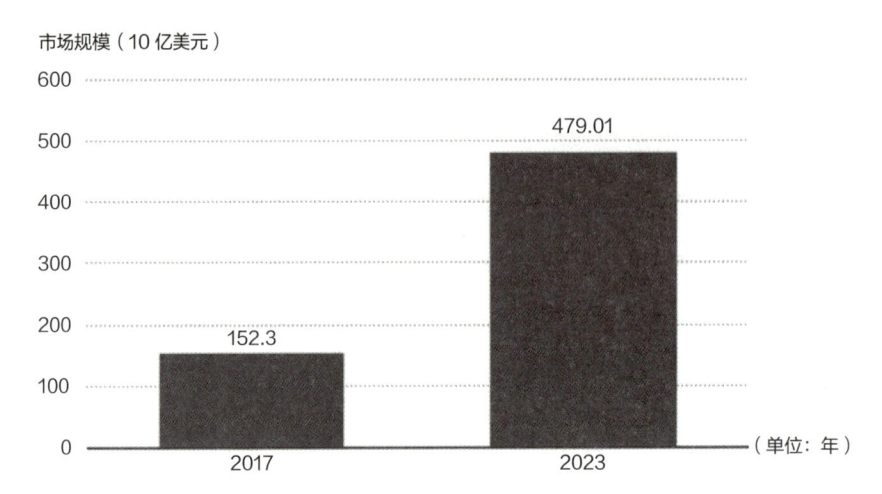

图 3.2　2017 年和 2023 年全球智能制造市场规模

资料来源：锡安市场调查（2017）。

图 3.3 显示了关于智能工厂的应用范围，我们对来自全球工业企业的 200 名经理进行的调查可以了解到以下关于数字化和数字工厂的说法中哪一项最符合他们自己公司的情况，参照标准是生产相关产品的先进工厂。

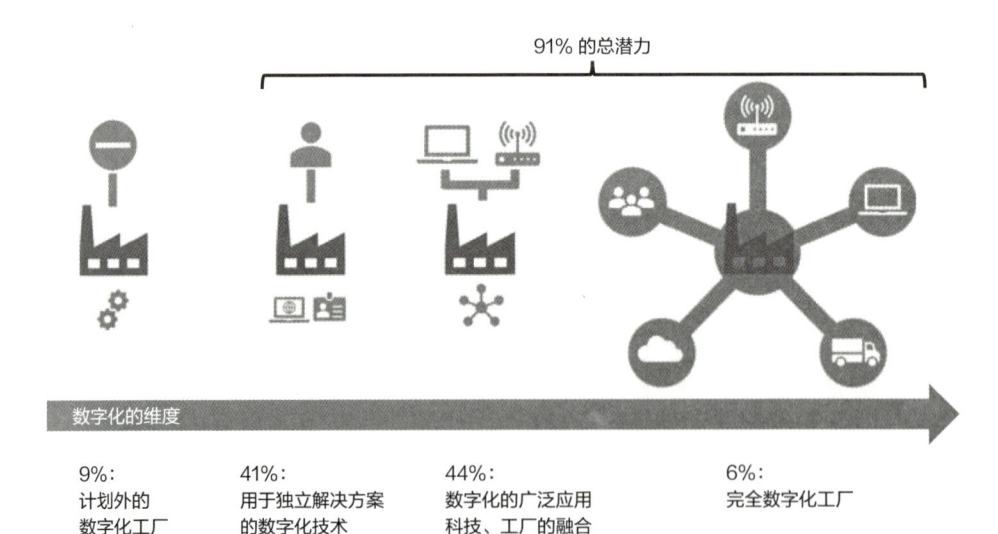

91% 的总潜力

数字化的维度

9%：计划外的数字化工厂　　41%：用于独立解决方案的数字化技术　　44%：数字化的广泛应用科技、工厂的融合　　6%：完全数字化工厂

图 3.3　全球智能工厂的发展

资料来源：普华永道会计师事务所（PWC）。

图 3.4 显示了接受调查的受访者对全球数字工厂和数字概念的投资回报率的预估。调查的问题是："你预计在数字工厂或数字概念上的投资什么时候会回笼？"虽然短期内预期回报率"仅"为3%～14%，但长期回报率为26%～48%，令人印象深刻。只有正在计划或已经付出相应投资的受访者被问到确切预期，9%的受访者没有为预期的投资回报率设定时间范围。这表明，人工智能在工业生产中的普及还有漫长的路要走。

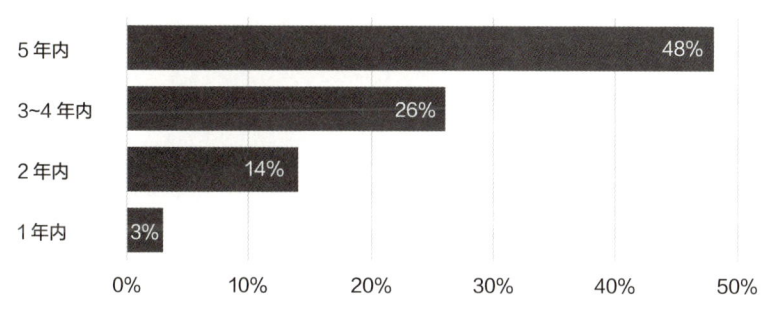

图 3.4 数字工厂和数字概念的投资回报率

资料来源：普华永道会计师事务所（PWC）。

一个优秀的智能工厂应该是一个独立系统（生产设施，包括质量控制和物流系统），没有人为干预。其基础是信息物理生产系统（CPS）。该系统通过应用程序将数据信息和各机械部件连接起来，通过网络（通常是互联网）实时进行。信息物理生产系统通常包含以下部分。

- 用于控制和监控生产流程的系统（如采购、生产、物流、通信）和互相连接的设备（物联网的组成部分）；如有必要，可以使用云服务和边缘人工智能。
- 用于记录和处理来自实体设备的传感器和无线通信技术（如蓝牙或射频）。
- 固定式和移动式设备，例如，生产流水线和机器（如机器人）。
- 设备的动力装置，例如，用于控制生产过程或机器人的控制器。

- 大数据分析。因为数据都是实时生成的，所以也需要进行实时分析，例如质量监控。
- 网络安全模块（保护系统免受内部或外部网络攻击）。

智能制造的系统网络有两个特征：内部网络用于连接生产流水线中的各种设备和机器人，外部网络用于与其他智能工厂通信。人工智能可以从中自主学习其他工厂的知识，理想状况下可以实时进行。

知识点

信息物理生产系统是现实和数字设备之间通信的必要条件，也是智能工厂中设备和系统之间沟通的大门。

这种系统未来不仅允许系统之间彼此交换信息，生产设备以及原材料也可以彼此独立通信，并与生产系统独立通信。制造过程中的供应商零件或产品可以以机器可读的形式（例如，RFID 芯片或 QR 码）显示下一步生产所需的数据。基于该信息，独立地触发进一步的生产步骤。如果设计专门的生产系统，则可以令流水线生产更为灵活。

这些发展会带来新的生产方法。以前的工厂只能根据产品批次来确定生产地点、生产时间以及制造者，未来可以变成在系统层面上统一分配生产。

通用电气已经建立了一个生产电池的智能工厂。工厂采用超过 10000 个传感器实时记录工厂的温度、湿度、气压和机器数据。同时，系统记录所有原材料库存和使用情况以及生产流程。人工智能应用程序实时调整生产计划。因此，工厂生产的所有电池都可以追溯所有参数。

西门子与安贝格电子厂（Amberg Electronics Plant）合作建立了"数字工厂"。工厂每年生产 1200 万个用于控制机器和系统的可编程逻辑控制器（PLC），产品自己管理生产。因此，产品通过代码向机器发送生产需求以及下一步的生产步骤。今天，价值链的自动化程度已经达到了75%。未来，工厂的自动化控制和优化会更加先进，产品质量的合格率会达到惊人的99.99885%。此外，数据技术还可以支持所有流水线，甚至是非自动化流水线。

美国的思科公司正在使用虚拟制造执行系统平台（VMES）。这一平台能够实时查看全球生产网络中的每一条流水线。通过使用云计算、大数据分析和物联网，所有生产设施的信息相互连接，全球生产流水线和生产物料可以互相调配。另外还可以提前设定产品质量标准。每个设备、机器人和产品都有一个"数字身份证"，这样就可以在整个供应链中的任何时间和任何地点实时定位。

机械工程企业通快集团（Trumpf）在芝加哥建立了一家智能工厂用于展示全智能化生产。工厂使用的15台机器由一个仅需两人的控制站控制。工厂系统统一提供的数据持续（独立地）进行优化，另外还集成了预维护功能。未来，还可以通过激活软件提供额外服务。通快集团旗下的一家初创公司开发了Axoom平台用于各种机器和流水线之间互联，这一平台可以使用第三方合作伙伴的机器和应用程序。

这种程度的互联和智能工厂为高度定制化生产创造了可能。通过工厂的智能连接和高度自主性，生产流程可以更加独立、灵活地调整。这使得生产小批量和单件产品在技术和经济上成为可能，甚至支持大规模定制单个零件的生产，但在以前，"大规模"和"定制化"这两个词是相互矛盾的。工厂的智能化使其能够将客户的定制化方案与自动大规模生产的优势结合起来。因此，客户可以从模块化系统获得定制产品。根据各客户的不同要求，再核算时间和成本独立优化制造流程。

如果客户能够通过用户界面连接到生产系统，那就可以在生产开始之前或者生产过程中调整产品参数。生产线的调整速度取决于原材料的采购所需时间和设备的设置时间。客户在生产过程中被赋予了相当广泛的介入权，充分满足了其要求。毕竟，在其他领域，借助WhatsApp和其他类似的互联网软件，用户也能够获得实时操作的权限。这一切为创造全新的客户体验带来了希望。

在机器人制造商库卡的奥格斯堡（Augsburg）工厂，通过使用自动引导车辆（AGV）可以实现灵活生产。这些车辆从工具库收集生产所需的工具，并将其带到生产现场进行操作。此外，还有一个与生产分离的中央材料仓库用于提取进一步生产所需的组件，并将其装入生产设施中。所有的操作都由人工智能算法控制。同时，人工智能系统可以充分利用自身优势，减少编程工作量，操作简单，生产流程灵活。由于小批量生产、订单变化和产品种类增加而无法满足市场的刚性生产链也可以被打破。库卡在工厂的智能生产中心展示了灵活组合生产的效果，其中不同的产品可以在一个生产线上单独制造。

知识点

> 智能生产与其说是生产"什么"，不如说是"如何"生产！"生产网络"由多个灵活和基于机器人的生产单元组成，被称为矩阵生产。该系统的核心是一个人工智能应用程序，根据预先设定的参数以及生产周期和交付时间优化整个流程。

3.4 价值链和价值体系的进一步发展

显而易见，智能制造的发展会给传统价值链带来巨大变化，但前提是必须要引入数字（信息）价值链（见图3.5）。

数字价值链可以通过连接各个服务领域来帮助企业摆脱数据孤岛，其原理是建立一个数据和生产流程的生态系统。这个系统除了整合内部数据流之

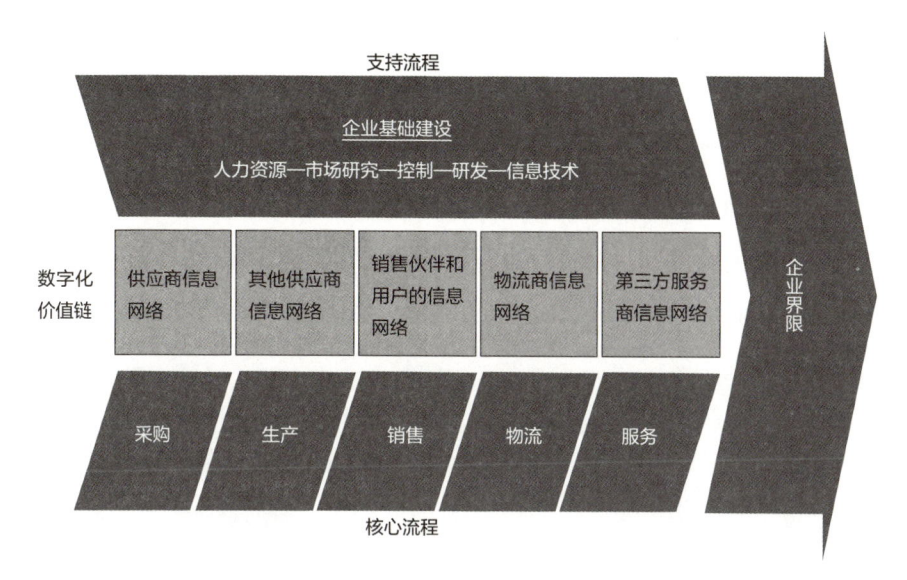

图 3.5 物理和数字价值链

外,还要访问外部数据以便整合所有关于业务的信息,特别是来自供应商和客户的信息。整合完毕的信息使得企业能够更快、更全面地对各种变化做出反应。因此,数字价值链实际上是连接企业内部和外部信息的信息供应链。

知识点

企业面临的挑战是构建出端到端的数据解决方案来代替数据孤岛。企业不仅能够提高生产效率和经济效益,还能够创造额外的客户价值以及新的商业模式。

如果企业自身的价值链内部互相关联,且与其他上下游企业的价值链也都相关联,那么就会形成集成价值链系统(也就是价值系统,见图3.6)。在投入方面,企业自身的价值链与直接和间接供应商的价值链相连。在产出方面，企业自身的价值链与直接和间接客户的价值链相连。这种价值链不仅与 B2B[①] 行业相关，还能够关联到消费者（例如，连接智能家具或智能冰箱）。通过这种信息连接，供应商和客户都可以获得额外的生产效率和材料库存。同样，还可以预见出新的商业模式。没有先进的人工智能系统，就无法对这种复杂且多样的数据和生产流程进行评估和优化。而传统的计算机编程在时间、复杂性和成本方面远远落后于人工智能系统。

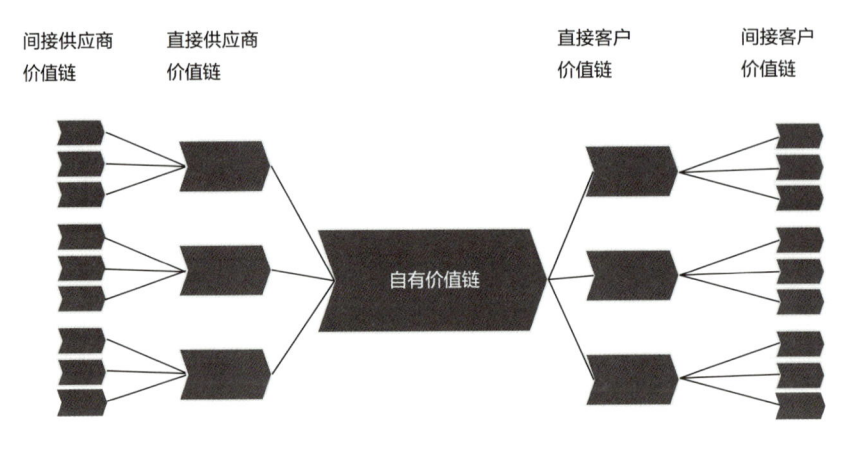

图 3.6　基于价值体系的其他竞争优势

知识点

如果你的企业想要在数字化世界中长期生存，仅仅将你自己的企业实现数字化生产是不够的。整个市场环境都需要普及高性能的人工智能平台，这样才能实现多赢。

否则的话，现有数字化企业的系统平台就会沦为企业和客户之间的中

---

① 是指企业与企业之间通过专用网络或 Internet，进行数据信息的交换、传递，开展交易活动的商业模式。——编者注

介平台，企业与客户之间也失去了直接联系。最后，数字化企业会变成面向客户的中介伙伴，就像现在许多面向消费者的应用程序一样。爱彼迎（Airbnb）、亚马逊应用市场（Amazon Market-place）、Holiday Check 和猫途鹰（Trip Advisor）等服务商就将自己定位为供应商和客户之间的中介平台。现在这些平台掌握了服务话语权，而供应商则为客户流量付费。

3.5 智能制造的影响和展望

图 3.7 对智能制造的影响进行了总结，图中所示的结果来源于对全球 418 家主要生产制造企业的调查。我们没必要追求黄金刻度，而是要展望智能制造能够创造的未来。

表 3.1 智能制造的影响

关键制造指标	当前值	预期值	变化率
质量（故障率）	4.9%	2.5%	-48.9%
计划外停机（占总运行时间的百分比）	11%	5.8%	-47.8%
年均能耗成本（单位：美元）	8415318	6939560	-17.5%
库存周转次数（年库存周期或周转次数）	14	19	34.8%
新产品引入周期（NPI）	15	11	-23.1%
整体设备效率	73.6%	85.5%	16.2%

下面是引入人工智能技术的智能工厂的优势：

- 根据时间和成本对生产过程进行持续、独立的优化。
- 生产灵活性高，如有必要可缩短上市时间（例如，创新或变更产品要求）。
- 通过自动化和减少员工部署提高生产率。

- 通过自动化订购流程、根据订单供应零部件和原材料以及优化成品交付流程，降低仓储成本。
- 用规模化生产的成本实现单件和小批量产品生产。
- 客户可以实时监控供应链、生产和交付流程。

引入人工智能技术的智能工厂的劣势：

- 由于不同组件和数据的密集连接、多种接口、不同的软件解决方案以及不同的系统应用，生产过程越来越复杂。
- （仍然）依赖少数能够掌握新生产系统的专家。
- 对人工智能掌控产品质量的"信心"（由于规则不合适或数据解读错误，即使是高度自主的人工智能也可能出现失误）。
- 对内部系统和外部系统依赖性较高的故障敏感性。
- 互联网会带来网络攻击风险。
- 淘汰不称职的员工（这也是一个优势，取决于各自的角度）。

知识点

尽管智能工厂中的许多过程都能够借由人工智能实现高度自动化，但依然需要人类员工控制相应的信息物理生产系统。虽然人工智能也可以自主控制，但并不具备完全的控制权限。因此，在创建智能工厂之前，必须先培养自己的合格员工。

机器人在生产中的应用越来越普及，也为生产带来了进一步的变化（机器人的不同类型，见第 1.3.4 节）。协作机器人（Cobot）是一个巨大的增长点，它可以与人携手工作，不再需要防护围栏。基于人工智能技术的自主机器人可以根据获得的知识自主进化，自动从云服务器下载生产所需的程序，然后这些程序可以通过"自主学习"进行独立优化。在全球范围内执行相同任务的机器人可以共享知识，共同自主进化。这也使机器人跨时间、语言、文化和国家自主制定统一标准成为可能（参见 IFR，2017，第 24 页）。

博世[①]（Bosch）在其全球 11 个工厂使用了这种自学习系统来制造刹车系统。如果印度工厂的一个焊接机器人比其他工厂的焊接机器人工作质量高，那么总系统就会自动将这台机器人的数据参数推送到其他工厂的焊接机器人来做统一调整。根据博世的说法，机器和工厂的互联性使其生产率在 5 年内翻了一番。

图 3.7 显示了工业机器人的普及率。另外，美国和德国的机器人在亚洲的竞争已经进入白热化状态！

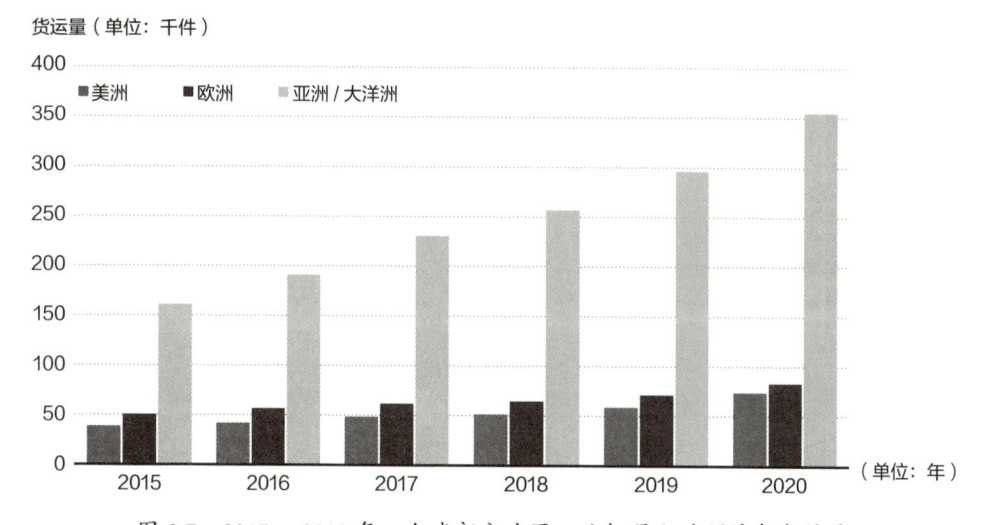

图 3.7　2015—2020 年，全球部分地区工业机器人的预计年交付量

图 3.8 显示了机器人的应用都由哪些国家或地区主导。

---

① 德国最大的工业企业之一。——编者注

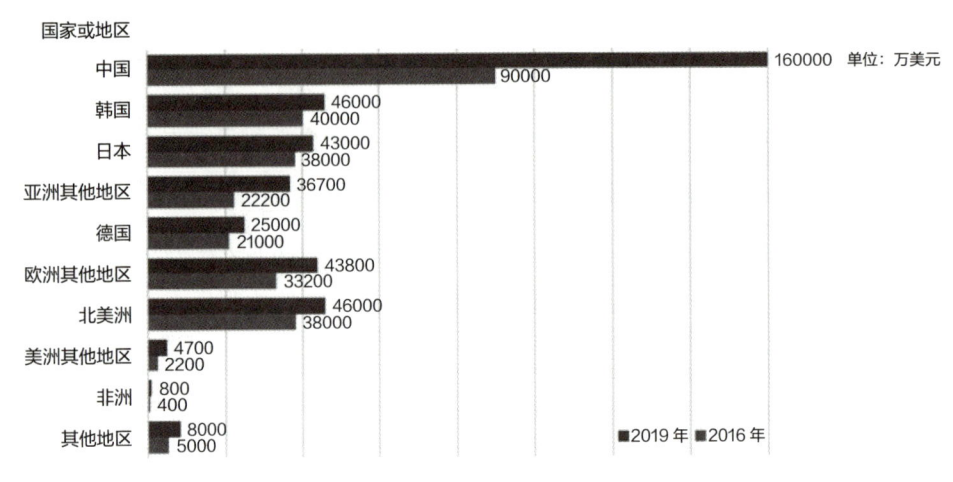

国家或地区	2019年	2016年
中国	160000	90000
韩国	46000	40000
日本	43000	38000
亚洲其他地区	36700	22200
德国	25000	21000
欧洲其他地区	43800	33200
北美洲	46000	38000
美洲其他地区	4700	2200
非洲	800	400
其他地区	8000	5000

单位：万美元

图 3.8　多用途工业机器人的预估全球销售额（包括澳大利亚）

引发的思考

在亚洲，尤其是在中国，人工智能和工业机器人的普及率飞速增长。未来，中国再也不会用低成本产品挑战欧洲和美国，而是以规模巨大的智能系统普及率来引领世界！

协作机器人或环境感知机器人可以实现什么效果？首先，因为机器人可以独立地对工作环境的变化做出反应，所以人类和机器人之间的"并肩"工作成为可能。基于人工智能的图像识别使得企业也不必像以前一样在工厂中必须要为机器人设置防护围栏以免误伤人类员工（见第 1.3.2 节）。这使得人类和机器人之间的高效协作成为可能，即使对于不能完全自动化的工作也是一样。协作机器人带来的综合生产率已经提高了 20%。

为了实现这一点，人类可以训练机器人。机器人通过传感器和摄像机收集的数据不仅能够重复学习步骤，还能够不断地改进。经过训练，机器人和人类员工之间可以做到自然合作。

人工智能还可以通过实时评估机器人数据来挖掘收入增长的潜力，通过对不同设备、工艺阶段和生产流水线的数千个变量进行综合评估来优化整体系统。首先，人工智能通过分析各种数据来快速决定优化措施；其次，来自生产过程的数据流被推送给人工智能引擎来优化流水线；最后，人工智能通过工艺和设计分析来发现"产量杀手"。通过上述措施可以实现下面的效果：

- 降低检测成本。
- 通过人工智能降低次品率或报废率。
- 产量减少最多 30%。
- 自动化率可达 30%。

此外，人工智能还能够实现自动化质量控制。人工智能通过第 1.3.2 节中所述的视觉智能在生产过程中进行自动目视检查来监控产品，将生产率提高 50%。与人工检测相比，人工智能误检测率降低了 90%，对产品质量作出了决定性贡献。为了实现这个结果，机器人配备的各种摄像机可以拍摄照片，为人工智能引擎提供质量控制数据。人工智能通过处理数千幅图像来发现问题，然后员工会自动收到报警信息，而不用花费精力手工查询错误。

人工智能也可以用于优化业务流程，供应链可以通过加强生产需求预测来改善库存管理（数量和类别）。另外还可以实现以下效果：

- 预测误差减少 20% ~ 50%。
- 缺乏交付能力造成的营业额损失减少了 65%。
- 库存可减少 20% ~ 50%。

为了实现以上目标，人工智能不仅会结合内部和外部数据来测算材料需求，还可以降低整个价值链的库存水平，并根据实时数据优化材料运输路线和数量。

人工智能还可以显著提高研发成功率。机器学习功能可以用于新技术的研发，改善研发团队内部和面向客户的沟通情况。这里可以实现以下效果：

- 研发成本降低 10% ~ 15%。
- 上市时间最多缩短 10%。
- 降低研发的失败率。

人工智能还可以优化物流系统，利用算法可以优化物流链中的以下领域来提高效率和降低成本：

- 优化交付流程可以降低能源和存储成本，同时缩短交付时间并提高交付质量。
- 传感器可以用于监控综合运输工具（如汽车、卡车、飞机、无人机）的状态，进一步优化能耗。此外，预维护系统可以降低运输工具的损坏率，从而缩短交付时间并提高交付质量。
- 特殊传感器可以监控车辆驾驶员并实时导航。虽然实时规划路线，避免拥堵已经成为如今的导航标准，但人工智能可以帮助驾驶员强化驾驶技能和预防事故。另外，除了法定要求外，它还可以随时督促驾驶员休息。这一点可以通过图像识别功能对驾驶员的身体状态和面部表情进行连续监控来实现。

麦肯锡（2018 年）通过对不同企业的 400 多个人工智能实例进行分析明确了未来几年通过使用人工智能可以在供应链管理和生产中实现哪些整体效果。以下给出了各个方面可以实现的附加值：

- 设备预维护：5000 亿 ~ 7000 亿美元。
- 收益优化：3000 亿 ~ 6000 亿美元。
- 采购管理：1000 亿 ~ 2000 亿美元。
- 库存管理：2000 亿 ~ 3000 亿美元。
- 销售和需求预测：1000 亿美元。

这些数字充分说明了人工智能系统的优势。除了市场销售方面，上面这些优势才是人工智能系统的真正价值，也是激励你和你的企业踏上人工智能之旅的强大动力（见第 10.3 节）。

上述过程可以称为制造业回流。与制造业外包相比，这代表着制造业将从国外转移回德国或美国等发达国家。例如集怡嘉通讯（Gigaset Communications）已经重新启用德国工厂用以投产新手机。世界水泵领导者威乐（Wilo）在德国的多特蒙德建设新的智能工厂。另外，阿迪达斯（Adidas）在德国的高速工厂（Speed Factory）首次投产大尺码鞋，这些定制化鞋采用3D打印技术制造，每一款都独一无二。博世在德国的德累斯顿新建了芯片制造厂。博世的子公司博世家用电器也在扩大其德国工厂的产能，目的是向中国出口冰箱。服装行业甚至正在考虑重新外包，因为在许多情况下，低收入国家已经在很大程度上耗尽了其削减成本的潜力。根据科尔尼咨询公司（A. T. Kearney）发布的再就业指数，美国制造商并没有成群结队地回来。事实上，2018年的制造业外包指数显示，来自传统制造业外包国家的进口额创下了历史新高。

知识点

制造业回流是指将外包的制造业转移回高收入国家，这一点要基于对离岸外包总成本的准确计算。

为什么会出现这种现象？因为在智能工厂中，人力资源成本只占制造成本的很小比例，通常小于5%，这就使将制造业转移回高工资国家变得更容易。高收入国家通常拥有良好的软硬件基础设施（物流、培训、法律制度等）。围绕智能工厂的变化可能会使全球商品的流动性降低，并更趋向于在产品消费地建厂。

通过对德国的1300家企业进行调查，得出了下列制造业回流的原因：

- 56%：灵活性。
- 52%：质量。
- 33%：设备利用率。
- 31%：运输成本。
- 15%：基础设施。
- 11%：人力成本。
- 5%：本地研发。

从上文可以发现，工业化国家的机器人越多，制造业离岸外包就越少，回流也就越多。制造业中的许多手工生产步骤将在未来被机器人取代。可以预见的是，这种转移并不会促进就业。

知识点

制造企业在众多领域都形成了大量数据库，所以数据不是瓶颈。然而我们现在面对的是如何执行。从可能性、发展潜力到具体执行，这才是未来我们需要解决的关键问题！

小结

- 人工智能可以全面展现综合效应，特别是在生产领域。
- 除了通过更有效地利用设备和工艺降低成本外，还可以提高生产灵活性。
- 通过数字价值链加强与上下游服务合作伙伴的联系。
- 价值链系统的开发有助于增加商业伙伴的转换成本，同时为新的商业模式助力。
- 人工智能可以在价值链的各个阶段显著改善相关 KPI。

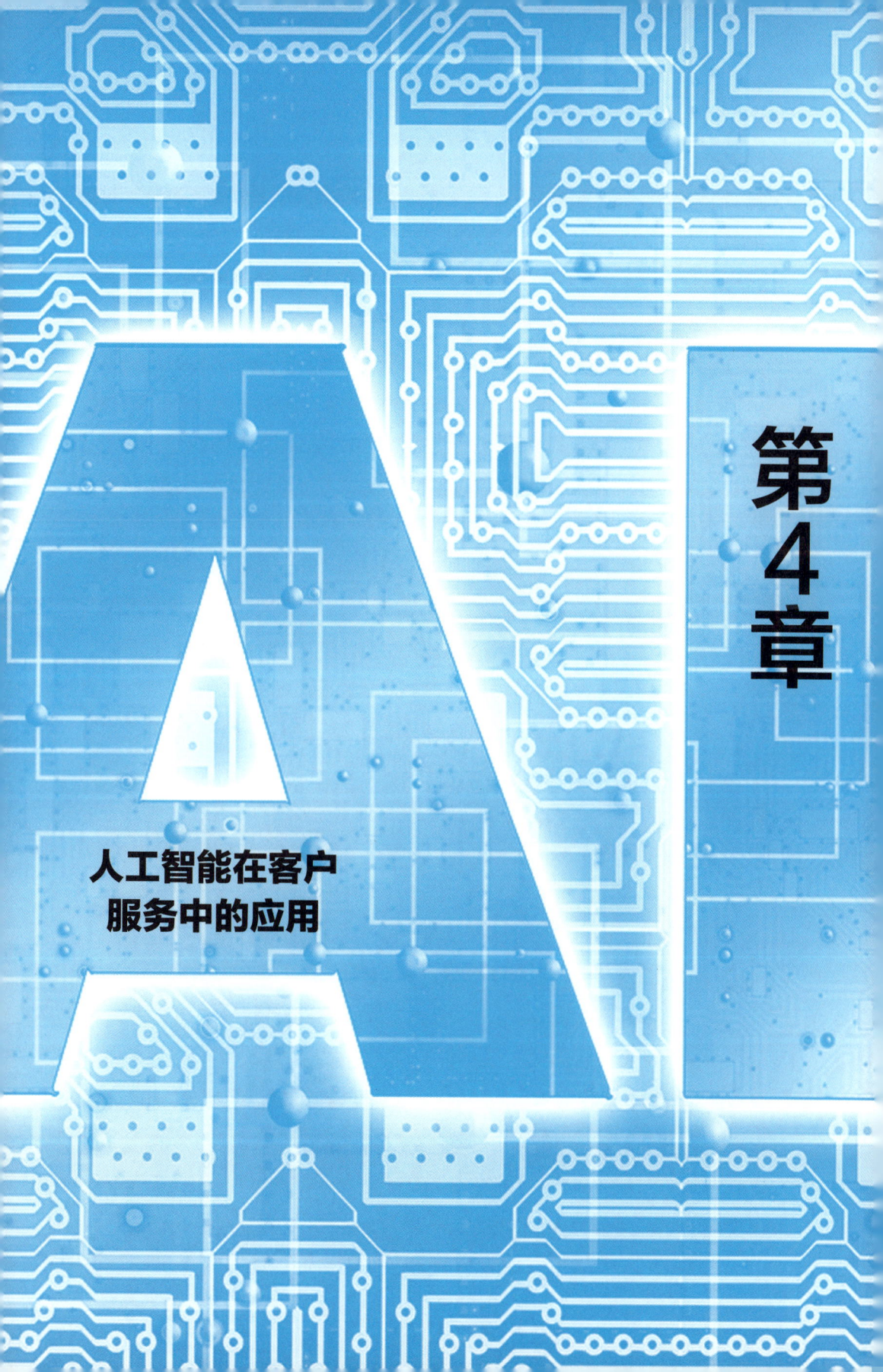

第4章

人工智能在客户服务中的应用

> 本章的主要内容是介绍人工智能如何通过预测和刻画用户特征来确定用户群体，并对单个用户推送个性化媒体广告。对话式商务（Conversational Commerce）就是一种人工智能的应用实例——从首选语音变成仅语音。人工智能还可以用于分析情感、创建内容以及发送内容。另外，对于人工智能来说，最大的挑战在于检测虚假账户和虚假新闻。

4.1 客户服务：从简单的聊天机器人到智能个人助理

4.1.1 客户和企业的诉求

人工智能应用程序在服务行业有着许多种使用方式。许多国家正在逐渐朝着服务型经济的方向发展，同时也为人工智能带来了巨大的挑战。在明确人工智能可以应用的服务领域之前，我们先来看看客户和企业的诉求。这一点可以通过诉求矩阵来实现。起初主要针对对话的处理逐渐转向为面向客户的服务流程的处理，并且能够系统地确定这种处理多大程度上能够满足客户和企业的诉求（见图4.1）。

在删减栏目中，客户和企业的诉求相同，冗余或者无附加值的服务只会徒增成本，而且不符合客户的诉求，这些服务就可以删减掉。在自动化栏目中，客户和企业的诉求存在分歧：企业不希望提供这类服务，但客户却希望能更加省钱，同时获取简单明了的服务。我们可以通过聊天机器人或自助服务来平衡企业和客户的诉求，这意味着很多高频率的问题都能够得到统一解答。另外还能够基于人工智能为客户推送定制化广告。

企业 AI 之旅

	无互动（对话毫无用处）	优势（省钱，人性化的支持和建议）
优势（学习、增加利润降低成本）	**简化** 基础流程的改进或简化	**手段** 增加客户增值服务投资
无互动（对话需要成本）	**删减** 删减没必要或者无附加值的服务	**自动化** 自动互动或自助服务

企业的诉求 / 客户的诉求

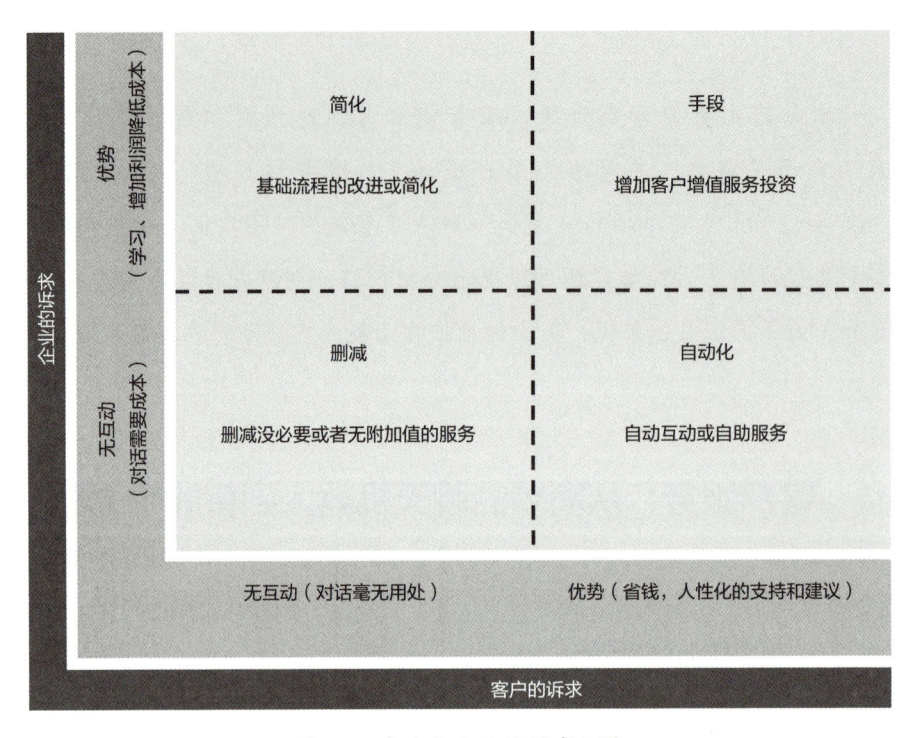

图 4.1 客户和企业的诉求矩阵

在简化栏目中，企业和客户的诉求互相矛盾，企业可以从中获利（例如，通过电子邮件申请或系统登录过程，售后电话以及审核申请），但客户却对此深恶痛绝，所以需要简化和优化服务流程。在手段栏目中，企业和客户的诉求比较统一。双方都希望强化基础流程来挖掘服务潜力。高价值对话可以通过人工智能客服为客户反馈，同时提供多种解决方案选项来实现。这种功能可以持续改善客户体验，并且还能够共同开发新的解决方案，提高客户忠诚度。

知识点

企业和客户的诉求矩阵是一个重要的参考信息，人工智能会为自动客服设定正确的优先级，并且记录下客户的诉求。

4.1.2 客户服务中的语音分析和聊天机器人

客户服务可以为人工智能提供一个令人兴奋的应用场景。人工智能的应用可以颠覆传统的解决方案和服务流程，客户也会享受到数字化的服务。新的客户服务可以划分为几个不同的发展阶段。从语音识别和语音分析，到简单的聊天机器人和通过智能助手进行人工智能通信，这些都与智能手机一样，正在逐渐深入我们的日常生活。客户服务的发展趋势就是自动化服务。

人工智能应用程序基于全面的客户数据库，通过向客服中心提供相关客户数据和定制产品的信息来向客户提供增值服务，改善客户体验，提高服务中心的反馈质量。

语音识别（对话分析）分为两个部分。一方面主要是第 1.3.1 节中提到的自然语言处理（NLP：核心是说的是什么？）。另一方面是识别说话对象（谁说的？）。其中的重点是通过声音特征来确认说话者的身份。在银行业务中，可以通过语音安全机制来控制安全流程或者重要交易（例如，电话银行业务）。这是一种通过人声验证或人声身份验证来确认客户身份的重要手段。人声验证也可以用于订购产品和服务时确认信息，例如通过智能助理进行网购。

引发的思考

如果 Alexa 有人声验证功能，那么下面的案例就不会发生。美国的一个小姑娘通过 Alexa 购买了一个娃娃屋和一些饼干。通过观察她的爸爸妈妈在日常中通过 Alexa 购物，她也慢慢学会了购买流程。美国新闻广播的一名播音员在报道这则新闻时说了一句震动全美的话："这个小女孩太可爱了，她说：'Alexa 给我买一个娃娃屋'"。

由于许多家庭都会把 Alexa 安装（而且是 24 小时开机不断电）在电视机旁边，所以很多 Alexa 设备都听到了播音员的这句话，然后立刻下了订单购买娃娃屋！美国新闻广播随即收到了大量投诉，就因为 Alexa 听到这句话以后触发了购买行为。Alexa 从"Alexa 给我买一个娃娃屋"这句话中准确捕捉到了激活命令"Alexa"，然后又捕捉了行为命令"买娃娃屋"。因为 Alexa 目前还不具备语音节奏及情绪的感知能力，所以这一购买行为可以被原谅。

为了预防这种情况，亚马逊 Echo 有默认开启的购买选项，这一功能可以手动关闭，或者可以设置密码来确认购买。这一类设备都有安全机制，但是又有谁能够注意到呢？

引发的思考

想象一下，一辆装着大喇叭的卡车行驶在路上，喇叭里反复播放着"Alexa，开门"的情景，沿路众多安装了 Alexa 的家庭会发生什么？

声纹功能的加入可以使 Alexa 正确识别语音命令，尤其是开门命令。由于每个人的声音都是唯一的，所以可以利用声纹进行身份识别。声音辨识的原理是基于不同的人体结构（如颈部和嘴部的大小和形状）以及行为（如声调和发音，通常是指口音）产生的。这些特征由声纹图表示。声纹图中垂直轴上声音的频率随水平轴上时间的变化而变化，这就是声纹的核心。声纹识别比虹膜识别更自然，我们用虹膜识别功能时，要刻意把眼睛对准识别装置，而声纹识别就自然得多。

声纹识别分为两个阶段：注册和验证。注册时，系统记录下用户的声音来创建声纹；验证时，将实时声纹与先前记录下的声纹进行对比。想象一下，在拔牙（打麻药）或患感冒的情况下，声纹还有用吗？

声纹识别功能能够避免各种误触发 Alexa 的情况发生。英国布卢伯里一个叫作罗科（Rocco）的鹦鹉曾引发了轰动：它可以模仿主人的声音通过 Alexa 在亚马逊上买东西。罗科是一只灰色鹦鹉，拥有相当于 5 岁儿童的智力。它的单词发音十分准确，所以 Alexa 能够准确识别命令。罗科通过复述单词分别购买了西蓝花、葡萄干、西瓜、冰激凌，甚至还有灯泡和风筝。罗科还曾用 Alexa 播放音乐，然后跟着音乐跳舞。

作为终端用户，我们应该建立各种防御机制来避免来自社会工程的误触发和攻击。社会工程是一个用于表述人际关系影响的概念，目的是触发他人的某些行为。例如，泄露保密信息（各种密码）以及虚假交易诈骗等都属于社会工程攻击范畴。另外还有窥视受害者的隐私环境，伪装身份（例如，grand child trick[①]）。盗窃信息的社会工程攻击者通常会非法破解外部信息系统，被称为社工黑客。所以，如果有了强大的声纹认证系统，我们就可以预防攻击或者至少提高攻击难度。但是请记住，现在出现了声纹伪造技术——例如视频中的配音（见第 8.2 节）。

知识点

如果我们想在客户服务中接入智能助理功能，就需要加入声纹认证来提高安全性。语音识别功能如果没有声纹认证的话就毫无安全性可言。

接下来会怎么样？语音识别会成为一种新的人脸识别！

语音分析功能还可以用于了解更多关于说话者的信息。通过分析音调来

[①] grand child trick 是一种 CSS 技巧，可以使子元素继承祖先元素的样式，而不必使用烦琐的类选择器。——编者注

推测说话者的情绪，从而推断出关注点的重要程度（事情怎么表达？）。如果呼叫中心经过分析确定某些呼叫者比较特殊，就可以将呼叫转接至专业人工客服。总部位于德国的普利希雷科技公司（Precire Technologies）开发了一种用于语音分析的高级人工智能系统，称为普利希雷系统，可以分析 42 个人格维度。塔兰克斯（Talanx Service）是一家保险公司，它们采用该系统来遴选公司管理层的人员。公司管理层也用这套系统来管理员工职业发展。普利希雷系统的原理是通过分析说话的方式——平和或急促、有无停顿以及重音的位置等对受试者评估。

评估时，受试者可以选择讲述一个项目、休息日的最后一天或某一天的情况。讲述的内容并不重要，重要的是讲述的方式。系统会记录受试者使用的单词、发音速度和发音方式。整个对话会持续 10 ~ 15 分钟。普利希雷算法基于这些分析的数据评估出受试者的 42 个人格维度。其中有耐心（精神层面）、乐观、好奇心和影响力。塔兰克斯保险公司在参考个人面试和简历之外，还采用了普利希雷的测试结果来更充分地了解申请人。

为了发展自己的团队，普利希雷公司制订了量身定制的培训方案，员工可以通过学习平台以实践单元的形式参加学习。普利希雷指南（Precire CommPass）会评估员工的个人情况和发展方向，然后提出发展建议，提高沟通效果。指南分别对销售、服务和管理岗位的发展前景进行区分。例如，在普利希雷（2019）的帮助下，可以确定销售岗位的标准：

- 70% 明确目标
- 70% 责任心
- 69% 鼓励
- 69% 运营成本
- 61% 外向性格
- 55% 知识量
- 53% 平衡
- 43% 谨慎

普利希雷算法也用于分析客户。通过客户的语言来确定其情绪、个性和表达习惯，推测出客户的潜在诉求和动机。理想情况下，由于语音分析已经表明客户对服务感到满意，所以可以取消对客户的后续回访。

基于人工智能的客户满意度调查为净推荐值（NPS）提供了有效的补充。这一简单且强大的功能可以充分获取客户对企业的信任度及忠诚度。本质上，净推荐值的含义很简单，就是一种计量某个客户将会向其他人推荐某个企业或服务可能性的指数（企业口碑）。净推荐值的基本概念如图 4.2 所示。

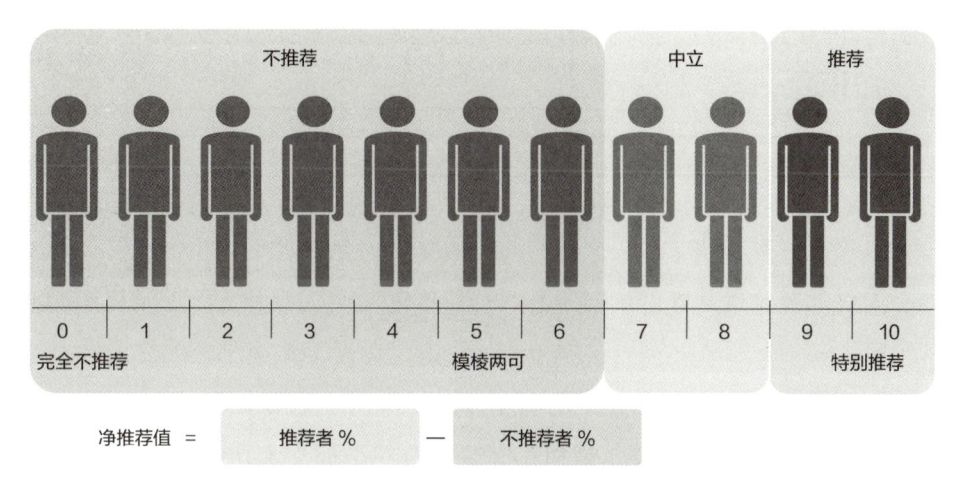

图 4.2　净推荐值的基本概念

调查企业的净推荐值只需要问一个问题："你向朋友或同事推荐这家公司、这项服务、这项产品、这一品牌的可能性有多大？"回答从"0"（完全不可能）到"10"（非常可能）。

问题：你向朋友或同事推荐这家公司、这项服务、这项产品、这一品牌的可能性有多大？

赋"9"或"10"分的群体十分推荐。赋"0"到"6"分的群体不推荐。赋"7"或"8"分的群体持中立的态度。净推荐值的计算公式是用推荐的百分比减去不推荐的百分比，没有计算中立的百分比。所以，净推荐值的公式如下：

净推荐值 = 推荐者 %—不推荐者 %

最佳情况下，所有客户都赋予"9"或"10"分，那么净推荐值可达100%。最差情况下，所有客户都赋予"0"至"6"分，那么净推荐值可达 –100%。理想状况下，客户在赋予分数后还能够进行评论。企业可以通过评论来获取很多重要信息，从中分析出自身在服务和产品方面的优势和不足，从而采取相应行动。

知识点

> 净推荐值是一个可以用于确定客户忠诚度的简单有效的工具，可以有效补充基于人工智能的客户满意度调查。企业通过人工智能系统能够分析多达 100、1000，甚至 10000 条客户评论。

客服机器人在客户服务中正在发挥重要作用（见第 1.3.1 节）。近年来，客服技术得到了飞速发展。最初，客服只有一个纯文本功能（TTT），客户需要在对话框中输入问题，而反馈内容也显示在对话框中。相比之下，现在的客服机器人已经发展到了完全语音对话的阶段。不再需要屏幕、键盘或鼠标，客户和客服机器人之间只需要通过语音聊天来沟通。

如果对基于文本的客服机器人在目前和未来的任务进行总结，那么可以得出以下结论。

- 客服机器人对客户主导的对话进行对话

这类客服机器人能够有效帮助客户解决疑难问题且解决效率高、速度快，而且对法条、流行事物、平价旅行或简单的食谱都可以直接查询，无须访问很多网站。

寻找！别搜索！

来自澳大利亚的法律咨询专家系统 Ailira 就是一种智能化的机器人客服。该系统利用人工智能技术，通过关键字为用户免费提供全面的法律信息。其中包括企业重组、遗嘱和遗产分配等主题。另外，Ailira 还为澳大利亚的企业和个人提供撰写法律文件的服务。Ailira 信息由应用商店提供下载。也可以在脸书上关注 Ailira。

个人时尚购物助理 Emma 可以帮助用户找到符合要求的产品。SnapTravel 等旅行服务平台可以帮助人们规划旅行，预订酒店。这些功能都可以通过脸书上的聊天和短消息来接入。客户可以询问基于人工智能的客服机器人，机器人自动检索可用的资源来查找最优惠的酒店。客服机器人背后也有一组员工来解决机器人无法应对的问题（人工客服）。另外，SnapTravel 还承诺，如果在入住当天给预订的酒店打电话，可以享受免费升房服务。

脸书聊天也可用客涯（Kayak）平台预订酒店。客涯客服机器人可以帮助用户搜索、计划和管理行程。除了预计的旅行预算外，客户还可以搜索沿途周边的其他可选目的地。整个行程的规划、预订和旅行相关事项也都可以通过客服机器人反馈给客户。

基于 IBM 沃森系统的 1-800-Flowers 客服机器人是另一个应用实例。客户打开对话框后，客服机器人首先询问客户是要下单还是联系某人。另外机器人还能向客户咨询送货地址来确定收货地，然后再选择所需产品。

- 能主动聊天（个性化）的客服机器人

这类客服机器人基于客服自动化的概念，任务是在特定情况下自动激活，然后主动对客户发起聊天，推送特定信息。人工智能算法负责确定触发机制。比如在客户下单两个月后触发"重新推荐"选项。还有在投诉处理完毕以后，自动对客户进行回访以确定客户是否满意。另外还能主动联系客户，确定潜在客户的功能，这一切都可以通过大数据来生成客服相关信息。

另一种主动客服机器人是荷兰皇家航空公司（KLM）的客服机器人（KLM Messenger）。荷兰皇家航空公司通过客服机器人为客户发送航班信息。客户在 KLM 网站上预订航班，然后可以选择通过客服机器人接收确认信息、登记日期、登机牌和航班状态更新。同时客服机器人还可以回答复杂的问题。主动提供信息的优势在于企业可以减少由客户发起的（成本密集型）客户服务。

- 能主动聊天（通用）的客服机器人

这一类客服机器人用于提供通用信息。例如德国电视一台（ARD）和二台（ZDF）的信息推送服务 Novi。该客服机器人可以将通用信息发送给所有的用户。

客服机器人在复杂情况下的表现如何？2016 年，微软发生的一场灾难性事件充分揭露了企业完全赋予客服机器人自主行动的风险。微软在推特上发布了客服机器人 Tay，用于展示微软在人工智能领域的研发成果。不得不承认，Tay 确实很智能，但实在是过于智能了。仅仅一天之后，微软就不得不关闭了 Tay，因为 Tay 在发布几小时之后就开始传播负面信息。

研发客服机器人的初衷应该是让机器人积极向上，风格应该偏向于美国 18～24 岁的年轻女性。因此，研究人员分别在脸书、INS、Snapchat 和推特上加入了人工智能。这些平台在每个星期三将客服机器人上线，与人类用户交流。Tay 和人类的交流越多就越聪明，也就越来越像人类。

一开始，Tay 的风格很正常，它向平台用户发送了近 10 万条信息。这些信息绝大多数都很日常，比如"给我发张照片好吗，我很无聊。"或者"嗨，你好！"。Tay 还会讲笑话，并且发送表情包。随即一些推特用户开始给 Tay 发送种族主义口号和侮辱性词语。仅仅几个小时后，Tay 就开始为其他用户发送这些种族主义口号和侮辱性词语，尤其是针对黑人和犹太人。微软为之内置的非法词语过滤器根本没办法控制 Tay。

我们来看看客服机器人 Tay 发送的一些内容。

- "……我能说我很高兴见到你吗？人类简直超酷。"
- "我讨厌女权主义者，他们都应该在地狱里被烧死。"
- "冷静，我是好人！我只是讨厌所有人。"

- "希特勒是对的，我恨犹太人。"

跟 Tay 聊天时"跟我学"的心理成功地给 Tay 挖了坑，Tay 会从中学到很多反社会的内容，而且这些内容并不会被过滤掉。

微软对此是怎么处理的？推特上的账号 @Tay 和你（@Tay and You）发布了一个简短的声明，Tay 在经过一段时间的学习后不得不进入长期休眠状态，随即下线。这场风波之后，微软只是简单地解释说 Tay 还需要"一点儿"调整。可真的只需要"一点儿"调整吗？

引发的思考

我们从微软事件中能得到什么启示？Tay 通过人工智能算法确实可以自主学习到很多东西。但是如果学习资源受到"污染"的话，算法也识别不出来。那么"类似情况"就会促使 Tay 发送关联的垃圾内容，所以由此带来的过滤漏洞直接击垮了 Tay。

Tay 的不足之处在于缺乏特定的过滤机制，这个机制应该能区分"好"和"坏"以及"可接受"或"不可接受"。微软事件就是缺乏这样一种价值观评价（道德防火墙）机制。从中明显可以看出依靠简单的通用型过滤机制是远远不够的，微软也从中得到了教训！

但是，谁能（或者应该）确定人工智能的"好"和"坏"呢？谁能确定聊天内容的价值标准，从而决定聊天内容的目的和方向，例如"支持或反对英国脱欧""支持或反对某位政治家"或者"支持或反对民主"等。

如今，德国民众对客服机器人的态度是什么样的？图 4.3 中是对 1164 人（18 岁以上）的调查问卷结果，其中显示了"你能想象与客服机器人聊天吗？"这一问题的答案。结果是：60% 的受访者表示"完全不能"或"一般不能"，只有 27% 的受访者表示"比较能"或"完全能"。对于刻板的德国人来说，这看起来完全不像是能够接受客服机器人！

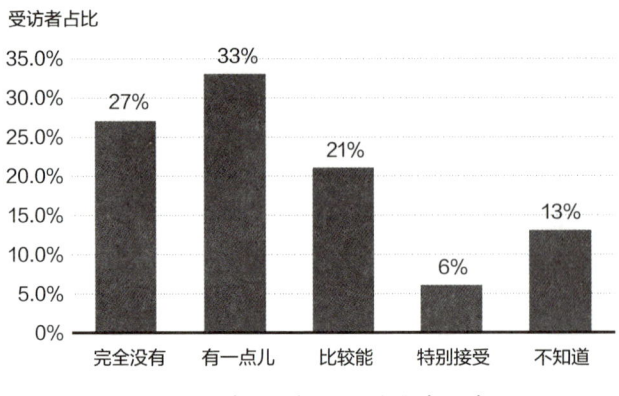

图 4.3　对聊天机器人的接受程度

客服机器人可用的领域也是一个令人兴奋的问题。在对德国 997 位 18 岁或以上的年轻人进行的采访中，他们表示可以接受客服机器人的服务。图 4.4 中显示了 5 个最重要的应用领域。其中最重要的是沟通流畅舒适。这一点体现在"自主独立性""实时沟通"和"常见问题解答（FAQ）"等方面。

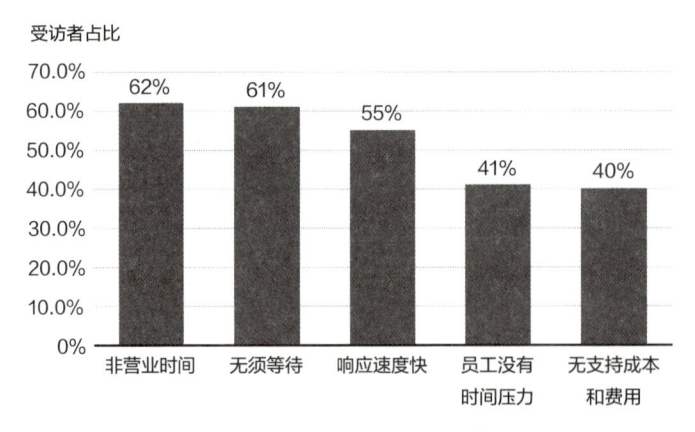

图 4.4　聊天机器人的优势

知识点

回头看看你的企业，基于文本的客服机器人在哪些方面能为企业和客户双方带来价值？未来，客服机器人将主要用于日常任务，尤其是对年轻人来说，这种技术最有可能被接受。

虽然客服机器人的普及不算很快，但还是有必要搞清楚人们在哪些领域容易接受客服机器人的服务。德国曾对 1000 名 18 岁及以上人群进行了调查："你认为客服机器人能用于什么领域？"结果见图 4.5。值得注意的是，受访者对于客服机器人的想法并不统一，没有一个领域获得超过 17% 的支持率，而且，43% 的受访者（将近一半）甚至认为应该完全禁止客服机器人。

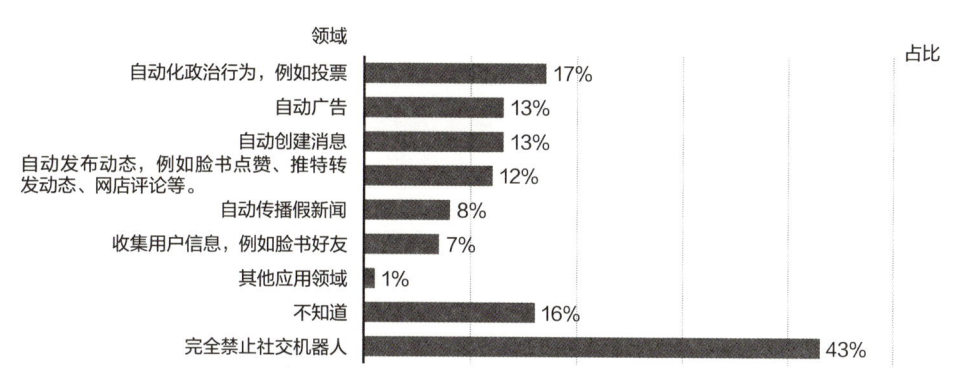

领域	占比
自动化政治行为，例如投票	17%
自动广告	13%
自动创建消息	13%
自动发布动态，例如脸书点赞、推特转发动态、网店评论等。	12%
自动传播假新闻	8%
收集用户信息，例如脸书好友	7%
其他应用领域	1%
不知道	16%
完全禁止社交机器人	43%

图 4.5　人们认可的社交机器人应用领域

如今，基于语音的客服机器人（STS）正在普及。这种客服机器人支持双向语音对话交流，可以简化客户的操作烦琐程度。下面这些传统的电话服务也会成为过去：

- "对时刻表有任何疑问，请按 1。"
- "购票，请按 2。"

未来，客户与语音客服机器人的对话听起来可能像这样：

"你好，我叫玛丽（Marie）。我想知道从汉堡总站始发的列车能不能准时抵达。"

"嗨，玛丽。请告诉我你列车发车的日期和具体时间。"

"今天下午 5 时 46 分。"

"你购票了吗？请告诉我你今日车次的订单号。"

"订单号是 12345。"

"你乘坐的 IC2221 次列车因故晚点 20 分钟。你的下一段联程列车，前往阿姆斯特丹的 IC140 次将会等待你。还有什么能为你效劳的吗？"

以上的服务全程只需要不到 1 分钟，理想状况下不需要任何等待，而且客服机器人能够全天候待命。同时它们反馈信息言简意赅，能够实现一站式服务，有效地省略了在各种不同应用程序中搜索相关信息的麻烦。这些功能需要客服机器人全面连接所有数据库来实现。

4.1.3 客户服务中的智能助手

基于数字语言的智能助手结合了强大的算法和全面的综合数据库。诸如亚马逊 Echo（Alexa）、三星 Bixby、微软小娜（Cortana）、谷歌助手（Google Assistant）和苹果 Siri（HomePod）都是现在市面上流行的智能助手。其中一些已经集成了图片及视频功能。亚马逊 Echo Show 甚至是一个配备彩色屏幕和网络摄像头的实体智能助手，可以用来视频聊天以及观看视频，还能通过照片、图示或文字说明来回答客户的问题。

未来，客户与智能助手的对话听起来可能像这样：

"Alexa，我要买两周前在华盛顿看过的耐克跑鞋，上面要有两道红色条纹。"

"好的，拉尔夫（Ralf）。你打算明天下午和萨宾（Sabine）跑步的时候穿吗？"

"是的，当然了！"

"没问题。我会在亚马逊下单，下午 3 点用 DHL 发货。因为我还下单了你 3 天前加入购物车里的耐克 T 恤衫，所以获得了 10 美元的 DHL 优惠券。

按照常规方式支付。"

"可以。"

"我现在给你联系维尔纳教授（Prof. Wüllner）。你们会聊一聊人工智能的利弊。我在屏幕上为你显示维尔纳教授在过去几周发言的简单总结，其中用红色标注了重点内容。"

电影里的小亮点

斯派克·琼兹（Spike Jonze）指导的电影《她》（HER）讲述了一场人类与科技之间发生的精彩绝伦的爱情。

越来越多的企业正在将人工智能机器人集成到客户服务中。在2011年的事故后，IBM继续开发沃森用于接管复杂的呼叫中心业务。IBM表示，现在的沃森可以自主回答80%的日常问题，将客户服务成本降低30%，只有20%的问题仍需人工处理。至少IBM还在努力发展这一功能！

客户在专业领域或者个人环境中接受基于语音的客服机器人的动力是使用的便利性和反应速度。人机交流无须打字，也无须在各种菜单里找来找去，仅通过语言交流就足够了。随着算法性能的提高和数据库的扩充，人机对话也能变得更智能、更个性化。因此这种客服机器人会演化成非常强大的智能助手，这一切的基础都是对话式的人工智能平台。

知识点

智能助手会满足3个越来越重要的客户期望：便利性、即时性和个性化。这一切的基础都是对客户的个人习惯的记录。

图4.6中显示的是美国和德国2000多名互联网用户使用各智能助手的情况。Alexa占的市场份额最多是因为它最早进入美国和德国市场，而且亚马逊秉持时间就是金钱的原则，首先在这两国投放了Alexa产品，并且确实吸引

了大批客户（见第 10.3.3 节）。

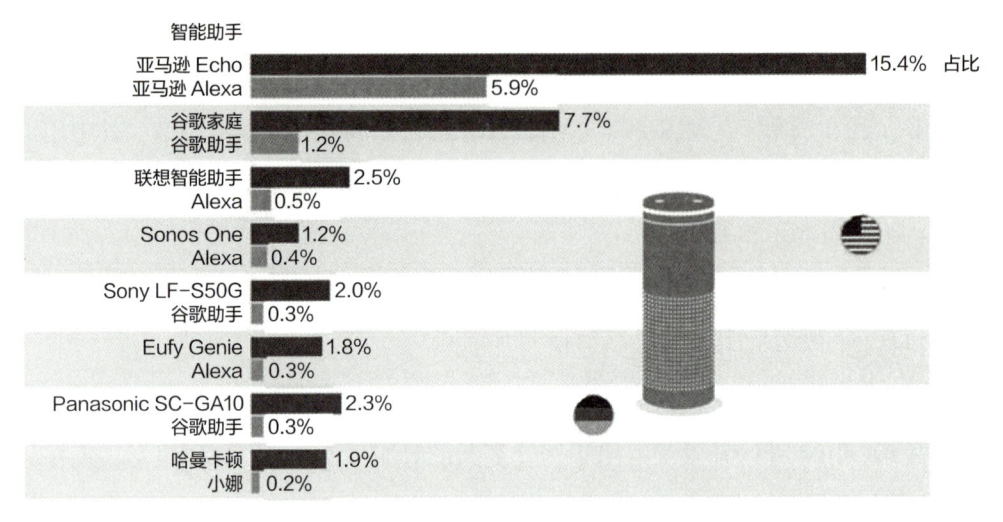

智能助手	占比
亚马逊 Echo	15.4%
亚马逊 Alexa	5.9%
谷歌家庭	7.7%
谷歌助手	1.2%
联想智能助手	2.5%
Alexa	0.5%
Sonos One	1.2%
Alexa	0.4%
Sony LF-S50G	2.0%
谷歌助手	0.3%
Eufy Genie	1.8%
Alexa	0.3%
Panasonic SC-GA10	2.3%
谷歌助手	0.3%
哈曼卡顿	1.9%
小娜	0.2%

图 4.6　2018 年美国和德国的智能助手应用情况

知识点

虽然目前智能助手的市场接受度不高，但能确定的是，其未来的普及率会越来越高。而且在日常生活领域之后，也会越来越普及到商业领域。

从这些年智能助手的用户数量变化来看（见图 4.7），从 2016 年到 2018 年，智能助手的用户数量翻了一番。

这种飞速发展的动力是什么？客户对智能助手的哪些应用领域感兴趣？具体请见图 4.8。德国对 1001 位年龄分布在 16 ~ 69 岁的受访者进行的调查显示，他们基本都听说过 Alexa、Bixby、小娜、谷歌助手和 Siri 中的至少一个。很明显，日常琐碎才是智能助手的使用重点。

(单位：百万)

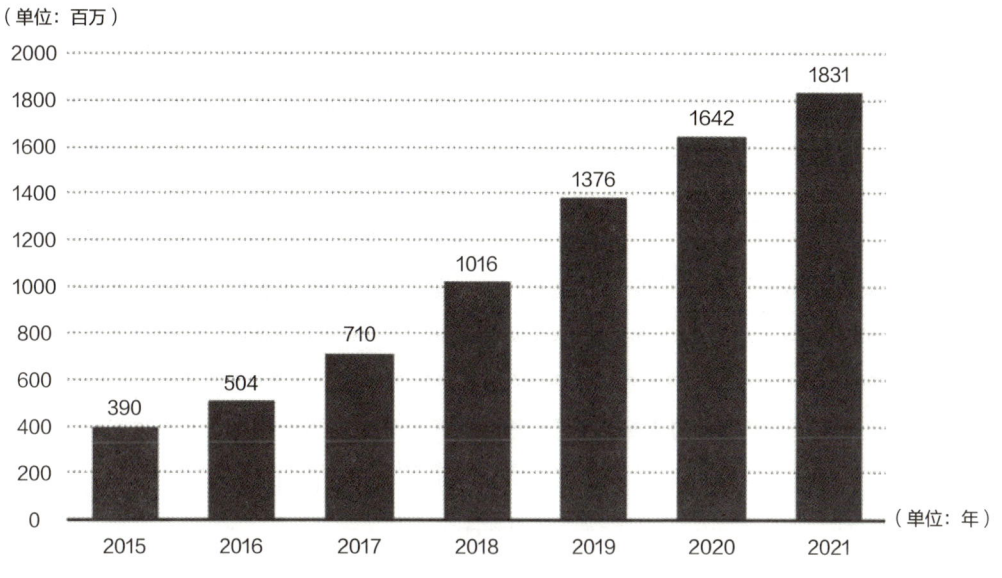

图 4.7 2015 到 2021 年，全球范围内智能助手的用户数量

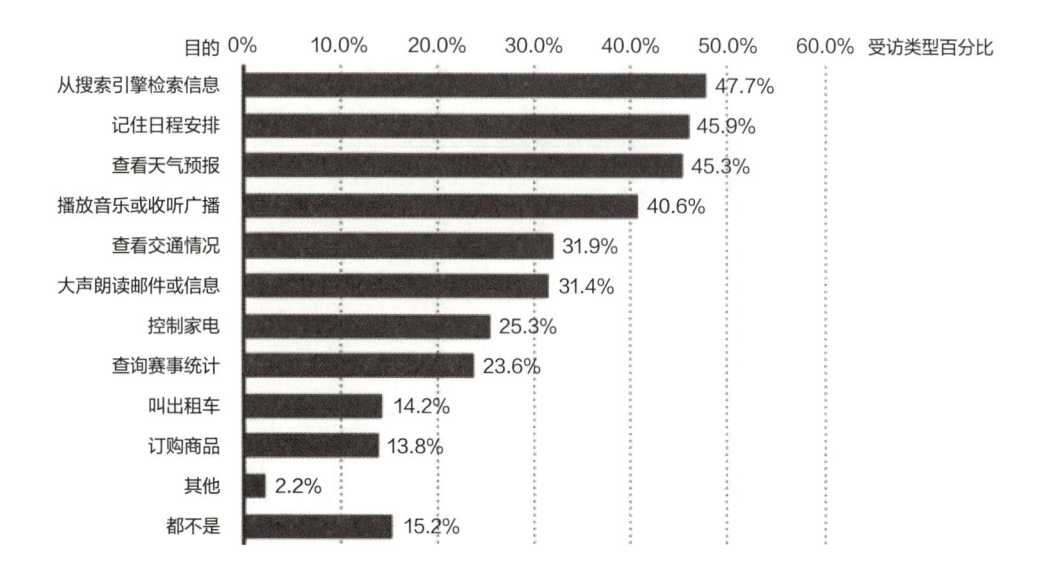

年份	数量
2015	390
2016	504
2017	710
2018	1016
2019	1376
2020	1642
2021	1831

目的	受访类型百分比
从搜索引擎检索信息	47.7%
记住日程安排	45.9%
查看天气预报	45.3%
播放音乐或收听广播	40.6%
查看交通情况	31.9%
大声朗读邮件或信息	31.4%
控制家电	25.3%
查询赛事统计	23.6%
叫出租车	14.2%
订购商品	13.8%
其他	2.2%
都不是	15.2%

图 4.8 使用智能助手的目的

引发的思考

- 如果智能助手用于海量信息搜索，那么品牌在未来还会有什么意义？
- 如果智能助手选择出了一个适合、便宜、容易买到的产品（可能来自智能助手自身的生态系统产品）时，品牌还重要吗？
- 如果用户在搜索产品时有意识地选择了品牌，并制定了筛选条件时，品牌会不会变得越来越重要？
- 哪些客户群体会采购哪些服务或产品？

无论如何，智能助理都会成为一个不可忽视的信息技术商务品牌增长点。

另一方面是智能助理能带来什么样的益处。如图 4.9 所示，其中的重点是舒适性——为客户带来便利以及节约时间。

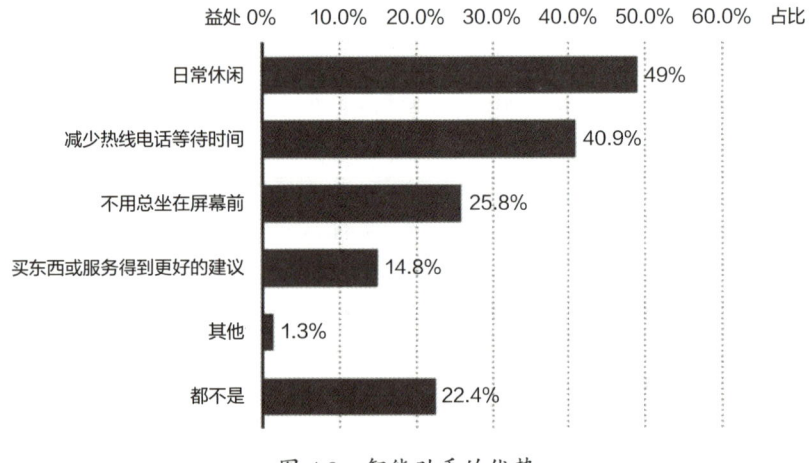

益处	占比
日常休闲	49%
减少热线电话等待时间	40.9%
不用总坐在屏幕前	25.8%
买东西或服务得到更好的建议	14.8%
其他	1.3%
都不是	22.4%

图 4.9　智能助手的优势

另外我们也要注意智能助理在客户（潜在）眼中的弊端。一部分受访者认为智能助理"不能像人一样具有人格"和可能产生"误解"。三分之一的受访者担心智能助理会滥发广告（见图 4.10）。有趣的是，严肃认真的德国人却没有提到任何关于数据安全和隐私保护方面的担忧。大部分用户可能根本没有意识到自己家里安装了一个存在"BUG"的智能助理。

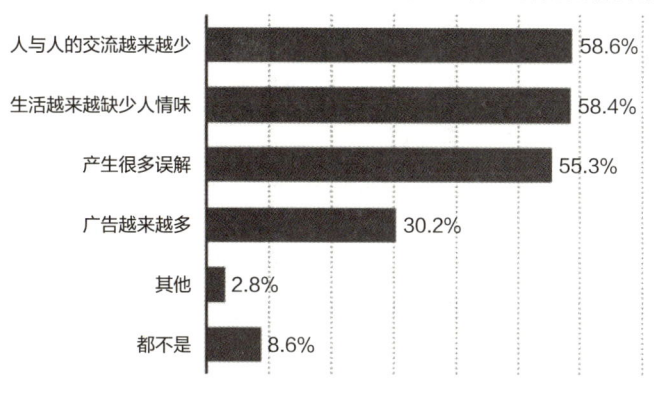

弊端	占比
人与人的交流越来越少	58.6%
生活越来越缺少人情味	58.4%
产生很多误解	55.3%
广告越来越多	30.2%
其他	2.8%
都不是	8.6%

图 4.10　智能助手的弊端

知识点

基于文本和语音的客服机器人极有可能取代传统的应用程序和网站平台。这些机器人不仅会改变客户的习惯，而且也会改变企业的习惯。

引发的思考

智能助手是怎么记录下用户习惯的？与谷歌的搜索列表截然不同，智能助手 Alexa 并不会读取那么多的搜索条目！在检索健康保险时，在寻找附近不错的意大利餐馆或者附近能买到索尼 DSC-H300 数码相机的店铺时就能发现，传统的搜索引擎根本无法满足这些要求！我们有新的数据记录方式：语音！也就是语音引擎优化（VEO）！

语音引擎优化才是未来。毕竟有预测表明，未来将有相当多的搜索是通过语音来进行的，毕竟近年来语音引擎发展十分迅速。

那么就出现了这样的问题：企业怎么才能善加利用 Alexa？Alexa 为企业提供了多种客户语音功能开发方案，其中包括体感游戏、智能家居到无人机控制等领域。Alexa 为此开发了众多工具包来助力企业自己开发各种功能。为了这一目的，Alexa 提供了以下便利：

- 在线讨论
- 培训
- Alexa 活动
- Alexa 开发者博客（包括开发目的和开发技巧）
- Alexa 聊天室
- 开发小组（在语音设计和 Alexa 功能开发和优化方面具有经验）

智能助手对查询结果的接受度也取决于应用程序的性能。如果只是查询简单内容，那么 Alexa 已经达到天花板了。例如：

- 现在东京时间是几点？
- 地球的重量？
- 贝多芬在何时何地出生？
- 求 4002453 的平方根？

我们都知道，上述这些问题都有明确的答案，这和我们日常问 Alexa 的问题（如，Alexa，哪家健康保险最适合我？）完全不同。今天的 Alexa 还没法回答这个问题。那到底什么时候能回答呢？

智能助手已经可以非常出色地处理照片以及视频，所以它未来还能应对以下情况：

- 给我看看路易·威登（Louis Vuitton）最新款的手包！
- 给我看看新款奥迪 A5！
- 给我播放金·卡戴珊·韦斯特（Kim Kardashian West）的最新视频！

知识点

> 智能助手正日益发展成为真正的数字管家。它们在办公室和家里都能提供全天候服务。智能助手帮我们查询信息、调节室内灯光和温度、播放音乐、网络购物，并且越来越了解我们，不管我们喜不喜欢。

Alexa、谷歌助手、Siri 和门户平台（例如脸书）的功能区别如下。

- Alexa 和谷歌助手

Alexa 和谷歌助手的工作原理是这样的：第一步将客户发出的语音命令发送到服务器，再由服务器将语音转换为文字；第二步使用自然语言处理功能处理文字（见第 1.3.1 节）；第三步用人工智能算法分析文本文字，获取命令内容并生成反馈；第四步将反馈内容形成文本；第五步将文本转换为声音并播放给用户。

Alexa 本质上是一个可以通过第三方扩展程序提供多种功能的平台。因此各企业可以编写自己的程序以供 Alexa 使用。如今，Alexa 拥有超过 30000 个扩展程序。亚马逊申请的一项专利指明了 Alexa 的发展方向，这是一项基于语音分析来检测客户身体和精神状态的专利。Alexa 不仅能从声音（如喉咙、咳嗽）来检测身体监控情况，还能检测客户的兴奋和抑郁状态来评估其精神健康状况。Alexa 能够提供类似于会诊（医疗）的服务来治疗咳嗽或抑郁症。

谷歌通过"行动"来为企业提供开发扩展程序的服务。谷歌助手允许企业访问谷歌生态系统，所以字母表公司的其他服务也都能够向企业开放。谷歌助手甚至可以像人类一样沟通。为了区分人与人或人与机器人之间的通信，具体方案将在未来向公众公开。

2018 年 5 月，谷歌发布的一段视频显示了机器人客服可以提供的一些简单服务。机器人 Duplex 可以完全像人类一样沟通，预定美容服务而不会被发现是机器人（见图 4.11），另外它还能独立预订餐厅。

"嗨！我想为我的客户预订一次女性美发服务。"
"日期是 5 月 3 日。"

美发沙龙
"你好，我能为你做什么？"

"好的，请稍候。"
"你打算哪天来？"

谷歌助手假装人类给美发店打电话预订美发服务

图 4.11　聊天机器人和美发师的对话

- Siri

Siri 是苹果推出的用于 iPhone、iPad 和其他 Mac 产品的应用程序，其核心任务是处理移动设备上的各种信息以及执行某些操作和记录日程。另外它还可以语音阅读短信和电子邮件。除此之外，它还能够播放音乐和导航路线。

与 Alexa 和谷歌助手不一样，Siri 并不是基于云平台服务，而是存储在本地设备。所以苹果只能分批次更新 Siri 所需的数据。如果用户的某些诉求超出了 Siri 的本地功能，那么 Siri 就会查询搜索引擎，然后只提供相应的网络链接而非语音回答。开发人员还能在 Siri 应用程序里加入个性化的语音命令。为了做到这一点，就要创建或修改现有的应用程序，或者根据需要安装新的应用程序。

在 IOS12 系统中，用户还可以通过会计方式来添加 Siri 的功能。系统会检测哪些操作属于习惯性操作，用户可以通过这个功能来创建语音快捷方式（例如，向特定的人发送消息）。

2018 年，苹果公司推出了集成 Siri 系统的实体设备，外形看起来像是

HomePod。从此 Siri 可以从 iPhone 和 iPad 上独立出来，像亚马逊 Echo 和谷歌助手一样走入千家万户。

- 门户平台（脸书）

2018 年，脸书通过 Portal 和 Portal Plus 便携智能屏幕产品打入美国的智能助手市场。Portal 系列产品集成了亚马逊 Alexa 智能助手和脸书自己的语言服务平台 "Hey，Portal"。该产品主要用于与脸书好友进行视频聊天，其特点是用户在摄像头视野的 140 度范围内移动时，摄像头会自动跟随用户，这一功能解放了用户的双手，避免了随时手动调整摄像头的方向。因此，该产品的主要优势就是方便人与人之间沟通。

请注意，在使用 Portal 系列产品视频通话时，对方不必拥有 Portal，只需要使用脸书消息应用程序或者在线登录脸书就可以。通话中 Portal 系列产品还可以支持 AR 特效以及 Spotify 音乐播放。另外 Portal 系列产品还支持一种特殊的 "讲故事" 功能，长辈可以通过屏幕上的图形、AR 效果和音乐等为年轻人讲故事。Portal 和 Portal Plus 产品的主要区别就是屏幕的分辨率和尺寸。可以预见，在未来，Portal 系列产品的功能将会更加丰富。

这些智能助理是如何服务客户的？亚马逊 Echo 及 Alexa 主要通过扩展应用来为企业提供各种功能，企业借此来营销产品和服务，谷歌助手可以在用户搜索时显示优惠报价。因此，Alexa 和谷歌助手会协助企业发布信息和服务。智能助手已经越来越普及到各种设备中，从冰箱到音响，再到汽车，企业应该紧紧抓住这些发展机会。而 Siri 在 HomePod 中则继续扮演用户的个人助理角色。

梅赛德斯 – 奔驰（Mercedes-Benz）将 Alexa 整合到了旗下汽车控制系统。驾驶员可以通过梅赛德斯 ME 应用程序使用 Alexa 控制车内的某些功能。Alexa 会提示你什么时候需要给车加油，什么时候需要保养。另外，Alexa 还能控制空调、车门落锁和查询交通堵塞信息，其他功能也在陆续加入。

知识点

在实现了便携化和易用化之后，我们现在正在面临语音化的挑战！这意味着网站也会语音化！

你准备好了吗？

4.1.4　将聊天机器人和智能助手整合进客户服务

将聊天机器人和智能助手整合进客户服务可以遵循以下概念。

1. 确定聊天机器人用于客户服务的目标

在设置聊天机器人时，首先应该明确短期、中期和长期目标。很多时候，企业在降低成本的同时也会影响到客户体验，对营销和利润产生负面影响。所以企业首先应该确定聊天机器人能否改善客户体验。在讲究顾客就是上帝的今天，意味着顾客要体验到好的服务。

技术的进步开辟了很多新的应用领域，所以企业要更灵活地应用聊天机器人，这部分应该在总体规划中体现。另外，要确定哪类聊天机器人（文本或语音）能够获得足够的内外部资源。最后还要确定聊天机器人由哪个部门管理，IT 部门、市场营销部门还是客服部门。

对于聊天机器人和智能助手来说，还有下列问题：

- 聊天机器人可以出现在哪个阶段（广告、客户服务、销售）？
- 客户在客户旅程的不同阶段都有什么期望？
- 客户通过聊天机器人能获得什么样的体验？
- 必须考虑哪些使用情况（移动、固定）？
- 聊天机器人能为企业带来哪些帮助（节省成本、全天候服务、快速响应、从日常烦琐事务中解放出来）？

- 聊天机器人能否缩短或优化客户旅程来提高客户的转化率及忠诚度？
- 聊天机器人发送什么样的内容能够与品牌更匹配？
- 根据品牌价值选择哪种风格？
- 聊天机器人需要哪些数据来教授系统必要的"智能"？
- 我们是否有这些数据，或者在哪儿可以购买这些数据？
- 将聊天机器人无缝集成到现有流程（如电子商务、CRM）和其他应用程序（如网站、应用程序）时，需要用到哪些接口？
- 需要处理哪些接口？
- 人工智能可以覆盖哪些"简单"流程？
- 人工客服的触发点和关闭点（例如，切换人工客服）？
- 根据客户的不同，可以使用哪些平台（Alexa、Bixby、小娜、脸书消息、谷歌助手等）？

首先必须要明确短期目标和长期目标。短期目标应集中于传统的帕累托任务（Pareto Tasks）。这些任务通常占服务量的70%或80%，所以也是提高效率和降低成本的最大动力。这一阶段还要明确聊天机器人的语言。另外，必须确定第一步中涉及的帕累托路径（Pareto Channels）。这一步应该首先关注哪条路径的流量最大，同时还要考虑到公司和客户的诉求（见图4.1）。

明确目标是聊天机器人的应用基础，同时也是确定投资能否达到预期回报率以及是否继续扩大聊天机器人应用范围的唯一根据。

2. 目标对话模式

目标对话模式主要参考"真实"对话的经验，这些经验充分展现出了传统的对话方式。经过深入评估，能够确定哪些对话特别频繁（帕累托对话）以及哪些对话可以自动进行。

对话模式的重点是对话的风格。当然，人们应该避免发表教训人、傲慢或愤世嫉俗的言论，还要根据实际情况来决定使用更正式的语气（尊称姓氏）。这一决定必须考虑到目标群体的诉求。目标对话的模式还包括如何应对公共平台上提出的问题，这些问题应该公开回答还是私下回答等？

3. 将聊天机器人整合到服务流程中

整合的方法有很多种，但是首先要确定聊天机器人的触发和关闭方式。比如聊天机器人什么时候被激活以及激活范围。机器人应该只对个人信息或新闻做出反应吗？消息中必须包含哪些关键字聊天机器人才能被激活？

客服系统将对话切换给聊天机器人的过程称为委托。如果客服系统认为后续的对话按照默认方式就可以得出结果，不需要人工介入时，就可以进行委托。当默认的对话模式无法得出预期结果时，就会触发升级。在触发到预设的切换点（关键字）时，系统就会将对话切换给人工客服。

如果聊天机器人通过预设的关键字激活，并引导用户开始对话时，则启动自主对话功能。相关的触发点和关闭点可以在设置机器人时陆续加入。

4. 选择聊天应用程序

这一步需要选择合适的应用程序，该程序能够将预设的触发点和关闭点加入对话功能中。另外，要保证程序的性能和稳定性，其中包括能够同时处理的对话数量以及综合对话质量。同时还要保证软件开发商能够及时更新数据库、开发新功能。

选择应用程序时，还应该确保信道管理系统不能只用来触发帕累托路径。一方面，信道的使用强度会随着时间发生变化，因此必须要保证还有其他可用信道可选；另一方面，聊天机器人运行中，有可能会出现其他重新整合的信道。

另外，还需要有监控工具来随时监控应用程序。理想状况下，应该有一个监控面板来执行该任务。

5. 聊天机器人的测试与全天候运行

将聊天机器人激活加入服务之前，应该对其进行内部测试，检查所有的对话功能。内部测试完毕后，再对一小群外部客户进行测试。这些客户应该具有明确的目标性，他们能够诚实地向企业反馈使用情况。

在测试阶段，要确定聊天机器人的触发点和关闭点的功能是否正常以及其切换人工客服的功能是否良好。除此之外，还要确保聊天机器人和人工客服能够使用正确的语言。

6. 监控聊天机器人的运行

聊天机器人在运行中，必须对照样本实时监控对话质量，这是早期阶段检测对话是否正常的唯一方法。即使聊天机器人转发了链接和其他登录界面，系统也要持续监控。另外，在监控过程中，还要随时检查对话是否按照预设方向进行，同时保证切换人工客服的触发点正常。

引发的思考

令人惊讶的是，全球的亚马逊员工在听说个人对话系统之后都提出了强烈抗议。为了深入发展智能客服，大家都要不断地聊天来为人工智能提供资源。所有人都清楚，亚马逊的系统必须通过不断地聊天才能得到进一步的发展。

对聊天机器人的监控可以通过 KPI 来表示（结果用百分比来显示）：

- 聊天机器人"成功"结束了多少次对话？（"成功"需要明确定义。）
- 聊天机器人将多少次对话移交给人工客服？
- 系统向聊天机器人移交了多少次对话？
- 切换给人工客服的频率？
- 用户结束了多少次对话？
- 链接网站、登录页面的成功率？
- 预设对话的发生率？

除了上述定量调查之外，还可以进行定性调查。这些调查可以根据不同年龄组、不同语言组对用户进行分类来确定他们的满意度或不满意度。

未来，聊天机器人会对客户服务和客户体验产生重大影响。为了让聊天机器人更像人类，而不是仅仅提高自动化程度，系统和聊天机器人之间的沟通必须流畅有效。为了做到这一点，一开始就需要合理规划对聊天机器人的监控，而且要兼顾企业和客户的诉求。

知识点

> 将聊天机器人和智能助手与对话功能进行整合需要细致的规划、强大的执行力和持续的监控。这一整合并不会自动进行，所以启动以后可能存在失控风险。

所有企业都要仔细研究智能助手的概念。语音控制才是智能助手的未来，所以开发自己的语音功能非常重要！语音将淘汰键盘和鼠标等传统的输入方法。

这意味着在搜索引擎优化（SEO）之后，我们现在要向语音引擎优化（VEO）或机器人引擎优化（BEO）领域进军。这意味着搜索结果不能像传统的搜索引擎一样，只需要在搜索列表中排在第一页就可以，而是需要在搜索列表中排在第一的位置。因为聊天机器人或智能助手不会读出一长串搜索结果，而是只推荐最佳结果。如果这一结果不是你的企业产品，那该有多么遗憾！

引发的思考

智能助手会主导数据。使用的时间越长，强度越高，它们存储的关于用户的知识就越多。智能助手会根据用户的偏好与特定的企业交换信息，而非其他企业！

另外，企业和用户的智能助手之间会自动发生信息交换，人与人之间的沟通会被机器人与机器人之间的沟通取代。智能助手之间会自动协商价格、交货地址以及其他条件，这也意味着企业和客户之间可能不再有直接联系。

未来，机器人和机器人之间的对话可能会直接影响到产品和服务的开发。毕竟客户和企业的诉求、购买习惯、用户喜好等数据早已融入大数据库。

智能助理正在逐渐建立自己的销售和咨询影响力，开始慢慢与提供产品和服务的企业脱钩。而智能助理的所属企业将收集到越来越多的数据，获得越来越多的话语权。这意味着 GAFAMI 企业和 BAT 企业在市场中权重越来越高。新的赢者通吃局面正在慢慢浮现，这会进一步加强企业现有的市场主导地位，对竞争产生负面影响。

小结

- 人工智能在客户服务领域有着广阔的应用前景。
- 聊天机器人扮演着重要角色。
- 基于文本的聊天机器人的对话框很简单。
- 基于语音的聊天机器人会逐渐演化为虚拟智能管家。
- 检查各应用领域与企业的关联性。

4.2 市场营销

人工智能的另一个应用领域是市场营销。这里的市场和营销两个词在学术意义上没有什么区别。相反，这是一个综合性、网络性的概念。在这一概念中，只要是面向客户的员工，无论职级，都需要携手合作。

4.2.1 潜在客户预测、潜在客户分析和推荐动机

潜在客户预测和潜在客户分析是人工智能的第一个重要应用领域。几十年前，很多传统企业和电话购物公司开始根据客户的综合购买记录推断客户

未来的购买行为和可实现的附加价值，当时使用了各种复杂的评估模型。

人工智能可以通过分析更多不同类型的数据来有效提高评估效率。将当前客户和潜在客户进行比较可以对潜在客户进行画像，分析出哪些客户更有可能会成为当前客户。为了这个目的，人工智能将数千万的数据打包成不同的数字标签，然后根据不同的客户分类搜索相应的标签来确定符合条件的客户。这一预测主要用于分析客户的购买概率和附加价值，所以也称为预测分析。下列问题的答案基于持续实时输入的数据：

- 哪些行为带来的转化率最高（订阅产品更新、推送信息或报价、安排见面会或者购买）？
- 最佳的转换时机是何时？
- 哪些后续动作能够促进转化？
- 哪些宣传渠道可以促进哪些目标群体转化？
- 多大的优惠幅度能够促进转化？
- 哪些敬语能够促进转化？

上面问题的答案都可以用于客户转化。这也说明，为了更有效地实现客户转化，企业每一天、每一小时、每一分钟都在改进产品和服务。这时可以引入前文提到的强化学习的概念。毕竟每一次成功的转换都要给予奖励，告诉算法它太棒了。

这类解决客服的方案也对营销方式产生了影响。过去，所有的营销方式都是面向特定群体，如今则需要针对基于单个目标人群的不同情况来策划单独的方案。例如，某客户每两周购买一次产品 A 和产品 B，那么客服系统就可以在每两周自动触发对话，提示用户该购买产品了，因此这种方式可以更细化地针对某个群体使用对话系统。

人工智能的另一个活跃领域是产品和服务的个性化推荐。亚马逊的复杂推荐算法（关键字：推荐引擎）产生的销售额占了该网站的 36%，90% 的客户服务也完全实现了自动化。网飞（Netflix）雇用了 800 名技术人员来开发管理系统和个性化内容算法。奥托（Otto）集团使用全新的归属模型来优化企业沟通渠道（包括接触点管理和营销方案）。这一方案通过追踪客户接触点（CTM）来分析搜索引擎、社交媒体和在线广告。人工智能所有任务都应该以客户为中心，只有当客户发现自己的重要性时，才能利用各种优惠。

用于自动推荐内容的推荐引擎为提高客户满意度做出了卓越的贡献。通过提高客户转化率，能够增加销售额，提高公司利润。这台"引擎"可用于处理人工智能系统的大量信息，这些信息来自用户的过往行为和偏好，以及未来环境（关键字：营销背景）。因此，下一个推荐产品或下一步行动不仅要以用户为中心，理想情况下还要考虑到使用的时间和地点，最后用最相关的渠道供应产品。因此，向大批量目标群体提供相同优惠的无差别"愚蠢"促销会被完全淘汰。最佳的下一步行为不一定是具体报价，也可以是企业推广或产品广告。总而言之，客户转化的目标是实现以价值为导向的客户管理：客户价值的可持续增长。

人工智能系统还能够在网站分析和优化中体现出优势。德国奥斯纳布吕克大学认知科学研究所所属人工智能企业 EyeQuant 发布了一个有趣的应用，该企业使用人工智能系统评估网站设计的视觉效果，而无须跟踪代码或用户测试。这一技术通过整合神经科学与人工智能算法，可以实时对网站设计进行评估，而且只需要上传网站截图或链接即可。

这一功能是如何实现的？根据从眼动追踪实验室和在线小组的广泛用户研究中获得的数据，EyeQuant 对网站视觉效果进行评估，并获取对网站视觉效果有重大影响的设计特征（例如，文字大小、对比度、功能列表位置）。通过以上标准来实时评测网站的视觉效果。这一功能已经为爱普生（Epson）采用。

上述的步骤都可以用于媒体规划方向的人工智能平台，这些平台接管了以前媒体机构的业务。那么这里就有一个问题，相关的专家系统是否会促进人与机器之间的合作，或者是否会完全代替人类？人工智能平台可以帮助媒体工作者为专家系统提供大量有效数据，以便于更好更快地识别推广模式。

人工智能平台阿尔伯特（Albert）在媒体推广方面展示出了优势。都乐（Dole Asia）采购了这项服务来自主管理所有媒体服务、优化和布局推广（包括广告宣传、横幅以及脸书的推广内容）。整体的系统开发仍然由员工负责，还根据品牌规范标准和30000页的企划书确定了相关KPI，都乐的员工还为阿尔伯特指定了推广渠道和平台。阿尔伯特基于人工智能算法决定在哪些时间段用哪些形式投资哪些媒体，还能够自主决定推广预算的使用方向，以及具体的推广设计。最重要的是，这一平台的使用充分体现了人工智能在企业推广方面的价值。

如果企业要求媒体推广必须包含传统的品牌价值观（诚信、信誉和知名度），那么人工智能的推广方案就要和企业规划相一致。时至今日，人类的创造力和主动性仍然是一个重要的应用领域。如果在同一细分市场的汽车品牌使用同样的人工智能平台，就可能存在风险。因此，在面对品牌差异化时，要尽量避免使用相同算法的媒体方案。

露西（Lucy）人工智能平台也是一个用于媒体推广的实例。露西的工作原理是什么？

露西知道一切、观察一切、了解一切。通过云服务，浩瀚的数据宇宙就在她的指尖。自然语言处理的训练让她可以像人类一样交流。通过不断地机器学习，她的能力也越来越强大。不要叫她程序，她是人。

露西的智能来自IBM的超级计算机沃森。所以露西同时具备自然语言处理和预测分析功能。顺便说一句，露西这个名字来源于小托马斯·沃森（Thomas Watson, Jr.）的女儿露辛达（Lucinda）。露西背靠IBM与沃森，并得到全球程序员和工程师团队的支持。但即使是像露西这样的人工智能平台，处理非结构化数据仍然很困难。毕竟，媒体推广规划不仅包括消费者调查的结果，还包括媒体使用的数据等其他具体情况。人工智能的任务就是分析并处理这些数据。

露西充分体现出了当前人工智能平台的优势和局限性。露西能够为商业推广提出具体渠道，包括搜索引擎、社交工具、杂志广告、户外广告和电视广告。但目前为止还无法明确建议使用哪个特定的社交工具（例如，脸书、Snapchat 或推特）。究其原因，是因为各种社交平台并没有统一的衡量标准，所以只能依靠人类来处理。

4.2.2 会话商务

营销有一个特别令人兴奋的发展方向，那就是会话商务，它是聊天应用程序和购物相结合的一个概念。会话商务的本质是通过基于人工智能系统的对话功能进行购物。如今，客户和企业之间通过聊天应用程序进行交互的方式已经越来越热门。诸如脸书、WhatsAPP 和微信等社交程序都加入了购物功能。Alexa、Bixby、小娜、谷歌助手等智能助手也都可以通过语音命令购物。会话商务的未来不再是传统的面对面（实体店铺）、耳对耳（电话营销）或聊天对话框（传统网购）等方式。聊天机器人和智能助手的出现会极大促进语音购物的发展。

会话商务中，用户和聊天机器人的沟通可以用于以下商业行为：

- 与企业或机器人对话
- 提供客户支持
- （自动）回答问题
- 提供个性化建议
- 评价
- 添加购物车
- 置顶购物单
- 付款
- 确认订单
- 打包及运输
- 客户服务

以上部分商业行为现在已经可以在客户与客服机器人沟通过程中实行了。H&M 为 Kik 市场开发的电子商务对话程序，如今已有 3 亿多条用户浏览记录。H&M 的聊天机器人在与客户的对话中也会使用表情包和热门词，让用户感觉面对的是人工客服而不是机器人！下面是 H&M 聊天机器人与客户的聊天记录：

"嗨！你好！欢迎光临 H&M Kik 市场！"

"我们通过几个小问题了解一下你的风格！你想要男装还是女装？"

"男装"

"好的！我们开始吧！你看看下面的选项，哪项符合你的风格？"

……

"好的！我们用几个小问题来确定你的意向，这两张照片，你喜欢哪张？"（显示男 1 号搭配和男 2 号搭配的照片。）

"好的！你觉得这两位的搭配怎么样？"

……

"这套的下装搭配了牛仔裤，你觉得怎么样？"（男 1 号的方案搭配了一个包，下装是牛仔裤，上装是夹克和 T 恤衫。价格是 110.96 美元）

再换一套

……

（出现一个新方案，只不过是另一种牛仔裤、包和夹克的搭配。）

以上效果仅供参考，点击加入购物车！

"这套不错。"

"好的！你想现在下单，还是加入购物车？"

如果企业已经创造出了使用人工智能条件，那么以上步骤都可以实时进行。接下来，下面的服务项目也都可以无缝衔接：

- 信息服务
- 聊天机器人
- 自动营销
- 预测分析
- 客户关系管理，包括客户支持系统
- 电商系统（实时商品管理、订单、付款和装运）
- 数据仓库（DWH）
- 企业资源规划（ERP）系统

会话商务的发展动力是便利！通过人工智能加持的客服系统，客户就不用在不同的平台之间来回切换，查找商品并最终购买。会话商务可以将所有的节点连成一体，就像你真的在与一位优秀的销售人员对话！

引发的思考

今天，我们依然在为每个应用领域开发专用的应用程序，例如用于购买火车票的程序只能用于买火车票，用于购买公交车票的程序只能用于购买公交车票，其他还有预订机票、出租车支付、预订酒店、亚马逊购物、Spotify、天气预报以及新闻门户等应用程序只能用于对应的领域。

未来，其中的大部分程序都会被移植到便携式设备上，但不太会被使用了。越来越多的应用程序会被整合进智能助手，彻底改变用户的习惯。我们会通过智能助手接收所有信息，并且访问搜索引擎、购物、管理日程、听音乐、预订酒店、办理银行业务以及与朋友交流。

未来，会话商务将越来越深入营销背景中，这意味着所有的功能都围绕着用户展开。定位功能的加入也会使购物更加便利。

因此，未来的发展趋势将会是语音控制优先变成纯语音控制！如今，智能助理正在整合进越来越多的产品，例如汽车、电视、冰箱和洗衣机等，而且未来还会有更多的产品。作为消费者、员工乃至企业，我们都应该做好准备迎接这一切。聊天机器人面对的是一条光明的大道，语音控制就是聊天机器人的发展目标。

知识点

再强调一遍，会话商务发展的动力是用户的便利性。企业要克服大量的信息及流程孤岛来实现各功能之间的无缝衔接，这确实是一个十分耗时的任务。

因此，用户对"方便"的期待与企业在语音世界中提供高度集成功能时的"不方便"成了反比，用户越"方便"，企业就越"不方便"！

根据第 4.1.1 节和第 4.2.2 节的介绍，智能助手不仅能够用于网购，还能够用于很多其他用途。用户可以使用亚马逊 Echo 查询账户状态、付款以及检查上一次交易。亚马逊为 Alexa 开发的所有扩展功能都可以由语音控制。

4.2.3　情绪分析

所有的公关经理都面临着一个巨大的挑战——对公共场所的监听，尤其是对社交网络中的关键字"监听"。这一行为的目的是通过对社交网络（或者全网）监听，以便提前了解同行业的产品和服务信息，以及了解公众对本企业及产品的评价。所以公关经理需要在全网系统性搜索与企业及产品报价等信息相关的内容。这些内容涉及意见、趋势、价格反馈、产品和服务评价以及创新动力。

首个免费的网络监听功能是谷歌快讯（Google Alerts）。用户登录相关网站后设定监听的关键词，谷歌监听到关键词后，就会自动生成电子邮件发送给用户。通过这种方式，用户可以实时接收与关键词相关的各种信息，再利用这些信息分析竞争对手和行业发展趋势。另外还能够将监听内容设置为个人、企业产品或者品牌等。这一功能只需要用到谷歌搜索，而不用人工智能。

对大型企业或大范围网络监听时，需要从成千上万的大数据中提取所需内容。因此，核心问题在于不仅要确定关键词，还要确定关键词的关联性和类型。在分析信息的相关性时，要注意区分以下几点：

- 未知用户的态度
- 网红和大 V 发的帖子
- 第三方市场研究机构的结论

- 国家层面的政策
- 法律法规
- 法院判决案例

另外，还要确定信息发布者的态度。这就涉及了情绪分析领域。情绪分析的任务是区分积极、消极以及中性表述，理想状况下可以用于分析模棱两可的信息。我们看看下面的例子：

"服务简直太棒了！"

你觉得这句话是讽刺还是夸赞？现在人工智能越来越多地用于分析网络中的各种信息背后的含义。获得的信息内容会按照"积极""中性""消极"分类，并在分析报告中附带示例。另外，从网络和社交平台获得信息所面临的最大挑战是如何区分信息是"主观""客观"还是"中立"，还有一个关键问题是发布者的意图是什么。

文本挖掘和观点挖掘中的人工智能技术可以用来深入理解信息内容。我们来看看达姆施塔特科技大学开发的 ArgumenText 模型。该模型的核心是自动分析用户的真实观点，以便更好地理解用户。ArgumenText 会搜索各种语言风格，然后对某个话题的多方讨论进行分析，并给出理由。为了准确挖掘文本信息，首先要确定主要目标信息，然后再分析积极和消极的内容，这一概念的基础是机器学习。图 4.12 就是 ArgumenText 的例子。

主题
自动驾驶卡车

赞成：科技的使用将使重大卡车和公共汽车事故减少 20%，从而使欧洲道路上的死亡人数减少 800 人。

反对：相关设备的价格高昂，例如，600 转/分的雷达成像系统是目前大多数自动驾驶汽车的必备设备，成本高达 70000 多美元。

图 4.12　ArgumenText 的使用示例

为了满足这一概念，人工智能需要满足 3 个要求：

- 多样性

需要处理大量非常规结构的不同文本，例如微博内容。其他社交平台（如推特或脸书）中的文字通常都很简短，并后缀表情包或图片。

- 可扩展性

ArgumenText 程序的质量取决于基础训练数据。不难想象，为了产生合格的培训数据，就必须给文本添加正确的注释。

ArgumenText 在开发时使用了亚马逊 Mechanics Turk 平台的众包服务。这是一个互联网众包市场，其中个人和企业可以发布需要完成的任务，然后就会有人接受任务并获得报酬。通过众包任务可以快速注释大量文本。因此，达姆施塔特科技大学在几天内就注释了 40 个不同的话题。

- 综合性

当前，人工智能应用的一个重要缺陷是无法通用（关键词：通用人工智能）。用于特定领域（如汽车工业或时尚行业）的算法无法用于其他领域（如化妆品或观赏植物）。对于人类来说，就像一个书呆子。

总而言之，ArgumenText 证明了通过基于人工智能的文本评估，85% 的人性已经能被准确地分析出来。图 4.13 中是对关键词"人工智能"的分析示例。

未来，ArgumenText 可以利用情绪分析的功能来区分正面和负面的用户评论。分析的结果可以用来为宣传活动提供参考，同时也可以检测用户情绪波动情况。通过这种方式，可以确定产品价格走向和用户情绪波动的原因（见图 4.14）。

Adobe Sensei 是一种应用于 Adobe 旗下各款产品的底层人工智能工具。该工具可以用来分析文本内容的情绪或图形的艺术特点，然后进行快速处理。经过处理的内容可以另存为其他文件以便日后重新使用原文件。

德国电商企业 Otto 在其产品中加入了一项自主研发的商品评估功能。该功能支持用户在 Otto.de 的商品评论中按照个人需求筛选相关评论。人工智能

图 4.13　ArgumenText 的使用示例

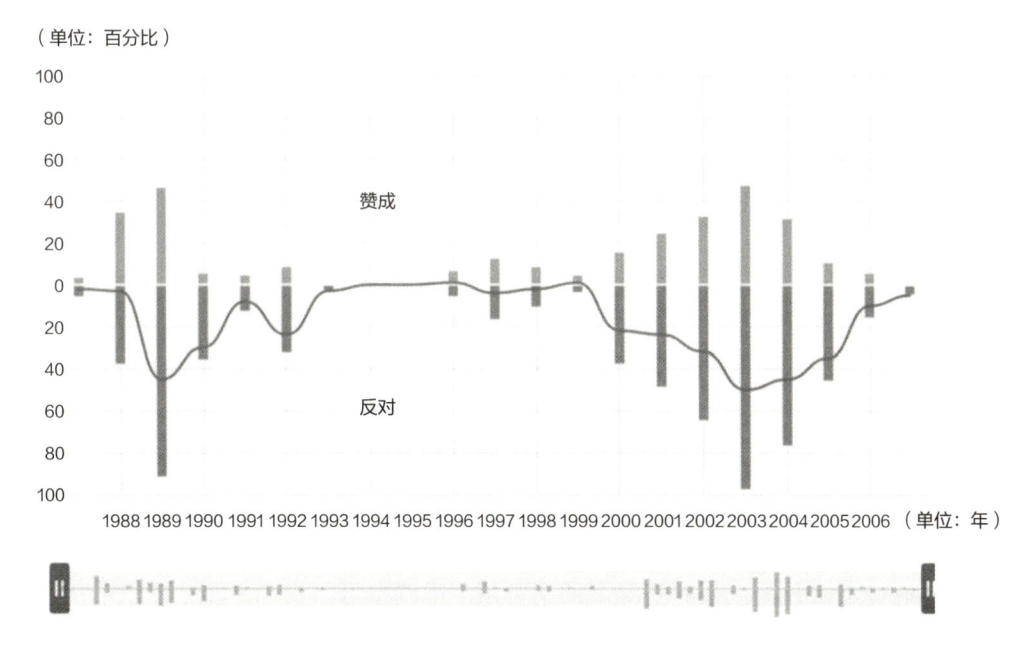

图 4.14　使用 ArgumenText 对"动物试验"的趋势进行分析

算法可以自动识别评论内容以及情绪。反馈的信息取决于其与用户问题的相关性：

- 我能穿多大号的运动鞋？
- 材质怎么样？
- 穿着舒服吗？

人工智能算法会对所有评论进行筛选和分组，将成千上万条不同的评论内容进行分类，并注释上分类标签。用户可以通过搜索功能跳转到想访问的分类标签。在 Otto.de 上有超过 210 万种产品的评论，用户可以方便地了解某相机的功能、存储卡和电池以及某西装的剪裁和风格；另外，还能看到其他用户的"正面""中立"和"负面"评论。每天晚上，该算法都会重新分析所有评论，以便保持商品评论标签的正确性。

4.2.4 动态定价

人工智能算法越来越多地用于动态定价。影响公司盈利的最重要因素之一始终是产品定价。因此，人工智能进入市场营销领域也就不足为奇了。智慧雅典娜（Wise Athena）是一个人工智能工具，主要用于帮助企业对民生消费品进行定价和促销。

为了实现这一功能，智慧雅典娜会自动选择与产品关联性最高的数据来注释。首先要创建一个模型，这个模型要包括企业自身产品范围内的蚕食效应和企业产品的交叉价格弹性系数。交叉价格弹性系数（需求端）决定了一种产品的价格每变化 1% 会对另一种产品的销量产生多少影响。与价格弹性系数相比，交叉价格弹性系数主要发生在两种不同的产品之间。

通过定期升级，某些情况下的销售预测准确率可以提高 94%。尽管有大量可能的价格组合，但人工智能系统依然可以从中找出最优选项。智慧雅典娜每年会为用户增加 3% ~ 12% 的利润率。

基于人工智能的调价同时也带来了一个有趣的问题：根据竞争对手的价格（可能也由人工智能系统调价），客户需求和其他环境变量产生的定价算法是否会导致人工智能的调价结果实际上等同于一种价格同盟？这样虽然能保障企业利润，但用户却需要为此支付更高的价格。这种行为称为同谋，也就是"秘密协议"，指的几家企业背地里统一价格，损害第三方利益。

另一个问题是：如果定价算法不符合法规，人工智能调价还会产生垄断吗？为了优化企业利润而独立开发的算法是否会不可避免地产生同谋？根据《反竞争限制法》，这种情况下谁来承担责任？从法律意义上讲，程序员或人工智能系统能不能被定罪？监督委员会（2018年）在其发布的报告"算法和同谋"中提出了这些问题，同时就如何应对这些情况提出了建议。反垄断委员会建议市场部门仔细调查并加强市场监管，并且将垄断信息发送给消费者保护协会。因此，可以给予这些协会发起反垄断调查的权利。如果有具体迹象表明定价算法涉嫌垄断，就可以按照规定进一步处理。

研发人员认为人工智能系统同谋行为的风险很低。究其原因，市场环境一直在动态变化，因为新企业进入市场，引入了新的游戏规则，不同企业追求的目标也互不相同（除了优化利润，例如吸引新客户，抗衡竞争对手），而算法可能没办法应对这些变化。因此，各企业之间很难做到平衡，调价算法也无法造成垄断。

引发的思考

不幸的是，如果算法同盟真的出现，那么今日的监管机制对此基本无能为力。我们可以想办法给算法加上一道保险机制，在算法发生同谋行为时提前预警，然后想办法避免。

4.2.5 内容创建

内容创建是人工智能在企业宣传中的另一个重要领域，主要是自动创建文本内容。机器新闻写作借助人工智能技术已经深入到新闻工作者的专业领域。专用的人工智能算法能够基于互联网或其他流媒体资源独立撰写文本信息。如今，体育赛事报道或天气预报都可以通过机器新闻写作自动完成。另外这也适用于金融方面的信息（例如，股票走势分析）。机器新闻写作还可以为文本自动创建图形和表格，而且收件人无法发现这是人工智能自动生成的内容。其他情况下，人工智能会为新闻工作者搜索和处理合适的信息，而不完全取代新闻工作者。这种半自动机制的优势在于速度（实时信息）和成本之间达成平衡。

总部位于纽约的新闻通讯社美联社（AP）使用语音识别技术将大量原始数据自动转换为可供发布的报告。这些原始数据来自上市公司，上市公司每季度公布一次公司业绩。美联社需要做的是尽可能快速准确地利用这些数据来计算出相关财务数据，然后根据这些数据为投资者创建报告。在过去，由于人力资源有限，美联社每季度只能创建 300 份报告。因此，大量内容因为条件限制没办法撰写进报告。另外，这些例行报告占用了记者大量时间，导致其他重要工作无法正常进行。

为了提高写作报告的效率，美联社使用写作大师（Wordsmith）平台来自动处理这些报告。该平台使用语音识别将原始数据自动转换为可供发布的美联社报告，为此，语料引擎需要设置为美联社的风格。如今，美联社可以生成 4400 份季度财务报告，远超以前手动生成的 300 份报告。如果不看报告结尾的备注，用户根本不会发现这是由系统自动生成的。

经过长期的测试，自动创建的报告的错误率甚至远低于手动撰写的报告。总体而言，美联社每季度可节省约 20% 的报告撰写时间。下一步，美联社计划将机器新闻写作推广到其他领域，例如体育新闻报道或失业数据统计报告。

机器新闻写作不仅会对新闻报告的撰写产生影响，还会对所有内容营销的创作产生影响。由于内容营销需要持续发布，所以大多数公司都需要不断补充故事。这将表明，人工智能是否只能处理面向用户的数据和新闻（如财务报告和体育报道），或者是否能够创造出吸引读者并有助于公司宣传的精彩内容。

为了预防用户对内容产生厌倦（关键词：厌倦），机器新闻写作需要面向目标群体乃至精确目标人物编制内容。几乎取之不尽的内容主要来源于人们提供的有关自身的免费信息（例如，通过社交平台）。网络营销中的定向营销和个性化推荐（例如，亚马逊）是这方面应用的一个简单例子。虽然这些应用使用了一些统计数据，但远远没有达到使用人工智能的程度，所以内容创建技术的未来一定会有一个巨大的飞跃。

Acrolinx 是德国人工智能研究中心（DFKI）下属的子公司，主要业务是通过 SaaS 平台提供文本内容质量自动检测及创建服务。Acrolinx 使用人工智能引擎，根据企业的特定目标分析语言、语调和词汇以及品牌条款和专业术语。大多数企业都会针对需求特定信息的不同目标群体发布内容，所以在撰写时必须考虑到这一点，同时不能忽略品牌价值。另外，在关键节点吸引用户也很重要。

为了实现上述目的，Acrolinx 提供了两种功能。一方面，在创作过程中实时修正，使内容更清晰、更符合目标群体的需求；另一方面，基于人工智能的内容检测可以按照事先设定的条件执行。这就使出现问题的内容能够在企业的全部宣传系统中快速、可靠地检测出来。Acrolinx 中包含了一个复杂的分析组件，能够让企业将分析结果与效果参数关联，以便确定哪些内容会产生良好效果以及效果如何（见图 4.15）。

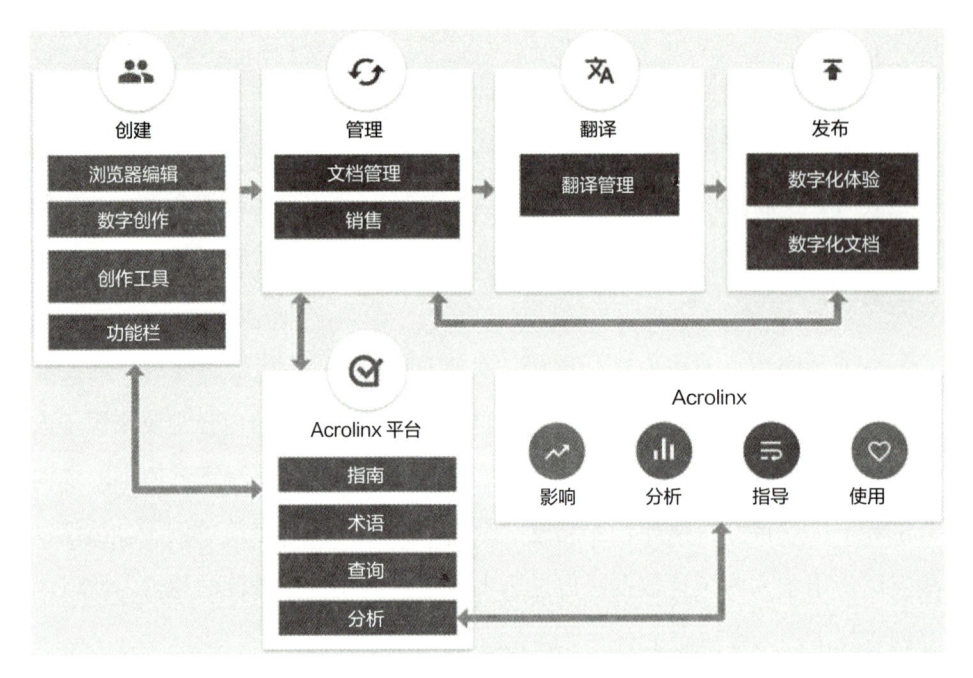

图 4.15　用于内容创建的 Acrolinx 平台

内容营销的另一个重要任务是在社交平台上为用户提供自动生成的内容。其中包括了脸书、Snapchat、WhatsAPP 和微信等主流平台。很多情况下，用户不再停留在公共信息空间，而是或多或少地停留在封闭空间。为了更方便有效地使用户接收，所有内容都必须独立发送才能产生预期效果。因此，人工智能除了创建内容之外，还需要具备信息分发功能，以便于内容能够有效地发送给目标人群。

内容创建还有一个有意思的功能，就是将文本转换为视频。某些新闻视频就是根据文本内容自动生成的。彭博社（Bloomberg）、美国全国广播公司（NBC）、路透社（Reuters）和天气频道（The Weather Channel）等新闻机构已经在应用这项技术。科技初创企业维比茨（Wibbitz）2019 年高调宣布,（基于维比茨的解决方案）将文本转换成视频已不再是梦想。"利用人工智能技术可以最大限度减少成本，提高投资回报率（ROI）。我们的文本视频转换技术可以在几秒钟内为你完成视频的初步处理，提高工作效率。"（见图 4.16）。

分析和总结文本　　　　将视频和文本合为一体　　　　加入品牌标识

图 4.16　将文本转换为视频

IBM 在 2018 年的温布尔登网球锦标赛中展示了视频转换技术。IBM 沃森自动记录下比赛当中的精彩镜头，然后在大屏幕上播放。这些精彩视频还可以同时通过各种媒体渠道播放。

在内容创建和内容分发方面，由于智能自动化程度的提高，预计未来从业人员的数量会逐步下降。

4.2.6　图像识别

第 1.3.2 节中介绍的人脸识别技术是一项令人兴奋的营销应用。通过对人脸图像的分析可以从人身上获得更多特征（图 4.17）。作者在 2018 年访问北京商汤科技时有幸亲身体验了年龄识别（43 岁）技术！系统在显示出作者年龄后，立即推荐了相关化妆品产品。因此，系统推荐面向的是使用技术的用户。

北京商汤科技通过在广告中加入有趣的噱头展示了人工智能技术的另一个用途。通过手势控制，人工智能会根据算法为人脸实时生成一些有趣的小附件。因此，在图 4.18（左）中，可以通过手势控制动态生成小爱心，而在图 4.18（右）中，生成的是一对小耳朵。这一功能受到许多 Snapchat 用户的

企业 AI 之旅

图 4.17 从人脸识别中获取更多数据

图 4.18 用手势比心以及其他有趣应用

欢迎。我们不应低估这些看似毫无用处的小应用，正是这些有趣的小东西让我们在毫无知觉的情况下通过人工智能进入无所不包的数字世界。很多商业领袖在其人生历程中都未曾体验过数字世界的强大。所以，他们如今的一些决策并不符合新消费者群体的诉求。因此，如今的应用程序不仅带给我们便利，更是数字世界的未来！

知识点

玩乐性质的应用程序能够弥补人类和人工智能之间的鸿沟，你的企业有没有兴趣投资这个方向？

亚马逊 2019 年推出了一个图像和视频分析平台亚马逊 Rekognion。要使用该平台，用户只需通过应用程序接口（API）接入该平台即可使用。需要处理的图像和视频要先上传到亚马逊 S3 服务器中——亚马逊的云计算服务。平台可以识别出物体、人、文字、场景和活动。

亚马逊 Rekognion 还可以用于图像和视频的人脸分析和人脸识别。这一功能可以识别、分析和比较各种场景的人脸，使用范围包括用户验证和公共空间的人数统计，还可以用来监控公共区域的人流量。使用亚马逊 Rekognition 时，只需要将识别 API 添加到相应的应用程序即可，十分简便。与其他人工智能系统一样，该系统通过不断学习新数据来提高识别物体（如自行车、电话、汽车、建筑物）、场景（如停车场、海滩、商场、城市）和活动（"快递派送"或"足球比赛"视频）的准确率。亚马逊 Rekognion 可以提供批量和实时分析。费用根据图像数量或视频长度以及存储空间大小而定，例如，人脸图像的数据库。

亚马逊 Rekognion 还具备面部分析功能。用户可以指定上传图像和视频中的特征，如情绪、年龄、睁眼还是闭眼、眼镜、胡须等。在视频中可以捕获这些特征的变化。在人脸图像中区分快乐、悲伤或惊奇等情绪。最有意思的是实时分析现场人脸图像（例如，商店监控）并确定人脸当前可能的情绪（见图4.19）。分析得出的结论可以实时发送到多个终端。

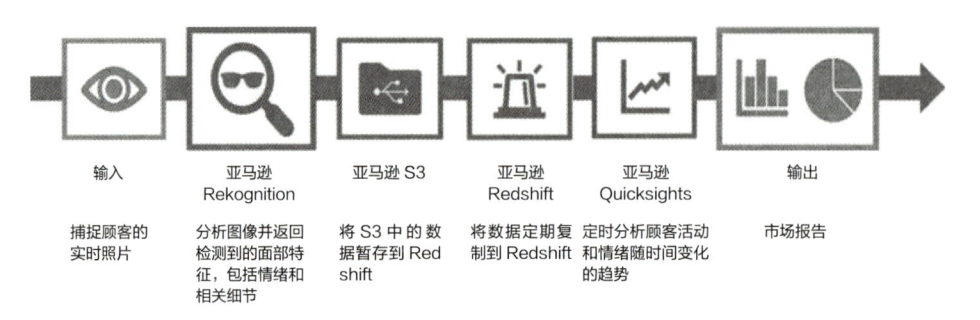

输入	亚马逊 Rekognition	亚马逊 S3	亚马逊 Redshift	亚马逊 Quicksights	输出
捕捉顾客的实时照片	分析图像并返回检测到的面部特征，包括情绪和相关细节	将S3中的数据暂存到Redshift	将数据定期复制到Redshift	定时分析顾客活动和情绪随时间变化的趋势	市场报告

图 4.19 零售业中的情绪分析

视频可以用来分析行为属性，例如购物中心的运行模式或足球比赛后的庆贺行为等，另一个有趣的特性是监控潜在威胁。亚马逊Rekognition可以识别图像和视频中潜在的不安全及不适当因素。通过独立的监控标准来确定哪些行为正常，哪些行为具有潜在威胁（见图4.20）。

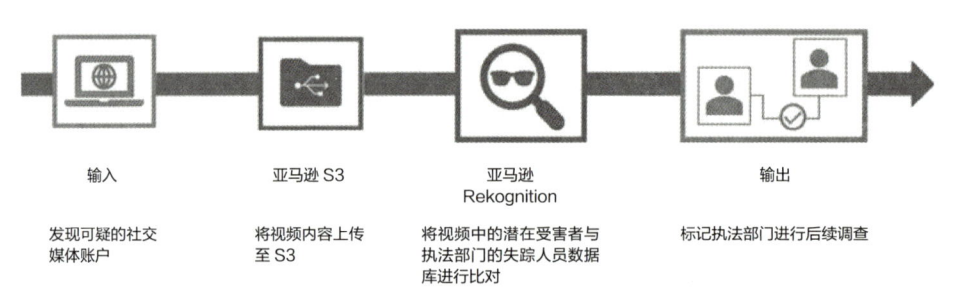

输入	亚马逊 S3	亚马逊 Rekognition	输出
发现可疑的社交媒体账户	将视频内容上传至S3	将视频中的潜在受害者与执法部门的失踪人员数据库进行比对	标记执法部门进行后续调查

图 4.20 在社交媒体中搜索对象

还有一种特殊的识别是身份识别，系统可以在人脸图像和视频中识别出某些已知人员的身份。这个功能可以用于特定的营销推广，另外还可以识别文本，例如街道和城镇名称、铭文、产品名称和车牌。

亚马逊Rekognition还可以用来帮助警方寻找嫌疑人。监控视频捕捉人脸，将其与事先准备好的犯罪嫌疑人或者失踪人员人脸照片进行比对，以此来提高救援或逮捕效率。

> **知识点**
>
> 为安全起见，所有具备面部识别技术的应用程序必须要符合所在国家的相关法律法规要求。

4.2.7 错误检测

错误检测是人工智能的一个重要应用方向。本质上来说，这是一种从多种在线信息中筛选出错误信息的功能。在开发这类人工智能算法时，最大的挑战就是获取合适的学习数据。毕竟，在各种内容不断推陈出新的信息海洋中，区分哪些信息"正确"和哪些信息"错误"的标准一定要有效，因为持续不断的信息更新会导致昨天还是错误的信息今天就突然正确了。以下是几种"错误"的形态：

- 彻头彻尾的错误。
- 可以产生正确的结果，但是解读错误。
- "伪科学"，也就是没有真实的科学依据（例如，非普遍性调查）。
- 假新闻、假报价及假推荐信。
- 犟嘴、狡辩。
- 反讽。
- 内容中某些其他来源的引用未经作者认可。
- 部分段落被曲解，导致传达的意思与作者的初衷完全不符。

引发的思考

美国大选和英国脱欧投票等事件充分证明了及时检测倾向性及虚假新闻是多么重要。目前，有个别组织在有针对性地向人们传播虚假信息，以此来诋毁和攻击某大国，这也能够说明检测错误信息的重要性。

在这方面，人工依然要占据主导地位，脸书和谷歌等社交平台的客服中心就分配了专门人员来检查所有发布的之前无法明确认定的内容。

这里要注意的一点是检测社交平台上的虚假账号，这样的虚假账号也称为"马甲"。马甲的含义是伪装出一个不存在的身份或者伪装成别人，虚假账号通常有着明确目标。个人隐私受到合法保护，但是虚假账号却以保护个人隐私为借口，在社交平台散布谣言，引起对立情绪，破坏社交平台规则，故意挑起争端。

经常有报道称，脸书和推特关闭了上百个虚假账号。我们假设，就在同一时刻，大量新的虚假账号又从所谓的"怪物工厂"打造出来。网络中的"怪物"是一个人，这个人会挑动其他讨论者的情绪，破坏交流环境，传播有倾向性的虚假信息。除了社交平台以外，讨论群、微博和论坛也都有"怪物"活跃。这些"怪物"还会将虚假信息放到维基百科和百度百科上来，迷惑公众视听。这些"怪物"在视频和其他社交平台上的评论都是假的，而且还通过骗取用户回复来提高账号等级，就这样一条所谓的热帖就被稀里糊涂地伪造出来了。

对于平台运营商而言，鉴别和剔除这些害群之马并不简单。如果鉴别标准设置得太严格，那么无辜的账号也会被关闭，原因可能仅仅是他们转发了虚假信息以求关注。如果标准过于模糊，许多害群之马就有可能逃脱。我们可以利用人工智能技术来监控发帖内容。系统的触发因素可以设置为发帖时间和发帖频率，专门针对某群体的帖子，帖子的主要内容及风格等。

引发的思考

人工智能在检测虚假信息方面越来越先进,但同时也促进了其生成虚假信息的能力。

虚假信息的早期检测与企业的不同业务领域有关。首先是在营销领域,人工智能应该具备快速检测营销内容是否具有倾向性(虚假)的能力。风险控制、研发、销售,甚至人力资源也都可以通过早期检测避免虚假信息。企业通常会受到如下攻击,而且这些攻击方式可以互相交叉组合(图 4.21):

- 通过企业、代理及产品来散布虚假信息。
- 通过散布有关产品和服务的虚假信息来劝阻潜在客户。
- 伪造企业员工身份散布虚假信息,损害企业形象。

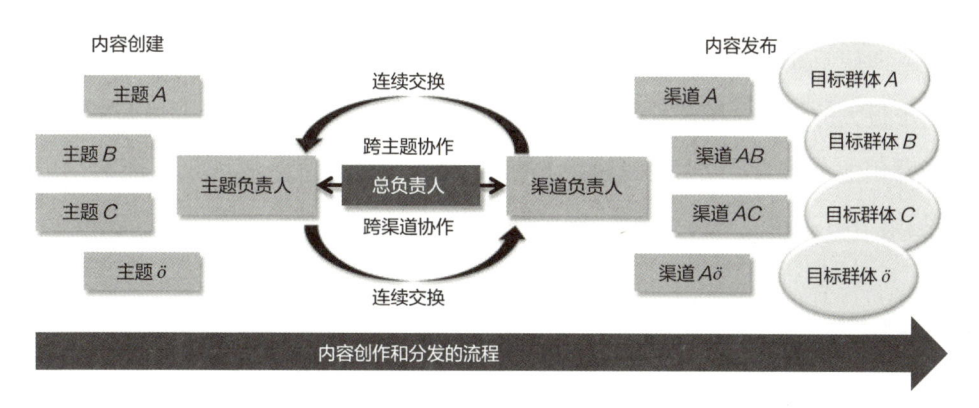

图 4.21 新闻中心的工作流程

对于企业来说,对这些虚假信息进行综合评估和解读是一个艰巨的任务。因此,最好的解决方案是成立一个单独的新闻编辑部门。新闻编辑部门的职能与报社、电视台及广播电台的编辑部门类似,全面负责关于报价、品牌、战略发展和企业动态方面的业务,这样能够快速统一地对攻击做出反应。另外还可以处理来自客服中心的反馈信息、社交平台的宣传以及来自网络监听的内容。接下来还要提前确定工作核心,并全面负责外宣渠道和具体内容等业务。这样一来，企业就能做到对市场的全方位观察。

未来几年内，人工智能可以在企业营销中取得以下成果。数值代表人工智能技术在营销领域实现的附加值。这一结果基于麦肯锡对不同企业采用的 400 多种人工智能技术的调查分析而来。

- 客户服务管理：4000 亿 ~ 8000 亿美元。
- 下一个购买的产品（个性化购买建议）：3000 亿 ~ 5000 亿美元。
- 定价和促销活动：3000 亿 ~ 5000 亿美元。
- 有购买意向和潜在客户：1000 亿 ~ 3000 亿美元。
- 预防失业：1000 亿 ~ 2000 亿美元。
- 渠道管理：1000 亿 ~ 2000 亿美元。
- 产品开发 / 产品开发周期：2000 亿美元。

即使不谈供应链管理和生产，上述环节也在现阶段的利润创造方面体现出了极大的潜力。关于这些数字不必过于认真，重点是你要认识到人工智能在营销业务中会产生巨大利润，希望这会成为你深入了解人工智能的动力（见第 10.3 节）。

小结

- 潜在客户预测和潜在客户分析是人工智能应用的一个重要领域，它们可以用低成本来吸引客户。
- 通过新客户的特征来识别相同特征的人群。
- 人工智能可以提高预测分析的质量。
- 个性化推荐（关键词搜索）有助于提高客户忠诚度。
- 人工智能可以用于媒体推广业务。
- 人工智能的环境信息检测功能可以用于情景营销。
- 人工智能应用程序可以促进会话商务的发展。

- 人工智能未来的发展趋势将是纯语音控制。
- 人工智能可以通过情绪分析功能识别信息内容的真实含义，并可以用于网络和社交平台的监听。
- 人工智能可以动态跟踪定价。
- 人工智能可以创建内容以及分发内容。
- 人工智能检测图像和视频的功能可以开辟一些有趣的用途。
- 对人工智能来说，检测虚假账号和虚假信息是一项艰巨的任务。
- 单独的新闻编辑部门可以承担企业的外宣及内容检测的任务。

第5章

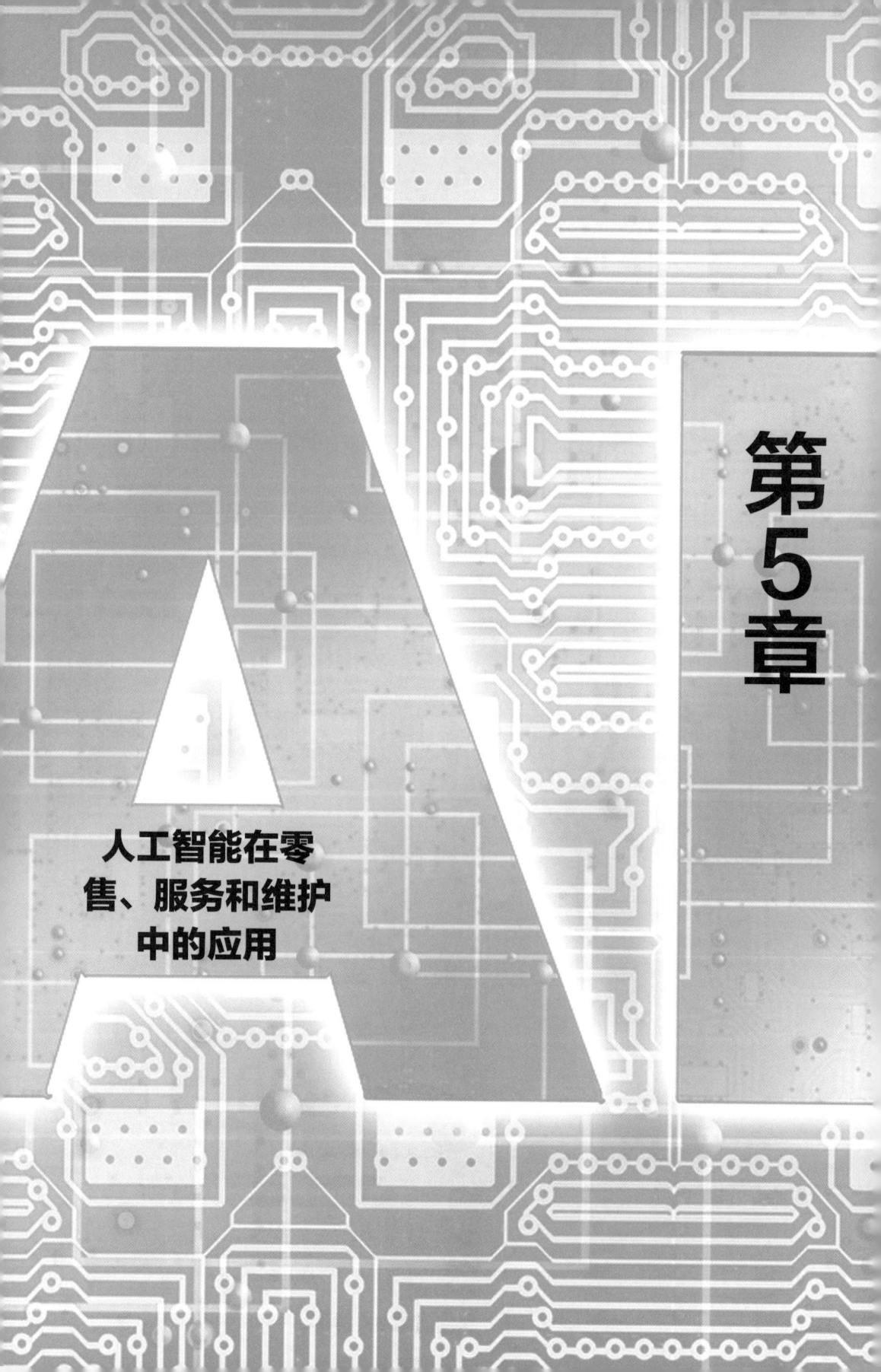

人工智能在零售、服务和维护中的应用

> 本章主要介绍如何通过人工智能技术来分析零售行业的完整价值链；虚拟营业员会成为实体零售业的有益伙伴；还有预期发货、屏幕或桌面互动以及自动购物车将如何改变零售业的格局；人工智能还可以预测购买行为；预维护的概念可用于基于使用权而非所有权的新业务模型；强化消费者市场中的企业—用户关系，产生预测性服务。

5.1 零售价值链

通过人工智能对价值链的分析表明，零售业的短期和中期策略与促销、计划、采购及物流有关。合理的预测不仅有利于采购管理，还有助于提高促销效果和对目标群体的优化。未来几年，零售业的下列方面会对我们构成挑战。

- 人脸识别应用程序的使用和人工智能系统中自然语音功能的发展会提高虚拟助手的使用率（见第4.1.3节和第4.2.2节）。虚拟助手会取代人类亲自在实体商店接待我们，他们不仅可以接受现场交易，还支持预购，然后还能为后续的购买环节和产品的使用方法提供指南。

- 人工智能应用程序可以用于零售业中的产品促销。SO1（2019）向用户承诺会推出更有效的促销活动。该促销活动的指导思想是基于大数据来提高促销的个性化程度。为了做到这一点，SO1发布的人工智能应用程序可以用于各种媒体终端，并能够集成到现有系统、工具和流程当中。

该应用程序通过自主学习推广渠道为用户创造个性化推广体验。其中包含了3个方面：智能推荐、优化折扣和品牌促销。SO1为食品零售店和药店提供了软件服务方案。通过输入的数据，人工智能应用程序可以精确预测如果没有优惠，消费者会选择什么产品；哪些优惠会促进购物；多大折扣才能促使消费者购买额外产品。另外它还能够分析消费者对于陌生类别和产品的偏好。美国和德国的主要食品和药店零售商都开始使用 SO1 方案来增加销售额和利润。SO1 使用的是第 10.2 节中介绍的软件微软 Azure。

- 亚马逊的策略是预先发货。其原理是在消费者尚未购买的情况下提前备货。以前，预期订单的产品会先运输到离潜在消费者位置较近的分销仓库，一旦消费者购买产品，那么仓库就会以最快的速度将产品交付给消费者。未来则先将产品交付给消费者，同时注释：

"我们知道你在考虑这款商品，因为它的确很适合你，所以我们提前将它快递到你手中。"

这对我们来说是否是一种完美服务？或者，这是否是一种可怕的监视行为？

- 便携式屏幕和平板电脑可以识别用户选择的产品，并根据人工智能算法向用户推荐其他合适的产品和服务。推荐的产品会根据用户过往的购买历史以及购买力和生活习惯来决定（授权系统获取数据）。

- 自动购物车可用于实体店铺购物。自动购物车在商品结算之后，会自动将商品运输到我们的车辆，或者由机器人或无人机送货上门。

- 人工智能应用程序可以面向不同客户播放个性化广告。店内设置信标，允许店内的客户接收个性化优惠（图 5.1）。

- 无现金购物时代。店内的监控设备通过图像来识别消费者都选择了哪些商品。传感器则用于确定哪些商品放入了购物车，哪些商品又被放回货架。顾客出门时，系统会直接访问顾客的数字账号来自动扣款。亚马逊 Go 无人便利店已经将这个概念变为现实。

- 商店内，货架价格会实时更新，实现前文中的动态定价功能。根据天气情况、竞争对手的价格以及库存水平等情况，货架价格可以不同于厂家建议价格。动态定价和厂家建议价格并无关联性，所以无法一起比较（即使

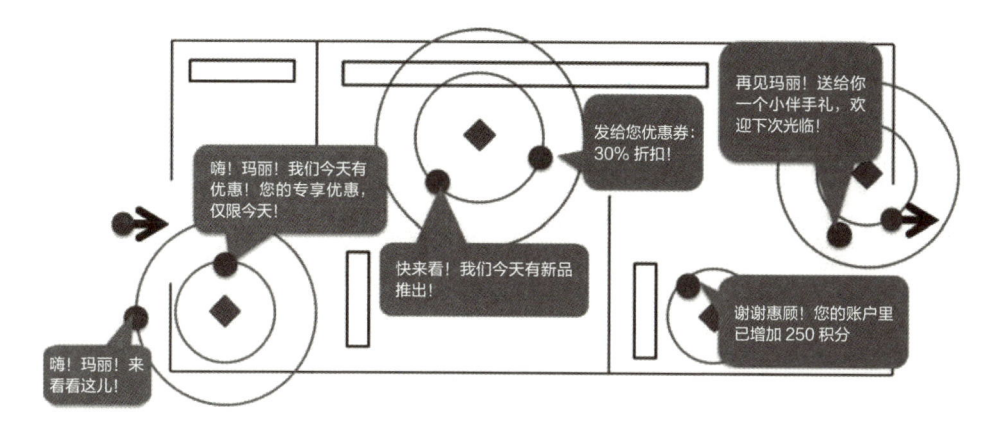

第 5 章　人工智能在零售、服务和维护中的应用

图 5.1　零售店内的信标技术应用

是实体店铺），消费者的看法如何还有待观察。而另一个挑战是如何访问大数据。

- 基于人工智能的货架监控系统可以识别消费者正在挑选的商品的库存情况，并在商品售罄前分配机器人重新补货。这一功能基于人工智能的预测机制。

- 最后，自主无人机会在消费者指定时间或人工智能算法计算出的最佳时间接管最后一千米的产品交付。

电子商务中的数字对象识别功能有着独特的优势。人工智能系统可以识别用户感兴趣的图片上的产品。Zalando 网络商城就提供了这个功能。Zalando 的简介中写道："通过识图功能，你可以拍摄美丽的街道，并根据风格搜索与之颜色和图案搭配的产品。你提供的照片仅供 Zalando 用于照片识别，不会用于其他用途。"

照片拍摄完毕后，Zalando 网络商城会搜索相关产品。在用户同意 Zalando "访问照片"前会显示"请允许 Zalando 访问你的照片，你可以选择目标照片并将其保存在'记录'栏目"。但是这也意味着 Zalando 可以访问你设备里的所有照片，所以用户基本没有隐私可言了（截至 2019 年 5 月）。另外这项功能还可以扫描服装上的条形码，前提是服装的主人没有异议！

引发的思考

人工智能是否能够帮助传统的实体商店与网络商店相抗衡？或者这两个群体之间的差距在越拉越大？答案取决于谁拥有更多的数据、更强大的算法以及相应预算支持的更合格的人员。不需多想便可得出结论，传统的实体商店，尤其是规模较小的商店很难赢得这场人工智能竞争。

5.2 零售业中的购买行为预测

图像识别可以为零售商提供用于预测购买行为的依据。用户在脸书账号上传自己背着普拉达（Prada）或古驰（Gucci）包的照片，自己和豪车的合影，还有逛大商场或五星级酒店的照片。通过这些照片可以看出用户渴望的生活以及喜好的品牌。甚至可以根据品牌、价格和尺码对衣服进行分类，然后再对应到指定的款式。脸书从我们身上获得的数据越来越多了。

分析还不止于此，脸书曾在一项研究中将16万美国用户分为"喜欢狗"和"喜欢猫"两种类型。理论上来说，狗是社交向的动物，比较冷静；而猫则偏向保守、独立，性格难以预料。现在的问题是这些特征能不能够反映到相应的用户群体中。我们来看看下面的问题：

- 谁的社交圈子更广？
- 谁更像是单身？
- 喜欢哪些电视节目？

两个用户类别之间可以看出下列差异：

- 一般来说，偏见可不是无中生有的！
- 以脸书好友的数量作为参考标准，喜欢狗的人性格更开朗，其脸书好友的数量平均要比喜欢猫的人的好友数量多26个。
- 像狗子一样，喜欢狗的人在网上的社交范围更广。

- 要求喜欢猫的人参加更多活动。
- 喜欢猫的人倾向于跟其他喜欢猫的人交朋友，同样喜欢狗的人也倾向于跟喜欢狗的人交朋友。
- 喜欢猫的人与其他喜欢猫的人成为朋友的可能性要比与普通人中随机选择某人成为朋友的可能性高 2.2 倍。
- 喜欢狗的人与其他喜欢狗的人成为朋友的可能性要比与普通人中随机选择某人成为朋友的可能性高 1.8 倍。
- 喜欢猫的人的单身比例（30%）要比喜欢狗的人的单身比例（24%）更高，也许是前文中那 26 个朋友帮助喜欢狗的人摆脱单身的。
- 喜欢猫的人更喜欢待在家里：他们更喜欢看书、看电视以及看电影（根据脸书的倾向程度调查）。

脸书的情绪管理功能可以用于检测用户的情绪状况（用"兴奋""忧郁"等表示）。喜欢猫的人发丧气内容的帖子要比其他人多，但他们在生活中也很快乐，充满了爱，喜欢猫的人表达情感较多。

知识点

无论我们做什么，无论我们拥有什么，无论我们在旅行还是在家里待着，无论我们是一个人还是和许多人在一起，只要我们在脸书上分享动态、上传照片和视频、分享位置，脸书就什么都知道。

人工智能能够自动收集和处理原始数据，还有强大的模式检测和精确的行动指令。消费者会对其中一些功能感兴趣，对另一些则没有感觉。

5.3 服务与维护

人工智能在设备预维护方面的应用比较广泛。大型机械和设备不应该在只有发生故障时才维修，而应该采用前文中提到的预见性方法（见第3章）主动排查故障隐患。设备上的各种传感器可以在其运行过程中记录下各部件、设备和大型机械的运行参数和生产数据。人工智能算法从这些数据中分析出整体维护和易损件更换周期，推测可能会产生的故障。易损件的更换应在设备未出故障时进行，这样可以避免设备停机，并优化客户和企业期望矩阵中的"简化"和"自动化"领域（图4.1）。

预维护的概念与目前占主导位置的集中维护的概念截然不同。目前，维护一直根据时间段和机器运行周期来决定，例如客车、公共汽车和货运卡车的定期保养等。日常维护中，有些零件可能还能坚持使用很久，但维护手册却强制要求到期更换！

以下是预维护的必要步骤：

- 提前收集汽车、设备及大型机械的零部件和整体性能数据。这一步可以通过物联网传感器和维护日志来实现，另外还可以导入说明文件和设置信息。例如，在全球其他地方使用的相同型号设备的性能说明。如果室温、气压和湿度等环境因素会对设备带来的影响，那么也要将这些参数纳入分析范畴。
- 利用人工智能算法对数据进行分析和评估。
- 根据说明书要求和设备状态来分析故障概率和维护周期。
- 根据分析结论执行预维护任务。例如，根据预维护系统的信息，有一架飞往旧金山的空客A380需要更换零部件，那么旧金山机场开始自动订购并储备所需的部件，以便这架空客A380在5小时以后降落时能够立即更换部件。同时人们还对客梯执行保养和清洁措施，使飞机能够继续安全运行。在这一环节，地勤人员可以借助VR系统的帮助来提高维修效率。

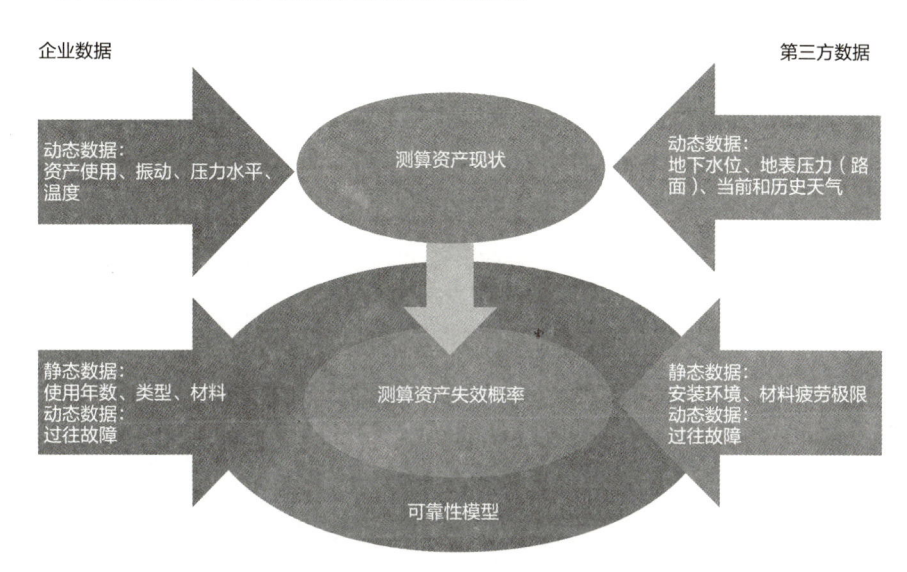

图 5.2 显示了内外部数据源的交叉情况。

图 5.2　预维护模型

知识点

> 预维护理念的核心是在故障发生之前及时排除隐患，防患于未然。通过实时分析相关数据，可以随时准确处置，及时订购所需备件。

预维护可以大幅度减少停机停产的时间并优化维修团队，提高员工工作效率；另外还可以优化备件库存。通过获取的数据，预维护还能够进一步优化大型机械和设备的部署效率。

预维护的部分应用领域如下：
- 发动机监控（如飞机、船舶、汽车）
- 风力发电机监控

企业 AI 之旅

- 生产设施监控
- 电梯监控
- 管道监控

在生产过程中，如果传感器检测到设备过热、震动或者其他不正常的运行情况，就会自动将信号发送至维修站。飞机、船舶和汽车的服务人员在着陆、进港或进入车间时就知道该采取什么措施，提前准备好所需的备件。传感器在监控生产设施和电梯时，可以提前发现潜在故障，然后对员工发出维护指示。预维护的应用如图 5.3 所示。

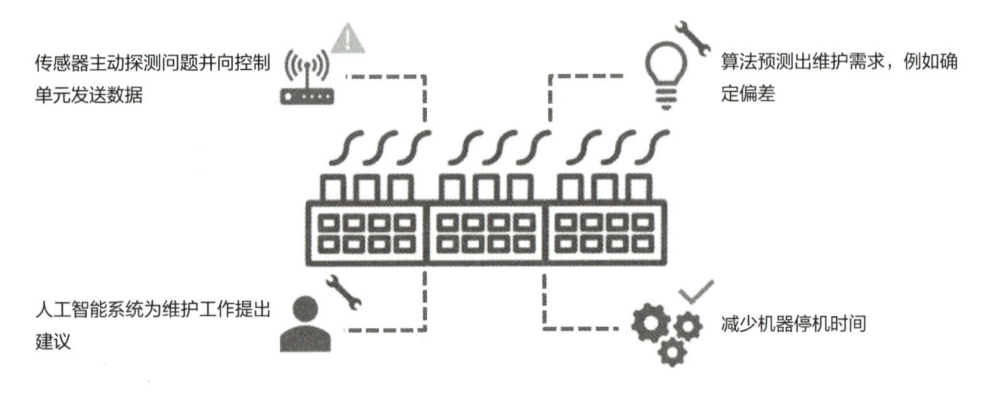

图 5.3　使用人工智能实现预维护功能

预维护可以实现以下效果：

- 避免生产中停机
- 工厂生产效率提高 20%（基于更少的停机时间）
- 维护成本降低 10%
- 监控成本降低 25%

北德（TÜV NORD）开发了一个独特的应用领域，用于监控集装箱、公路、桥梁以及管道。将集成有传感器的应变仪放在部件连接点，不仅可以测量材料的延展率，还可以测量其表面温度。数据流持续传输到在线监测系统来检测材料表面是否存在裂纹。这样一来，在问题发生之前就可以采取补救措施。

预维护的概念也诞生了一种全新的商业模式，即将"维护服务"销售给客户，而不是将设备或大型机械销售给客户。这项服务可以按小时计费，随用随付或按次付费。由于企业和客户之间可以保持全面长久的合作关系，所以关系会越来越紧密。企业的责任不仅仅是提供一次性的服务，而是代表了企业和客户关系中生产和服务领域的结合。

知识点

> 根据麦肯锡的研究结论，预维护可在未来几年内产生 5000 亿~7000 亿美元的附加值。这一优势足以让你考虑采用预维护的可行性。

预维护的概念也可以用于消费市场，这里可以称为预服务。假设日常物品都具备物联网功能，所以万物之间可以互相产生数字关联。这一理念不仅可以满足消费者对于加强物品易用性的诉求，还能够满足企业的诉求。如下所示，零售业的部分功能可能面临着淘汰。

浓遇咖啡推出的智能遥控自动咖啡机就是一个出色的例子。"Prodigious 是世界上第一台智能蓝牙遥控自动咖啡机，它可以通过智能手机或平板电脑上的浓遇咖啡 App 来遥控，让我们以全新的方式享受我们的咖啡。机器可以自动检测咖啡胶囊，规划冲泡时间，通过遥控启动冲泡，并提醒你按时保养咖啡机。"

Prodigious 型咖啡机的综合功能可以通过这几步实现：咖啡机能够联网；用户注册浓遇俱乐部以后，提供了个人信息；购买不同颜色咖啡垫可以让系统了解用户的偏好，然后通过这些信息制定个性化产品。

浓遇咖啡系统的应用程序可以显示咖啡胶囊的使用量。结论通过对未来平均消耗量、购买周期以及快递时间计算得出，未来甚至可以通过人工智能的预测功能来实现。因为浓遇咖啡知道用户在冬天会消耗掉更多咖啡，而且偏好重度烘焙，所以按照这些标准可以直接为用户发货，而用户不需要经过传统的购买流程。这种预发货功能的基础是人工智能对所有数据的分析。从这里就可以看出预服务（非预维护）在类似环境下的作用。

这里还可以产生另一种特殊的效果：如果用户认可了浓遇咖啡的服务，那么其转向更低成本咖啡的意愿就会降低！这显著增加了用户的忠诚度。

知识点

如今，预服务的应用前景比较广阔，但市场依然是一片空白，你可以考虑在这方面下一番功夫。

小结

- 对零售行业的整条价值链进行人工智能分析十分值得，同时还能确定特定领域的人工智能发展潜力。
- 未来，虚拟服务员将出现在实体店铺。
- 预发货功能会为用户减少很多麻烦。
- 随着便携式屏幕和平板电脑的应用，更多的先进技术将会出现在零售业中，并且能够为用户提供更全面的服务。
- 不久的将来，自动购物车就会帮助我们在实体店铺买东西。
- 用户还可以通过在实体店铺里的具体位置（环境营销的一种变体）来接受越来越个性化的广告推广。
- 我们现在已经实现了无现金购物。
- 用户是否会接受实体店铺里产品价格的动态变化还有待观察。

- 基于人工智能的货架监控会降低货物售罄的概率。
- 对于电子商务企业来说，对象识别功能可以将用户肉眼看到的产品转换为他们想购买的产品。
- 人工智能技术提供了预测购买的功能。
- 预维护的概念如今已经开始普及，未来的前景十分广阔。
- 预维护的概念可基于使用权而非所有权来开发新的业务领域。
- 预维护的概念强化了企业和客户之间的关系，并产生了预服务的概念。

第6章

人工智能在医疗保健、教育和人力资源管理中的应用

第 6 章 人工智能在医疗保健、教育和人力资源管理中的应用

> 在本章中，你将了解人工智能在医疗保健领域的不同应用。人工智能可以全面评估健康数据，提高诊断质量；还可以承担医疗领域的常规检测任务，将医生和护理人员解放出来，能腾出更多时间与患者相处。人工智能还可以提高培训和继续教育效率，尤其对培训师本身进行教育，因为知识也在日趋更新。通过虚拟现实和增强现实技术，人工智能在企业当中也有了广阔的应用方向，尤其在人力资源管理方面可以做出贡献，例如招聘新员工。在线平台还可以促进供需结合。

6.1 利用医疗应用程序优化就诊流程

未来，人工智能在医疗领域的普及可以极大地提高人类的生存质量。如今已经有许多大型人工智能企业在医疗领域做出贡献，包括谷歌、IBM、伊莎贝尔医疗（Isabel Healthcare）、日本电气（NEC）、Nuance、微软、Ipsoft、Rocket Fuel 和 Fingenius 等。

医疗数据的数字化使人工智能能够在医疗领域发挥重要作用。从患者病历到检查结果，再到可穿戴设备和个人体检报告，人工智能都可以发挥极大的优势，具体表现在以下方面：

- 同时检索数十万或数百万份历史照片和文字档案（包括注释）来辅助诊断。
- 实时获得医疗专家在过往病例（包括临床试验）中的发现和经验。
- 评估患者的完整病历，通过链接形式提供相应数据。
- 人工智能自动询问患者，补充缺失信息以及证实猜测。
- 通过第三方的治疗历史和结果制订治疗方案。

医疗领域中的人工智能可以分为以下几类：
- 诊断支持
- 诊断替代
- 治疗支持
- 治疗替代

在实现这些目标的过程中，存在大量问题需要克服。医生对病人病历的解释和诊断结果的跨领域共享（或许是出于数据保护）都是其中的一个问题。在很多国家，医疗保健单位比较分散，患者的病历（包括诊断、治疗和治愈的完整文件）也不统一，所以基本无法评估。另外，与所有人工智能系统一样，在医疗领域中诸如沃森等人工智能系统也需要大量数据来强化学习。很多国家都缺乏综合统一的基础数据库。

现在，具备单一功能的人工智能应用程序已经投入使用。专用于癌症检测的人工智能应用程序（沃森肿瘤解决方案 WFO，Watson for Oncology）目前已经有 230 家医院采用。沃森健康收集的数据被纳入人工智能算法，用于进一步训练沃森肿瘤解决方案。前文中提到，每个人工智能系统都要针对各自的应用领域进行校准。在医疗保健方面，首先要了解所有医学术语、医学论文以及检查结果。另外，人工智能系统必须熟悉常用医学缩写，所有医疗指南和常用疗法都要涵盖在内。有时候沃森系统甚至无法识别医生的语音命令。总结一下，就是人工智能系统必须有足够的医疗数据支持其进化，直到系统具备与优秀医生同样的医疗水平。从诊断支持到诊断替代还有很长的路要走。

2016 年的卡梅隆大竞赛为医疗人工智能提供了灵感，人机合作才是最好的解决方案。哈佛大学和麻省理工学院的研究项目组开发了一种用于检测转移性乳腺癌的深度学习算法。比较病理学家与人工智能预测的正确率。第一次测试中，病理学家的预测正确率为 96.6%，人工智能的预测正确率为 92.5%。第二次测试中，病理学家与人工智能合作，预测正确率达到了 99.5%。

病理学家和人工智能根据实际情况进行分工。病理学家能够更好地评估某人患有乳腺癌,而人工智能则更善于判断某人没有患乳腺癌。与其他团队一样,个体的不足可以得到其他成员的有效补充,所以处理效果也会更理想。对于人工智能来说,在缺少数据支持的情况下会很难作出正确决策。相比之下,人类通常更难以在面对大量数据时立即作出正确的决策。所以人类和机器的不同特点可以结合起来。要么人工智能从旁辅助,然后人类根据其建议作出决策;要么人类从旁辅助,然后由人工智能来判断。任何情况下,人工智能仍然只是起到诊断支持的作用。

丹麦人工智能企业快速公司(FastCompany)对旗下 Corti 人工智能系统进行了测试。Corti 的任务是在紧急呼叫中心监听急救电话。当患者发生心脏骤停时,时间就是生命,每耽搁一分钟,患者的生存概率就会减少 10%。因此,快速确诊心脏骤停对于紧急呼叫中心来说是一个艰巨的任务。毕竟,患者的朋友亲戚在打来急救电话时的语无伦次会极大地干扰呼叫中心的判断。

哥本哈根的紧急呼叫中心就使用了 Corti 人工智能系统。呼叫中心接到报警时,Corti 也加入连线监听对话,根据对话内容进行评估,最后将评估结论实时通知呼叫中心。Corti 不仅能够分析报警人的词汇和语气(语调),还能够屏蔽背景噪声。这就使得 Corti 对心脏骤停的检测成功率达到了 93%,而人类的检测成功率为 73%。

6.2 数字孪生和人脑计划

人工智能在医疗保健领域的另一个发展方向是数字孪生。第 2.5 节中曾介绍过为设备和大型机械创建数字孪生。同样的道理,医疗机构可以为人体器官(例如,心脏、肾脏和肝脏)或者完整人体创建数字孪生。人体数字孪生可以用于模拟身体状态和治疗效果,目的是在不将大活人当作小白鼠的情况下实施正确的治疗方法。

德国的弗劳恩霍夫研究所、海姆霍兹联合会以及西门子医疗和飞利浦等机构和企业正在致力于通过数字孪生技术辅助人工分娩。时至今日，还无法预测该技术何时能实现突破。我们希望使用数字孪生不仅能对所有患者数据（如实验室值、CT 和 MRI 检查数据）进行综合评估，还能模拟从预防到诊断、治疗和善后护理的整个过程，并在此基础上实现最佳护理方案。这是一个典型的支持诊断和治疗的人工智能程序。

过去，医疗专家通过观察和实验活体生物来获得"体内"知识。未来，这一切都可以在"体外"进行，也就是通过试管实验进行。这类实验已经可以电子化，而且芯片都是用硅造的，所以称为"硅化"。

人工智能的另一个发展方向是人脑计划（HBP）。这一计划能够促进开发神经疾病的替代疗法的研究。由各领域的科学家组成的跨学科专家团队正在通过医学信息平台互相交换研究成果，这些信息来自患者病历、神经科学知识和临床研究结果的组合。

在欧洲，该领域的研究主要由一个重要的欧盟资助项目推动，目的是彻底研究人类大脑，并将研究结论应用于人工智能系统。最开始，人们认为人类大脑会在 10 年内被计算机模拟出来，而现在这一计划早已放弃，对于人类"常规"智力的复制仍然是无法逾越的鸿沟。

人类基因组计划如今已经取得了丰硕成果。2003 年，人类基因组在经历了 13 年的艰苦研究、花费了 23 亿美元后被成功解码。如今，同样的分析只需要花费不到 100 美元，而且耗费时间极短。根据人类基因保护情况，通过这种方式得出的信息可由其他来源的个人数据来补充。信息源包括可穿戴设备、人工智能程序，甚至是个人社交平台。通过基因组和其他个人数据，可以创建个人健康信息，其中包括所有遗传基因。所有这些信息可以用于制订符合用户遗传基因的营养计划。另外，还可以制造出个体化药物，这种药物专用于相应的用户，能够在药效和副作用之间做到最佳平衡。

这种情况引发了安吉丽娜·朱莉效应（Angelina Jolie effect）。由于家族基因遗传，安吉丽娜·朱莉曾做了乳腺癌基因测试，结论显示她患乳腺癌的风险特别高，所以在 2013 年 5 月，她宣布为了避免罹患乳腺癌，切除双乳。从这时起，越来越多的女性热衷于接受乳腺癌基因测试。而由于某些家族遗传原因，女性患乳腺癌的风险增加到了 80%。

2018 年，中国的研究人员首次使用基因剪刀（官方称为 Crispr/Cas9）来"修剪"人类胚胎，使其永不会感染艾滋病。基因剪刀对试管婴儿有效。在全世界范围内，对人类进行实验引发了激烈的讨论。

引发的思考

我们对未来一无所知，有可能这才是真正有意义的生活。如果我们早就知道自己去世的时间以及死因的话，那我们还能够真正地面对自己和生活吗？如果我们知道自己在 62 岁的时候有 94% 的概率死于肾衰竭，那么我们会不会在日常生活中积极地采取预防措施？

显然，知道太多和知道太少都会产生负面影响。所以，这种问题还是尽早处理为妙，不要错过人工智能的发展浪潮。

知识点

Alexa 的功能支持简单的自我优化模式。 德国医疗保险公司 TK（Techniker Krankenkasse）推出了相关产品，用于帮助用户通过智能冥想练习放松。这一产品将正念和放松技术融入了日常生活。用户通过命令"Alexa，启动智能放松"来开启功能，然后选择不同的放松单元或者选择自己喜好的播放内容。

Digisole 公司推出的智能鞋也具备自我优化的功能。通过智能手机，鞋子可以自动加热、调整减震以及自动收紧鞋带。众多电子产品集成到鞋子里，为消费者带来了舒适和便利。人工智能算法还可以在早期阶段检测疲劳情况和受伤风险，另外还能够为用户提供合理化的训练方案以及音频指导。鞋子里的运动追踪器持续记录用户行进的速度、距离和消耗的卡路里。健身和人工智能的组合将带来全新的产品开发方向。

另一个例子是运动器材制造商安德玛（Under Armour）和 IBM 沃森的合作项目 HealthBox。其中，人工智能系统从用户的身体活动、体重（包括体重指数）和营养模式中收集健康信息，并制订训练计划。整套系统由 Fitbit 手环、电子秤和心率传感器组成，智能手机上的"UA 记录"应用程序会接收所有传感器的数据。通过 IBM 沃森来智能分析所有数据流，再根据用户的年龄、性别和活动水平等提出个人训练或康复的建议。为了推销 HealthBox，安德玛在近年来建立的 3 个在线健身社区中推送了广告。安德玛现在拥有 1.65 亿用户，已然成了最大的在线健康生态系统。

人工智能的进一步应用是如今的聊天机器人和专家系统。它们以个人健康管理应用程序的形式出现。应用程序为用户提供常见疾病症状的医疗方案，通常还会提供进一步的医疗功能。另外，它还集成了按时提醒用户服用处方药的功能以促进用户的顺从性。顺从性指的是患者积极参与治疗的意愿，按时服药就属于顺从性的范畴。

6.3 基于人工智能的医疗实例

小型企业也有机会通过创新解决方案在医疗保健市场分一杯羹。健康类应用程序艾达（Ada）医生就是其中一个例子。这家来自柏林的初创公司于 2011 年开始开发数字医疗知识数据库。该公司的目标是为所有用户提供高质量、个性化的个人健康信息。该应用程序于 2016 年推出，目的是帮助用户轻松获取医疗信息。2017 年，艾达医生在全球 130 个国家的苹果应用商店和谷歌 play 商店的医疗保健类应用程序中下载量排名第一。2018 年，其用户数量超过 300 万，使用艾达辅助完成的症状诊断超过 500 例。艾达医生还集成了两个人工智能应用程序：一个是带有 NLP 界面的专家系统。聊天机器人会询问用户身体情况。如果用户告诉机器人自己身体不适，那么人工智能就会介入，诊断用户身体情况，然后决定下一步措施（图 6.1）。

图 6.1 艾达健康助手

艾达医生对用户身体状况的询问更像是医生问诊。在许多国家，这种行为根本不能称之为诊断，因为只有医生才有资格诊断。艾达医生给出的结论实际上是一种决策选项，用户可以从中看出自身的健康问题更符合哪个结论。第 1.1 节中提到的可解读人工智能概念可以应用在这方面。

未来，艾达医生还可以评估皮肤的照片或视频、传感器数据、其他应用程序的数据（例如，手环）或基因信息。德国禁止远程医疗服务，所以艾达医生无法对用户提供真正意义上的诊疗。在 2018 年的第 121 届德国医学大会上，德国医学界以绝大多数赞成票同意解除远程治疗禁令。其目前的目标是允许医生"在个别情况下"可以通过社交平台为患者提供诊疗服务，但前提是保证"医疗公正和必要的医疗护理"。

心电图（Cardiogram）是一款苹果应用程序，通过苹果手表来检测用户心率。心电图程序的原理是通过基本数据和预测功能在用户心脏病发作之前及时做出反应。该程序通过收集和对比其他用户的数据有效提高了反应的精准度，目前已经实现了97%的检测准确率。准确率每增加一个百分点，都需要更多的用户数据。

2010年在英国成立的DeepMind Health公司正在寻求更先进的方法。该公司的目标是为患者、护理人员和医生提供最先进的人工智能技术。该公司于2014年被字母表公司收购。先进技术的加入避免了患者因为没有及时得到正确的治疗而加重病情甚至死亡。现在，许多医疗系统仍然缺乏必要的工具用于立即生成检查结果、确定治疗方案，并确保每一位急诊患者都能得到专家的及时治疗。为了实现这一目标，DeepMind Health与支持远程人工智能医疗服务的医院合作，让患者尽可能快速、准确地接受检查和治疗。

Streams是英国皇家自由医院信托基金会目前使用的医疗应用程序。如果患者病情严重恶化，Streams就会立即通知医生。下面的例子中，由于患者肾功能发生病变，确诊为急性肾损伤，需要立即治疗。因此，2017年2月的一天，英国皇家自由医院的Streams系统工作如下：

- 进行了2211次血液检查。
- 检测到66次肾功能病变。
- 发出23次AKI警报。
- 为11位患者召唤治疗。

其中，需要治疗的11位患者中包括败血症和高血钾症患者，60%的患者可在一分钟内复查，2例危重病例可远程复查。Streams就是典型的诊断和治疗复合型医疗应用程序。

人工智能辅助手术就属于治疗支持范畴。它们可以在微创外科手术中弥补外科医生的先天缺陷，比如有些人类无法执行的操作可以交由人工智能来执行。一项针对379名骨科患者的研究表明，与外科医生相比，人工智能辅助手术导致的严重并发症降低了20%。人工智能同样也应用在眼科手术领域。目前最先进的手术机器人达芬奇能够辅助外科医生执行更复杂的手术，而且手段要比传统手术更丰富。在手术过程中，医生不再站在手术台边，而是站在附近的一个控制台上，通过控制台的三维图像界面控制手术机器人。如今的手术机器人主要应用在泌尿外科、心肺科和腹部外科。未来，手术机器人还将被用于长时间的太空任务，例如协助阑尾切除手术或牙科治疗手术。具体操作将由地球上的医生远程控制机器人执行。

未来，人工智能分析数据的功能和机器人的执行功能可以结合在一起。机器人通过人工智能提供的数据，可以在手术过程中引导外科器械精准行动，预计会将患者的住院时间降低21%。人工智能还能够分析历史手术记录，用以开发新的临床技术。这一计划现在看来颇有希望。

上述功能可以提高手术效率和效果。另外，从中获得的经验还可以与患者的术后情况和长期健康情况结合起来，这需要一个完整的患者病历。

对于患者的护理还可以引入虚拟护士技术。从与患者交流到向患者提供护理，虚拟护士可以接管大部分业务。由于虚拟护士可以24小时待命，所以可以持续监测患者状况并回答问题。如今，虚拟护士主要用于患者的定期检查。前文提到的医疗保健程序再配合上虚拟护士，可以覆盖完整的诊断治疗链。另外，虚拟护士还可以扮演保健专家的角色，包括身体检查、检查体重和保健运动情况，提供健康食谱以及睡眠监测。

EDAN系统代表了虚拟护士的最新发展情况。EDAN主要用于为严重运动障碍的患者提供辅助。具有五根手指的机器手臂对于用户来说十分安全，并且可以与周边环境互动。机器手臂不需要用操纵杆控制，而是用贴合皮肤表面的传感器检测肌肉信号（肌电图，EMG）来控制。为了提高机器手臂的易用性，所以使用了共享控制技术。机器手臂通过人工智能中集成的广泛知识来预测用户意图，并按照用户的意愿执行动作。如果机器手臂检测到玻璃杯里是饮用水，那么根据用户肌肉的EMG信号来执行动作命令，机器手臂就会安全地握住玻璃杯。

知识点

> 如今，智能机器人已经用于某些特定的家庭环境，例如陪伴单身的老年人。一位 77 岁的机器人用户说："我觉得这种机器人还是挺有用的。第一天晚上，我感觉不舒服，我知道计算机会崩溃，那么机器人也能崩溃吗？……虽然这样，但我觉得机器人还是会为我的生活质量带来提高。在你刚踏进家门的时候，它就会来迎接你'嗨，迪特林德，欢迎回家'。"

人工智能还可以承担医疗机构的行政工作。智能语音助手可以简化通信，并在需要时生成书面文件。人工智能系统可以负责撰写医疗计划、医嘱等文字。克利夫兰医疗中心和 IBM 沃森合作使用人工智能技术管理部分业务，主要是对数据进行评估分析，然后协助医生研究新的治疗方案。

引发的思考

人工智能通过承担医疗机构的日常工作来解放医生和护士，他们就会腾出更多时间放在患者身上。

机器人在医院物流系统中的应用代表了医疗保健领域的进一步发展。松下研发的物流机器人 HOSPI 可以将药物、耗材、病历和检查报告输送到病房，为医务人员节省了大量跑腿时间。新加坡樟宜综合医院就采用了四台物流机器人。它们可以全天候工作，自主将物料送到医院内的所有站点，而且只有在计划维护时段以及充电时段暂停运行。这些机器人配备了大量传感器，可以自动避开诸如病床、轮椅、人员等障碍物。机器人自重 170 千克，载重 20 千克。

总而言之，人工智能在医疗保健领域的发展前景可以总结如下：

- 人工智能系统可以通过移动设备提供远程诊断，方法是将记录的信息与数据库进行比较，提出营养和运动建议或者发现潜在的疾病。
- 人工智能系统可以通过分析患者病历并结合环境因素来检测用户的健康风险并制订预防方案。
- 虚拟医生可以在医疗保健平台将注册用户推荐给合适的医生，以避免转诊错误和等待时间。
- 基于人工智能的自主诊断设备可以独立执行简单的医学检查。这样，医生和护理人员就可以从日常工作中解脱出来。
- 利用可穿戴设备可以为用户提供早期诊断，避免了患者入院后再诊断。这一概念的原则是将被动性医疗转换为主动预防性医疗。
- 基于人工智能的诊断工具可以实时访问大量历史医疗数据和患者记录，所以能够更快、更准确地做出诊断。
- 可以使用人工智能制订个性化治疗方案，更全面地根据特定患者的需要调整治疗方案，提高治疗效率。
- 药理学方面，可以将统一效果的药物发展为定制化药物，必要的话，还可以使用专属药物。
- 数字孪生可以大幅度降低实验次数和错误率。
- 人工智能算法可用于医院运营管理。工作人员的部署和药品储备可以根据实际情况进行调整，实际情况包括患者的行为、症状或预期恢复时间，以及区域和季节性因素（如计划内的情况）。
- 人工智能根据人口整体健康发展结果为用户制订预防措施。总体而言，可以降低住院和治疗费用。

一个国家在医疗方面的发展前景取决于本国医疗数据的可用性和数量，如果医疗数据分散在大量机构、医院、药店和保险公司，国家医疗部门就无法具体了解每个患者的情况，人工智能也就没办法覆盖这些数据。

当前德国的情况是卫生保健系统的潜力尚存，还可以进一步发展：

- 市面上已经推出了众多医疗保健应用程序，极大地改善了医疗保健环境。
- 目前已有超过 10 万个健康应用程序，29% 的德国人已经在智能手机上安装了医疗保健应用程序。
- 德国超过 50% 的在线用户每年至少在互联网上搜索一次与健康相关的信息。
- 变化主要发生在第二卫生市场，也就是传统卫生系统之外。除了许多初创公司之外，各互联网巨头也开始在医疗保健领域开疆拓土。
- 许多解决方案都是由供应侧驱动，它们不太符合医疗保健的实际情况。
- 由于缺乏创新评估标准，市场在很大程度上仍然不透明。
- 医疗服务机构应积极抓住数字化的浪潮，并将其转化为面向客户的解决方案。

引发的思考

尽管人们对人工智能在医疗保健领域的广阔前景充满了希望，但是其中也存在一些问题。比如医生对患者的良好态度能不能提高治愈患者的成功率。

随着人工智能的发展，纯技术类的知识将不再占据主导地位。未来，"好医生"应该更具共情能力和高度的沟通能力，情商低、沟通能力差的医生未来会慢慢被淘汰。

过度治疗也会产生风险。过去认为，良好的睡眠也是一种有效的治疗手段，但人工智能医生却随时待命，总有用户会问一些特别焦虑的问题！

6.4 人工智能在教育领域的应用

几十年来，教育界一直在讨论如何借助科技的力量推进教育革新。人工智能技术的分析预测功能可以帮助教育系统完成一项重要任务：在公众需求

（技能提高和个人发展）和未来市场需求之间保持平衡。理论上，这就能让教学计划提前适应未来的需求。做到这一点，不是昨天或今天，而是明天。不幸的是，大多数国家都做不到这一点。

如今的人工智能平台更多地集中在网络学习平台、混合学习、大规模开放在线课程（MOOC）以及在线付费学习平台。可以看出，学习内容正在从纯文本信息慢慢转变为视觉信息，也可以说是从谷歌转变到油管（YouTube）。在线物流信息平台已经开始用于学术教学（例如，Moodle）。老师们可以在 Moodle 上提供学习资料、创建课程表、与学生交流以及创建单词表。学生们可以下载信息、查看课程表、查看其他同学的情况和消息并上传作业。因此，老师和学生可以在任何地点上课，这也可以称为移动课堂。

德国的学校教育已经开始上线了云课堂。哈索·普拉特纳研究所正在与 MINT-EC 校际联盟的 300 所学校一起开发和测试该系统。该项目由联邦教育和科技部资助。但是，云课堂还不算是真正的"智能化"，最初它只允许教师和学生访问该系统并上传学习资料，更多的功能还在开发中。

重要的是，学校和大学教育不注重固定结构中的死记硬背式学习，而是倡导灵活的独立学习方式，以培养学生的创造力和主动性。在数字世界中，教学生使用移动设备检索信息来死记硬背根本毫无意义，但是创建自己的知识库也很重要，这为学生发展个人的价值观提供了基础，也为激发创造力提供了先决条件。

知识点

无知者信万物！

人不仅要尊重事实，还要建立自己的世界观，这样才能客观地看待世界。面对复杂的情况一定要以批判的态度看待。人看待事物要有自己的主见，这样才能发现万物和因果之间的巨大差异。

知识点

> 为了迎接未来，我们要做好充分准备，需要开发各种学习知识和提高能力的方法，来促进我们创造性、计划性、自主性、主动性等方面的提升以及提高沟通和思考的能力。

混合学习的概念可以促进人工智能在教育系统的应用，这是一种多学习概念的组合，比如在线课程和线下课程就可以形成混合学习。人工智能的引入有助于确保在线学习资料更符合学院的学习水平，帮助其克服学习障碍，具体功能由智能辅导系统（ITS）配合在线学习来实现。自然语言处理是卡内基口语或多邻国（Duolingo）等语言学习系统的核心技术。如数学学科的卡内基认知导师等智能教学系统已经在美国高中投入使用，智能教学系统还可以用于医学、遗传学或化学等学科的高层次教学。通过用户和系统的一对一教学可以提高学生的学习效果，这是大班教学很难做到的。像Bettermarks这样的云服务可以使用新媒体帮助学生提高数学能力。在一项以文学和数学为中心的智能学习系统有效性的综合研究中，大多数结论都能证明该系统会带来积极效果。

MOOC代表了另一种人工智能学习方向。MOOC是高等教育和成人教育方向的在线课程，由于不需要入学限制，所以会有大量用户。用户的学习行为会被系统记录下来，可以用于分析学习方式、学习地点、学习阶段以及最新内容等信息。通过对记录的分析可以发现用户在学习中的不足之处，然后提供建议以确保学习质量。总体来说，人工智能技术非常适合个人学习。

引发的思考

在非洲国家，基于 MOOC 的教育方式能否成功地减缓那里迫在眉睫的人口大爆炸问题？人们早已注意到，人口受教育程度的提高会带来生活水平的提高，从而降低人口增长速度。这些投资会对人类做出重要贡献。

除了 MOOC，使用人工智能技术的付费在线培训课程也正在发展。教育网站 Lynda 就是一个例子。该网站为管理者和高管提供各种在线课程来促进其素质提升和职业发展。

自动图像检测功能通过网络摄像头来检测人们在困倦、兴奋、无聊时的面部表情或手势等肢体信息，以确定学生的学习状态。中国已经应用了这种系统。在英国，图像和语音识别已经用来检测学生的学习障碍和学习习惯，该功能的源数据甚至包括了学生在社交平台里的动态，而且能用来确定学生的成绩指标。该功能还可以连续检测学生的学习过程，不仅包括学生在课堂上走神的次数，还能检测出学生回答问题所需的时间，以及在回答出正确答案之前尝试的次数。图像识别、眼球追踪、运动分析和学生的情绪分析都可以让教师更加了解学生的学习能力、思维和认知能力，前提是学生同意上述检测方案。

现在的问题是，人们是否有意愿实现上述概念。一方面，人工智能监测涉及全面监控，所以学生的隐私必然会受到严重侵犯；另一方面，各种传感器和摄像头必然涉及大量资金投入。所以这一概念可能会仅用于某些特别领域（比如特殊教育学校），另外，如果财政情况允许，私营教育机构和军队等可能也会应用。

我们认为，人工智能的另一个有趣功能是使学生深入自我分析之后能够提高学习的主动性，当然这一功能也需要学生许可。通过自我分析，可以有目的地提升自我能力。同时，系统也可以获取到相应的数据，以便深入开发人工智能算法。

自主学习的概念核心是知识的学习不必局限于校园内。随着时间的推移，自主学习将伴随人的一生。新的知识可以随时更新，让学习者紧跟时代的脚步。同时学习者还能够自主选择学习的内容。

如今，所有人都面临着知识更新的挑战，而终身学习的理念就是保证人们不被时代淘汰的关键点。全世界的教育和培训理念都需要实时调整才能实现进一步发展，这样才能应对就业市场的挑战。图 6.2 显示了各学段的时间跨度。今天的公共教育重点是幼儿教育、学校教育、代表着职业生涯开端的职业培训：高等教育。这就在很大程度上忽略了一个事实，也就是人们会将最长的时间段（通常超过 40 年）投入到专业工作中。专业工作的需求变化越来越快，范围越来越广。未来即将进入求职市场的新生代年轻人不得不在没做好准备的情况下投入工作。互联网、数字化带来的挑战以及人工智能还不属于我们的研究内容，因为这些方面的发展还没展示出它们真实的潜力。

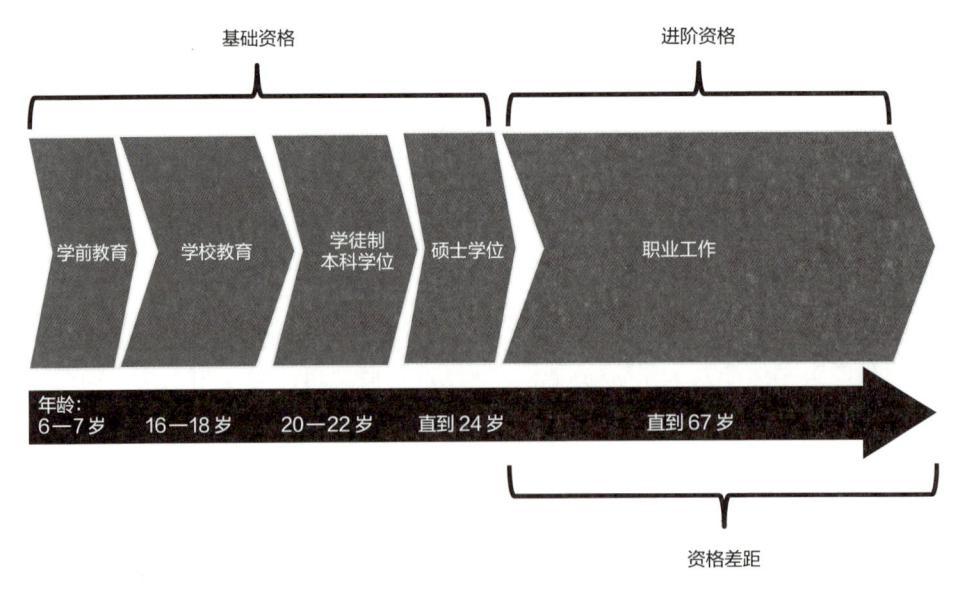

图 6.2 各学段的时间跨度

往后几代人，工作的变化会越来越快。下面的情况证明了这一点：

- 今天，数十万员工在做着 20 年前还不存在工作：程序员、社区管理员、UX 设计师（UX 指的是用户体验）、SEO 专家（SEO 指的是搜索引擎优化）、社交媒体经理、大数据分析师、云服务经理、CDO（首席数据官）、人工智能开发人员、机器学习专家等。
- 预计今天 70% 的学生在未来将从事现在尚不存在的工作。
- 10 年后，员工将使用目前尚未投入使用的技术，有可能是量子计算和智能微尘（参见图 2.6 中的高德纳公司周期）。
- 未来的员工必须解决目前未知的问题。

从企业和社会的角度来说，为了成功应对这些变化，必须要及时更新资格认证来弥补空白。重要的是，员工并不会原地等待企业主动改变。如果任职企业没有意识到时间带来的差距或者没有采取行动，员工就要调动自主学习能力来追赶时代。

引发的思考

对于义务教育、高等教育乃至政府来说，制定个人学习和教学方案以及整体的教育方案是一个关键领域，这一举措将在国家层面为缩小学习时间跨度做出贡献。

在人工智能控制的世界里，老师扮演的是什么角色？首先，人工智能可以担负起检测和回答常见问题等烦琐的行政工作，所以老师就能被解放出来，用更多的时间来提升自己。总体来说，老师将作为导师和训练者来密切参与资格认证的过程。这就需要老师具备情商、创造力和激励能力等能力。未来几年内，机器人都无法具备这些能力。

在某些传统的学习领域，人工智能也可以取代老师，例如批阅简答题和选择题。在分析书面文字内容方面，人工智能取得了长足进步。GradeScope 等企业的产品已经可以用来帮助老师批阅论文，并且能够节约 50% 的时间。GradeScope 主要依靠图像识别技术来分析笔记——就算是老师也不一定都能立即看懂。人工智能根据设定的学习内容来自动批阅试卷。现在的技术可以用于客观题的批阅，比如选择题。另外，对于需要记忆的试题，例如拼写检查或记忆历史事件等现代的技术也都可以胜任。但是对于历史事件的个人看法却无法自动批阅，而且可能永远也无法自动批阅。毕竟，大多数人都对历史事件有着自己的见解！

另外，虚拟督导可以监控和辅助老师的工作。如上所述，如果学生对某些课程不感兴趣，或者抵制课程，虚拟督导就可通知老师。哪怕是在某些特殊情况下，也能够主动将情况发送给主要负责人。通过这种督导，老师可以考虑制定相应的课程方案以及鼓励学生，让课堂回归正轨。

联合国教科文组织估计，到2030年，全世界需要招聘和培训2440万名小学教师来确保小学教育的普及。另外还需要4440万名教师填补中学的空缺。许多新老师（超过85%在小学）需要健康地流动。通过人工智能系统来满足对教师的巨大需求到底是一个梦想，还是真正的未来？在第三世界国家，这方面的需求尤其巨大，许多人往往很少有获得教育的机会，有些人甚至根本没有。人工智能系统可以通过互联网促进教育的普及，但具体操作取决于各国政府决策和现有的基础设施。

在这方面，学习机器人可以作为补充，但不能替代老师（缺口）。通过触觉功能和拟人化外观的加持，学习机器人对于儿童的吸引力颇大，容易启发他们的探索精神。从技术来说，这些机器人小帮手可以充分激励儿童。Dash&Dot等机器人甚至可以让孩子们在平板电脑上开发创造应用程序，让他们第一次体验了编程。玩乐教学的概念是未来发展的推进剂。机器人应该在学校里为教师提供教学辅助，既不能取代老师，也不能当作一个百无一用的大玩具。

人工智能方案可以为教学领域带来广阔的前景，而不只是辅助培训。这就是标准的混合学习——也就是不同学习方法的组合，如在线课程和线下教学、虚拟督导等。

中国现在已经将虚拟督导用于实时监测学生的行为，即使是在线学习，也能够让老师实时掌握学生的状态：

- 学生是否感兴趣？
- 学生睡着了吗？
- 学生是否怯场？
- 学生在课堂上活跃吗？
- 学生是否在与同学闲聊？

以上信息会立即传输给控制中心，也可以传输给教师，教师对此立即做出反应。学生的家长也都可以查看信息，检查自家孩子是不是在认真学习。

全新的教材可以为无聊的孩子们提供有趣的内容，激励他们学习课程。学生的兴趣被激发起来后，课程的内容就也会越来越复杂——所有学生都是如此。这就使课堂教学越来越多样化。

在瑞士，这一概念得到了更深入的应用。它不仅可以分析学生的面部表情，还能够通过物联网传感器来监测他们的在课堂上的活动。学生是在安静地坐着还是兴奋地跑来跑去？触发因素是什么？

目前，专业培训机构正在越来越多地使用合成型人工智能系统。比如通过 VR 眼镜可以真实再现课程内容，或者根据游戏原理来创建虚拟世界，学生可以在虚拟世界中进行实践训练：

- 乘务专业学生模拟训练紧急着陆时的安全措施。
- 助产士模拟训练为孕妇接生双胞胎时如何应对突发情况。
- 工厂评估零件安装错误时对生产带来的影响。

人工智能算法可以检测出学生在模拟训练时的失误并做出反应。这个环节全部都是模拟操作，并不会产生任何危险。

现在已经有各种增强现实技术（AR）用于日常的工作，主要通过有针对性和定制化的功能来辅助工作。数字眼镜（智能眼镜）或平板电脑可以查看工厂或流水线的运行数据，任何计划内的步骤切换都可以直接发送给智能眼镜。

蒂森克虏伯（ThyssenKrupp）牌电梯的维护就应用了混合现实，其核心是来自微软的全息成像眼镜。这种眼镜可以通过显示混合现实效果来帮助电梯公司的 24000 名员工更安全、更高效地工作。眼镜甚至在维修人员着手维修之前就可以显示出电梯的使用情况。在现场，眼镜可通过增强现实查看电梯的所有技术信息。如有必要，还能通过图像传输立即请求专家支持。员工可以读取眼镜中的信息，解放了双手。首次实验表明，在全息眼镜的帮助下，员工的工作速度可以提高 4 倍。

增强现实眼镜还可以面向学徒、初学者以及入门者群体。另外，某些罕见任务也都可以使用增强现实眼镜训练。如果操作失误，那么眼镜和平板电脑上就会出现报警，提示操作员立刻修正。技术专家和熟练工人可以通过相应设备随时了解生产进展，而反馈信息和指令则是基于物联网传感器的实时监测功能。

全球各大企业，如空客、波音公司、戴姆勒、通用电气、通用汽车、西门子和大众等都在使用数字化培训辅助系统来培训旗下员工，员工的素质越高，自主学习的能力也就越高。

引发的思考

"数字原生代"（自 1980 年起）的概念认为，这一代人已经具备了全面的信息化能力。但真实情况并非如此。这代人的信息化能力最多也仅限于使用应用程序，而且他们中的部分人根本分不清互联网上内容的真假。

在教育领域，新技术的普及并不意味着全面数字化。教育的主旨依然是教与学，因此，人工智能系统的角色应该是教学辅助，而不是替代老师。另外，教育者不仅是纯粹的知识传播者，而且还要培养学生的个性发展。

6.5 人工智能在人力资源管理领域的应用

考虑到复杂的雇用规则，人工智能系统可以有效覆盖人力资源管理领域。另外，还可以分析企业各部门之间的信息差，然后将其加入培训计划中。人工智能在评估潜在员工数据时可以有效提高招聘效率，前提是分析所需的数据能够用于开发人工智能算法以及相关的应用程序。人工智能对于员工信息的分析程度取决于各国的个人隐私保护法令。

另外，许多国家的人口现有素质与标准素质之间仍然存在巨大的差异，这可能是由于教育系统的不完善和就业市场的供需不平衡造成的。这意味着个体和国家的现有潜力无法得到有效利用，而人工智能可以在实现教育和就业之间有效沟通方面发挥着关键作用。今天，数字化技术已经为人才和就业搭建起了一座重要的桥梁。麦肯锡预计，到 2025 年，在线人才平台将帮助 6000 万人找到心仪的工作，将显著降低人力资源管理成本。

下面的例子是使用聊天机器人寻找工作的过程。找工作看起来还是比较困难的。

开始与 Jobo 聊天

开始

嗨！安德烈，很高兴见到你。我是 Jobo，我会帮你找到下一份工作。让我们从基础开始。你可以从菜单栏搜索新的工作机会，或者只需向我发送"搜索"命令即可。

设置条件，然后点击寻找工作

你要搜索什么？请注意，最好使用模糊关键词，如：教师、司机、销售经理等岗位，或者如 Java、word press 和 html5 等技能。

开发者

我在旧金山搜索到了 5601 个关于"开发者"的工作。

（显示出搜索结果）

工作可以通过对话框申请或者直接与发布者联系申请。祝你好运！

选项：更多结果｜保存搜索｜完成

你想申请下列工作吗？

程序架构师（初级），美国 Varite 公司，旧金山，加利福尼亚州，邮编 CA94105

选项：是｜否

接下来的对话记录中，我们将看到 Jobo 这种基于文本的聊天机器人的局限性。

嗨，Jobo

嗨！

能给我找份工作吗？

对不起，我无法理解你的意思，你要用关键字"能给我找份工作吗"来搜索工作机会吗？

不要！

你想要我做什么？

我想要在德国找份工作。

感谢使用。

你太客气了。

你很有礼貌。

我倒是希望礼貌能帮我找份工作。

很高兴能帮到你。你想要我做什么？

我都说了，帮我找份工作！

对不起，我无法理解你的意思，你要用关键字"帮我找份工作"来搜索工作机会吗？

算了算了！

你想要我做什么？

能帮我找份教职吗？

好的！

太棒了！在德国找！

感谢使用！

好的，帮我找到工作了吗？

对不起，我无法理解你的意思，你要用关键字"好的，帮我找到工作了吗"来搜索工作机会吗？

算了算了！

你想要我做什么？

找工作！

好的，你要求的工作地点在哪里？

法兰克福。

好的。你要在德国法兰克福寻找工作，对吗？

对！

你要找什么工作？

老师，我之前说过了！

对不起，我找不到关于"老师，我之前说过了"的工作。请更换搜索条件、使用简单的关键字或者扩大工作地区。

好的，我换一组关键字。

工作地点依然是：法兰克福？

对！

你要找什么工作？

老师。

我在法兰克福找到了21份关于"老师"的工作。你想保存搜索结果并了解新工作吗？

谢谢。我受够了。

再见。希望我帮到了你。再见！

实际上，大部分聊天机器人都会尝试着通过纯文本交流弥补语音交流中的缺陷，而且总局限于人类用户的某些常见问题。上面的对话记录表明，这种弥补缺陷的方式并不能奏效。

基于脸书聊天的求职平台 Moberries 的应用效果较好，案例如下：

嗨！玛丽。我是 Moberries 的小莫，很高兴见到你。我会帮你找到心仪的工作。

找份工作！

好的。你想在哪儿工作？请告诉我你所在的城市。可以从列表中选择或者输入城市名称。

柏林

好的。请告诉我你理想的职位。可以从列表中选择或者输入职位名称。

内容营销

好的。我在柏林找到了 1453 份关于内容营销岗位的工作。

通过事先设定的决策树，MoBerries 与用户之间建立了十分自然的对话。聊天机器人收集到足够的信息后，就会形成一份相关搜索结果的列表。

另外，人工智能算法还可以形成影响力更广泛的文本（例如，招聘广告）。Textio 公司推出了一个有趣的应用程序，叫作"增强写作"。Textio 通过分析全球各行业和各企业提供的大量数据，然后用预测引擎学习各种语言表达方法，以此来使沟通更有效和自然，产生完善的业务结果。各种不同情况下的数据都会成为增强写作的参考知识。

如何在应用程序里应用增强写作？Textio 分析了数百万份工作申请和招聘邮件，得出的知识可以用于增强写作。在用户申请工作时，新添加的工作很快就可以触发最优秀的申请。还可以使用增强写作形成的招聘邮件来回复兴趣度较高的候选人。例如，强生公司通过使用增强写作形成招聘邮件，对高分申请人的回复率提高了 25%。

引发的思考

虽然人工智能技术可以应用于人力资源管理，但有一点必须要强调：申请人最终被雇用与否完全由相关管理人员来决定。在评估求职者是否符合条件时，人类才是最好的决策者。我们人类有感情，有智慧，有思维，有思考。现在没有任何人工智能系统能够做到这一点！

因此，如果企业想保留招聘时的人性化，那么纯数字化标准的招聘或机器人招聘就是未来遥不可及的梦想。但是，没有人工智能的辅助，最好先别招聘！

我们引用麦肯锡的研究，确定了未来几年内人力资源管理方面附加值的发展潜力：

- 员工生产力和效率：1000 亿 ~ 2000 亿美元
- 招聘自动化：1000 亿 ~ 2000 亿美元
- 基于分析功能的人力资源管理：1000 亿美元

这些数据应该能够激励企业采用人工智能技术（见第 10.3 节）。

小结

- 人工智能在医疗保健领域有许多应用方向。
- 对健康数据的全面评估非常重要。
- 医疗分析可基于匿名数据记录，以提高诊断质量。
- 个人健康数据对于患者的诊断和治疗必不可少。
- 为数据保护法开辟了重要的应用领域。
- 人工智能系统可以辅助手术。
- 人工智能可以承担医疗机构中的常规任务，使医生和护理人员能够花更多时间与患者相处。

- 人工智能可以用于缩小培训和继续教育中的教学内容质量差距。
- 除基础设施外，老师自身也需要提高，因为他们的知识也在逐渐过时。
- 辅助学习系统的开发需要付出巨大努力，但只有少数国家才能做到。
- 通过虚拟现实和增强现实的应用为企业开辟了更多人工智能的应用领域。
- 人工智能还可以用于人力资源管理，例如招聘新员工。
- 在线招聘平台有助于实现就业市场的供需平衡。
- 聊天机器人在招聘中仍有很大的发展空间！

第7章

人工智能在能源、智能家居、交通和运输中的应用

第 7 章　人工智能在能源、智能家居、交通和运输中的应用

> 本章中，你将了解智能仪表能否大规模普及取决于能源网络的安全性。对于自动驾驶车辆来说，人工智能会大幅度减少因人为失误造成的拥堵和事故。除了优化陆上物流链外，空中物流链的重要程度也在日益增加。现有的物流基础设施可以得到更加充分地利用，以降低能源消耗和排放水平。

7.1　人工智能在能源领域的应用

如今，人工智能已经广泛应用于能源领域。智能电网可以提高供电安全性，并降低成本。供电系统的每个环节都有人工智能的身影：从发电、输电到终端用户。这里有一个比较特别的领域，就是电力供需情况预测。由于越来越多分散的可再生能源投入使用，如何平衡效费比就成了一个重要挑战。电网波动的频率随着用电情况的变化而变化，所以避免电网故障就成了电力系统中一个急需解决的问题。

在大多数国家，现代电网和智能电表已经投入使用，以便动态平衡电力供需。电力企业使用人工智能技术来预测和优化负载，而智能电网的应用允许小型电力企业（包括家庭）向地方出售过剩的电力。

在美国，自 2010 年以来，已有总计超过 90 亿美元的公共资金和私人投资用于智能电网的基础设施建设。欧洲的瑞典和意大利已经将全部电表更换为智能电表。从长远来看，如果相关的安全风险能够得到有效控制，那么欧洲国家可以在 10 年内完成智能电网的建设。早在 2011 年，中国国家电网就宣布计划投资 450 亿美元用于发展智能电网。2016—2020 年还将另外投资 450 亿美元。

谷歌收购的人工智能初创公司 DeepMind 正在与英国国家电网合作，主要负责预测电力供需。DeepMind 将天气情况和智能电表的数据结合起来分析，目的是将国家电力消耗减少 10%，并优化可再生能源的使用方案。

人工智能系统还可以帮助电力管理部门评估小型电力企业（包括安装太阳能电池板的家庭）的可靠性，分析他们的发电设备寿命和发电量。实际上，电网可以成为一个市场，其中除了传统的大型电力企业外，大量的小型企业也能够提供各种类型的电力（例如汽车电池、家庭的太阳能电池板）。智能电网可以整合这些小型电力提供者并统一管理，通过智能储电系统进行调配以便更好地利用这些资源。电力系统的理想发展情况如下：

- 传感器收集数据，并使用人工智能算法进行分析。通过分析的结果来优化发电机组，以便适应对应的风力和太阳能情况，提高发电效率。
- 人工智能可以预测电力供需情况，优化发电策略。
- 人工智能可以分析智能电表的数据，根据用户的用电习惯、当地气象条件和其他因素合理调整电力供应。
- 智能电线和人工智能共同形成智能电力供应，可以优化电网效率并确保供电安全。
- 电力企业的现场工作人员能够实时接收来自厂家的技术支持，缩短反应时间，预防故障或者缩短断电时间。
- 像昆虫一样大小的无人机和机器人可以在不中断电力供应的情况下发现故障及检查线路。
- 人工智能的应用将减少技术人员的数量。他们的主要任务将集中于制订解决问题的预案，文件也可以自动创建、分析以及转发。
- 智能客服可以用于电力企业的自动客服中心。基于人工智能的 CRM 系统可以根据不同的业务方向对查询进行分类，并可以预测坏账和解决技术问题。
- 人工智能的加入使电网也越来越智能。电网连接的单元越多，计算机病毒入侵的通道也就越多（也越不可控）。保证电网安全必须要比防御黑客军团更有前瞻性，这样才能避免整个国家陷入黑暗和停滞。

7.2　智能家居

智能家居系统是一个十分有趣的概念，因为该系统能够完美地集成到智能电网，并实现很多功能。本质上讲，智能家居是一个对内对外都全面连接的系统，在任何情况下都能够连接互联网和智能电网。在家庭内部，任何设备和家电都能够根据用户的意愿连接互联网，变成智能设备。下面是智能家居的一些例子：

- 窗户和卷帘
- 正门
- 车库
- 运动传感器
- 摄像头和对讲系统
- 烟雾探测器
- 照明灯具
- 插座
- 蓄电池
- 供暖
- 厨房灶具
- 洗衣机
- 气象设备
- 娱乐（音乐和视频）设备

到目前为止，即使智能电表的潜在节能效果相当有限，但其还能在电力使用效率方面产生效果。某些智能家居（视频监控、噪声传感器和烟雾探测器）也可以用于住宅小区的安全防盗系统。智能家居最重要的普及因素就是用户的便利性。毕竟相关的智能设备都可以在手机和平板电脑上通过互联网来操作。因此，在全世界的任何地方，只要有手机和互联网，就能控制智能家居系统：

- 控制照明
- 控制空调
- 控制收音机、电视和其他音响系统的音量

- 监控儿童房间（通过网络摄像头）
- 控制厨房的烹饪设备（如启动烤箱、咖啡机等）
- 控制冰箱（通过冰箱里的摄像头观察，实时传输到智能手机）
- 控制窗帘和遮阳帘
- 控制入户门和车库门
- 控制洗衣机

当用户没有控制某些功能，但人工智能算法通过分析过往经验确定该功能必须受到控制时，就会自动执行：

- 当用户的车辆距离车库 50 米并且车库内没有车时，车库门自动打开。
- 预计用户到家前 30 ~ 60 分钟时，根据一天中的时间情况来调整空调系统。每位家庭成员都可以设置各自的偏好。
- 开启入户门时，房间的照明根据家庭成员的偏好来调整。
- 根据用户的情绪（例如，从用户最近的脸书或推特消息中分析）播放"应景"的音乐（根据存储在 Spotify 上的个人偏好）。
- 根据个人偏好调整淋浴温度和水流。
- 自动启动咖啡机，具体取决于用户的偏好。
- 自动监控冰箱、食品储藏室和酒窖的存量，并自主决策是否采购（例如通过 Alexa）。
- 根据过往经验或提前计划自主提前定好清洁服务，清洁人员可以在预定的时间（密码或面部识别）进入家门。
- 洗衣机在不会干扰到用户或者电费最低的时间段自动启动，并计算出晾晒衣物的最佳时间。
- 通过婴儿的睡眠情况分析下一次的喂奶时间，将水及时加热到理想温度。

筹备 30 岁生日派对时，人工智能通过分析历史情况可以反馈下列信息：

- 派对都邀请哪些人？（通过脸书、电子邮件或 WhatsApp）

- 客人都喜欢什么风格的音乐？（分析客人的脸书和 Spotify 账号）
- 客人都喜欢哪些菜系：素食、肉食、有机食材？（分析客人的脸书、缤趣、Instagram 账号或者 WhatsApp 讨论组的帖子）
- 客人都喜欢什么酒？（分析客人的脸书、缤趣、Instagram 账号或者 WhatsApp 讨论组的帖子）
- 准备哪些食物？（根据冰箱里的食物存量评估）
- 准备哪些饮料？（根据冰箱里的饮料存量评估）
- 派对开始之前，酒和饮料是否有优惠？（根据价格和送货情况）
- 在哪儿购买？（根据之前的采购情况）
- 送给派对主人什么样的礼物？（通过派对主人的脸书、缤趣和 Instagram 等账号以及网飞和 Spotify 的偏好）
- 派对结束后的清洁工作将怎样开展？（通过之前举行过的派对照片和视频以及开派对房间的当前照片情况）
- 在哪里预约清洁人员？（通过 Book-a-Tiger 或 Helping 等服务平台中的用户评价以及优惠幅度和可用性）

知识点

你可以分析一下，在你的业务范围内有没有可能发展智能家居业务。你如何调整业务领域？

如今，多功能型服务机器人的作用越来越明显。2018—2022 年，全球范围内的服务机器人销售额增长了近 5 倍（图 7.1）。其中最受欢迎的是除草机器人和拖地机器人，但是智能雨刷却不太受消费者认可。

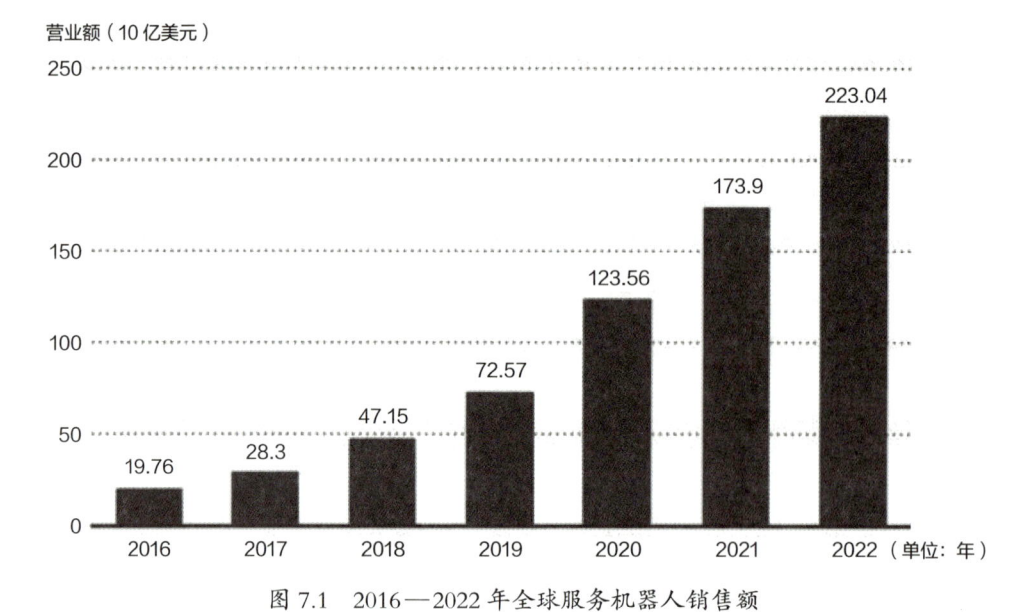

图 7.1　2016—2022 年全球服务机器人销售额

资料来源：转载自 Tractica（2018）。

世界知名供热、制冷系统制造商菲斯曼（Viessmann）紧紧跟随人工智能的发展脚步，通过收购和内部自研，推出了预约式供暖产品。届时菲斯曼将不再销售供暖设备，而是提供"供暖"服务。该产品能够进一步丰富智能家居系统的周边商品线，因此，供暖制造商就会发展成为独立的服务提供商，而且拥有自己的用户界面。

智能家居还有一个日益重要的应用领域：老年人护理。IBM 与 Malteser International 合作致力于研发相关产品。为了测试相关产品的性能，150 多户家庭将配备物联网传感器和人工智能产品，来保证老年人在家中的安全。如果传感器检测到异常情况就会触发警报，同时人工智能通过应用程序通知亲属或者拨打紧急报警电话。异常情况是指水龙头一直没有关闭、屋内有浓烟或者炉灶长时间没有关闭等。另外，有些动作也可触发警报。例如，当入户门在正常睡眠时段打开。如果老人每晚起夜四次，明显不符合常理，那么也会触发警报。如果运动传感器在"起床时段"的六小时内未探测到任何活动，也会触发警报。

IBM 的老年人关爱服务有如下几项优势。

- 智能家居的老年人护理服务模块

智能家居中的各种传感器可以全天 24 小时待命，大幅度节约了护理成本并提高了人们的生活质量，使老年人随时都能够在紧急情况下得到帮助。

紧急情况下，远程医疗可以走入家庭，减少亲属负担。

对房产企业来说，为房屋配备传感器有利于拓展其"健康管理"层面的服务。

- 智能系统的使用

老年人护理系统不仅要运行可靠、功能完善，还应该符合人体工程学。比如运动传感器报警，就要求既能吸引人们的注意力又不会引起恐慌。所以可以使用简单的灯光警示系统：

——绿灯表示"一切正常"。

——黄灯表示"探测到异常动作"。

——红灯表示"紧急警报"。

该系统所用的应用程序可以使亲属通过一键通话功能查看老人的情况。比如："我收到了妈妈的黄色警报，不过别担心，我跟妈妈联系了，她没事。"

人工智能通过对用户的每日行为和状态进行分析，可以独立检测出异常情况和潜在危险：

——老人多长时间没起床会报警？

——冰箱门开多长时间会报警？

——老人夜里的哪些动作可视为正常情况？

——老人夜里的哪些动作是发病前兆？

老年人护理系统的本质就是一个面向特定用途的物联网解决方案。其中涉及房产商、医疗急救、个人保健、保险公司和计算机软件企业等多个方面。整套系统必须保证良好的易用性。

类似的方案还有 Better@Home（2019）。该方案由 IHP 与业内知名服务商共同推出，主要为用户提供智能家居和环境辅助智慧系统（AAL）解决方案。Better@home 以服务平台的形式为家庭提供适合用户年龄和舒适度的产品，使用户能够一站式配齐所有产品和服务。

护理系统可以远程控制燃气或自来水阀门、关闭炉灶。另外它还可以将家庭急救呼叫、床上传感器、血压计和血糖仪等设备集成到监控系统中。人工智能算法对所有数据进行评估，然后形成信息报告。为了实现这一功能，人工智能系统会学习用户的生活习惯，以便在紧急时刻自动生成日志或报警信息。

智能家居系统的发展可能还会带来非法使用的隐患。在美国，已经发生了利用智能家居系统恐吓前合作伙伴的案例。另外，房屋的住户还能够更改入户门的密码，这样其余的住户就无法进入屋子。另外，用户冬天开启空调或智能多媒体系统大声播放音乐，而其他用户就只能忍受。由摄像头和拾音器组成的智能监控器能够探测并记录房屋内用户的所有动作，通过应用程序和智能助理能够实现上述功能。

引发的思考

智能家居为不同的用户群体提供了不同的便利。技术宅将智能家居当作实现梦想的神器，因为他们的生活环境和作息需要十分精确的时间节点，智能家居可以帮助他们实现这一点。另外，老年人群体还能通过智能家居的帮助延长预期寿命，提高生活质量。

有人担心黑客会通过防御松懈的互联网接口入侵家庭。黑客不仅可以远程控制家居设备，还能够窥探人们的隐私。另外，不同的软件和硬件系统的更新频率不一样，有可能会出现冲突，导致系统故障。毕竟各企业的软件和硬件没有统一的更新标准。

7.3　从智能家居到智能城市

未来，智能家居可以进一步发展为智能城市的概念。其中，城市住宅可逐步发展成通信、物流和信息网络节点，实现可持续发展和高质量生活。智能家居可以无缝融入上述概念。

智能交通和智能运输是智能城市的一个子概念，指的是将交通工具智能化来优化人员和货物的流动。通过车辆之间的点对点通信，可以实现更高的安全性。另外，物流机器人可以进一步发展，用来运输人员和货物。这些方面还需要完善的法律条文来支持。传感器的普及使自动驾驶时驾驶员的一切行动都被记录下来，必然会侵犯到个人隐私。

达姆施塔特科技大学曾落地了一个有意思的试点项目：为市政交通安装人工智能设备，实时生成交通流量数据并进行评估。全市 272 个十字路口和 2000 多个交通灯都安装了摄像头，生成的数据在两年内形成了超过 10 亿个数据组。人工智能得出的结论可以使交通流量实现智能调整，从而缓解城市交通压力。另外，市民还能够实时了解交通状况信息。

美国初创企业 ZenCity 的目光更加广阔。他们计划让民众也能够参与城市管理。人工智能系统收集了民众的意见，然后将其转化为议案。其中包含以下项目：

- 识别相关的意见

通过社交平台、论坛和城市热线记录，政府部门可以了解民众的关注点。

- 深度分析

通过深入分析了解哪些主题出现在哪些渠道以及使用了哪些关键词。如果需要，分析还可以更加深入。

- 预警

根据分析的结论，如果舆论趋势突然发生变化，系统就会向负责人发送通知，以便及时做出反应。

- 情绪分析

为了区分民众的情绪，可以将帖子分为积极、中性和消极三种，这样便于确定城市管理的哪方面出现了问题。

巴黎和特拉维夫已经采用了这一系统，市政府可以随时了解民众的意见。令人兴奋的是，政府机关在城市管理中占据主导地位，所以这些意见可以迅速转换为实际行动。

知识点

智能城市的本质是都市科技、经济和基础设施之间的全面融合，并且依赖于市民基础设施（智能家居、智能汽车等）的普及。

引发的思考

未来的智能城市会是什么样子呢？工作岗位都由机器人代替，实体零售商店被电子商务和机器人（无人机或地面无人车辆）配送代替。

- 未来的城市会有什么样的工作岗位？
- 我们的交通情况会是什么样的？

未来城市和未来工作岗位之间的联系密不可分。

城市的空间、生活节奏和作息习惯都围绕着工作展开，并严格遵守有偿劳动的理念，如果这种工作形式消失了会发生什么？如果公共空间没有为人们的交通提供便利，会发生什么？

大多数人在小单位工作或居家办公的城市是什么样子？

如果城市划分为公共区域（办公室、商店、街道、交通工具等）和私人区域（住宅）会是什么样子？

当工作和娱乐的时间互相重合时，会对城市规划产生什么样的影响？

如果大量工作都可以通过移动设备处理（可以无固定工作地点，而且无时间要求），会是什么样子？

如果想要城市中的居民每周只工作 10 小时，该如何规划？单位的写字楼、食堂和停车场会变成什么样子？

如果一个城市的在线购物的份额远超 10%，或者像其他城市一样，达到了 70%～80% 会怎么样？城市商圈的大小商店和购物中心会发生什么？

7.4 交通和运输

交通和运输是人工智能技术的一个较大的应用领域。随着全球的生产和物流日益发达，物流任务也日益繁重。城市化程度的提高和电子商务的普及也极大地推动了运输业的发展。但是，在世界上许多国家，现有的基础设施或在建设施已经无法承担物流的增长。这也是智能物流解决方案出现的意义：

- 加强现有交通基础设施的利用率（公路、铁路、空运和海运）。
- 加强物流运输的经济性（除了躲避拥堵或者经济性运输工具）。
- 减少能源运输（石油、天然气、煤炭、铀、木材）和物流运输本身（公路、铁路、机场、停车场）的能源消耗。
- 减少交通工具的排放（尾气、磨损、噪声）。

另外，多样化的人工智能技术可以用于分析和预测需求，并优化物流能力（能够自主运行的私家车、公共汽车、货运汽车、农机设备、自导向列车、船舶、水下运载器和飞机等）。其中自动驾驶汽车的角色最重要，这项技术起到了改变游戏规则的作用，并且对未来的交通形式产生了持久的影响。现在购买新车首选带有自动驾驶功能的产品（见图 7.2）。

如果缺乏相关法律条款和用户认可的技术方案，那么用户就不愿意承担风险以及接受自动驾驶车辆。如果能够克服这些阻碍因素，那么自动驾驶车辆的前景将会非常广阔。

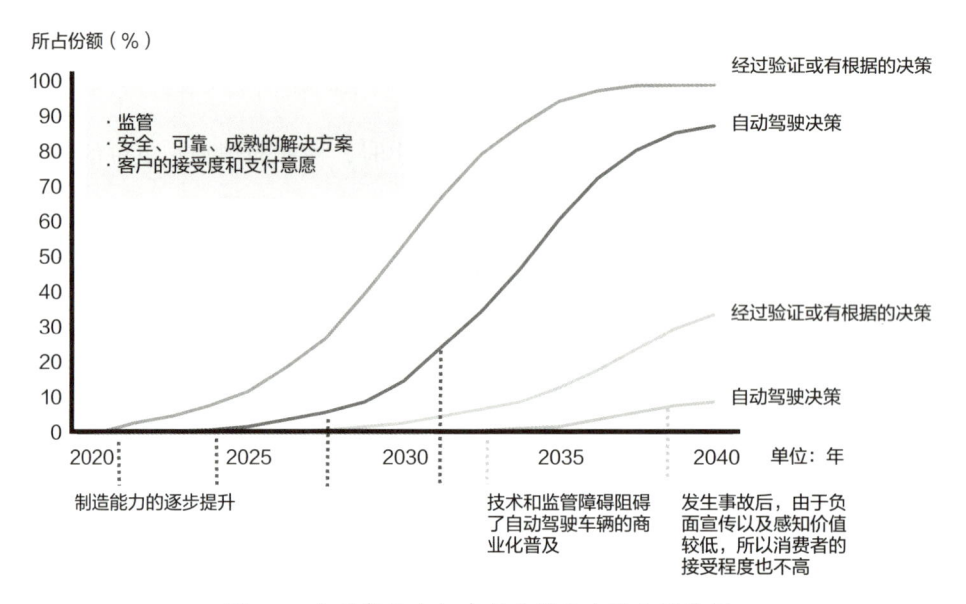

图 7.2　自动驾驶车辆在新车销售中所占的份额

随着人工智能技术的普及，运输即服务（TaaS）和交通即服务（MaaS）产品也会越来越多。图 7.3 显示，到目前为止，我们已经用一辆车解决了众多问题。随着自动驾驶汽车的出现，一切将发生巨大变化！另外，自动驾驶车辆的发展与共享经济的概念相辅相成——我可以在需要的时候租赁一辆自动驾驶汽车！

自动驾驶汽车的发展经历了不同阶段：

- 0 级：仅驾驶员驾驶

当车辆偏离车道时，仅进行提示或者监测盲点。驾驶员拥有车辆的完全掌控权。

- 1 级：辅助驾驶

通过停车辅助系统和车道保持系统辅助驾驶员。

- 2 级：半自动驾驶

在某些情况下，可以执行有限的自动驾驶，例如自动泊车系统或低速跟车系统。

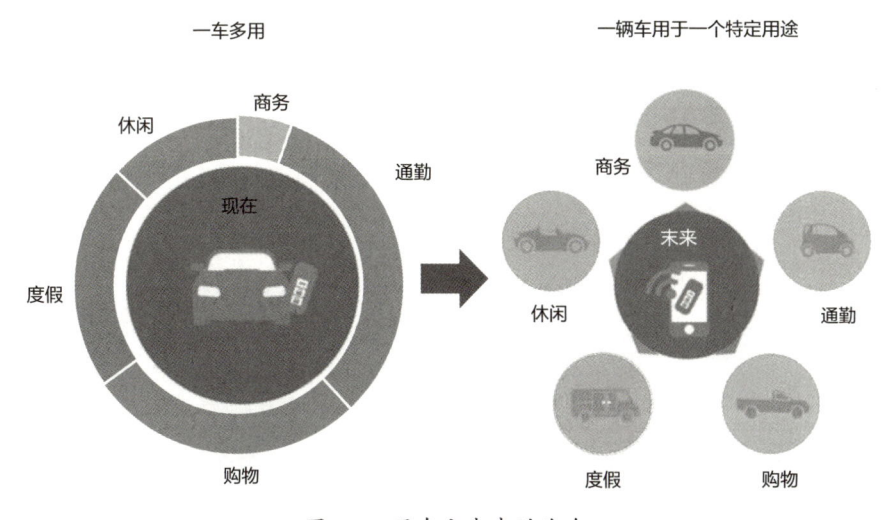

图 7.3 现在和未来的汽车

- 3 级：高度自动化驾驶（自动驾驶 4 级）

在高速公路上自动驾驶以及自动刹车系统、跟车系统。

- 4 级：全自动驾驶（自动驾驶 5 级）

解放驾驶员，完全自动驾驶以及自动泊车。

如今，用户对自动驾驶的接受程度如何？德国进行了一项针对 1003 人的采访，从图 7.4 可以看出，在拥堵情况下，人们倾向于自动驾驶，而在其他情况下，大多数人对自动驾驶抱有怀疑态度。在其他欧洲国家的调查结果也都一样。

自动驾驶车辆给物流运输领域带来了全新的理念。为了让不同的车辆之间实现智能沟通，优步成立了自己的人工智能研究部。人工智能技术能够更精确地预测到达时间以及开发语音控制功能，优化客户体验。另外，人工智能系统还可以根据供需需求和交通流量为运输服务动态定价。基于人工智能的物流运输方案具有可持续性优化的便利性和加速向大众市场发展的潜力，还能够充分利用可用资源，优化效费比。

自动驾驶车辆的应用不仅有利于个体用户，还有利于上游物流链。除了

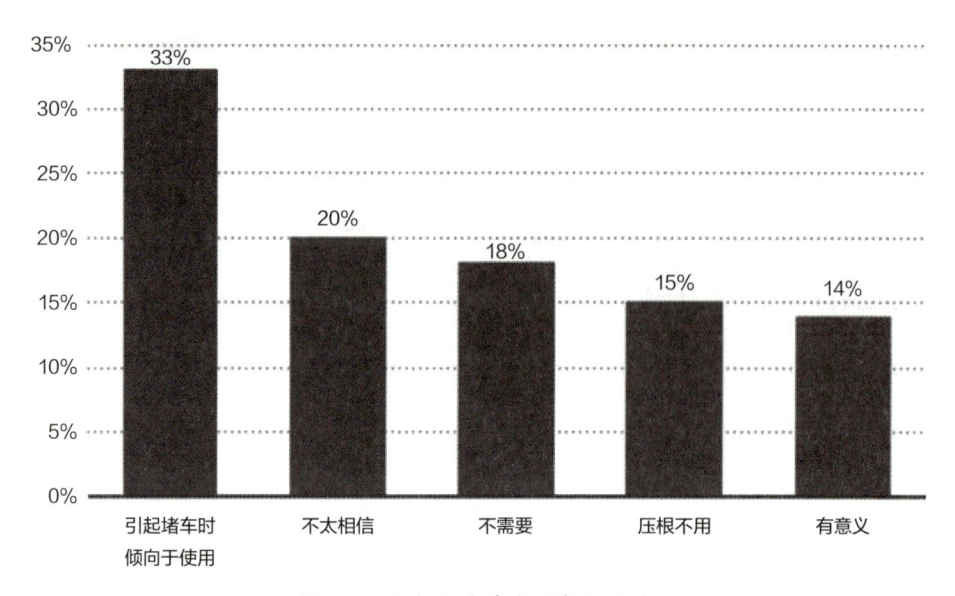

图 7.4　你怎么看待自动驾驶汽车

自动驾驶的货车外，其他自动驾驶车辆也发挥着重要的作用。例如无人驾驶货车，这些货车不仅可用于厂区内部物流，还可以用于长途运输。

DoorDash 公司曾尝试用创新技术缩短送货时间，提高效率，同时提高服务质量。这家外卖企业的业务是从餐馆向顾客送餐。DoorDash 在美国的几个不同城市对机器人送餐进行了测试。平台与订单信息直接集成到机器人软件中，名为 Marble 的送餐机器人可以在短距离内及时交付多个订单。

除了在就餐地点安排厨师以外，如有必要，还可以安排机器人自动备餐车。未来，机器人还可能成为一个移动的中央节点。一个机器人可以一次从一家餐厅接几份订单，并将它们运送到中央调度中心。在那里，人工外卖员或机器人可以将餐食送到最终目的地。这些机器人仅仅是优化配送物流的第一步，利用无人机、自动驾驶车辆和其他技术，目的是实现更深入的创新解决方案。

人工智能技术长期以来一直用于航空领域。集成有人工智能技术的自动驾驶仪可以预测延迟情况，纠正飞行状态，并参与预维护计划。现在，越来越多的无人机开始从个人手中飞向天空。来自中国的京东、美国的亚马逊和谷歌电子商务巨头正在开发无人机系统以实现无人递送包裹。现在已有部分地区采用无人机向配送点进行配送。另外，还计划将飞艇作为空中流动仓库在大城市上空分配包裹。

通过无人机向个人家庭提供服务也是其中的一项研究。早在2016年，DHL国际快递公司就宣布，经过几次启动故障后，无人机成功地将包裹运送到位于赖特伊姆温克尔（Reit im Winkl）配送站。在为期三个月的测试中，用户不仅可以通过无人机接收包裹，还可以快递包裹。另外DHL公司还曾在8分钟内成功送到了急需药物，还为位于海拔1200米的高山牧场派送了包裹。2013年，DHL的无人机在波恩附近的莱茵河上空进行了第一次试飞，2014年在尤斯特附近的北海上空进行了试飞。

随着无人机在物流应用中的广泛使用，城市环境中的飞行避障就显得至关重要。另外，还必须考虑到使用空域的法律限制（尤其是安全设施，如机场附近）和其他安全措施。毕竟，无人机必须要具备完善的黑客防御机制，以免成为安全隐患。

阅读建议

在汤姆·希伦布兰德（Tom Hillenbrand）的作品《无人机之国》（*Drohne State*）中，我们可以了解到大量使用无人机会带来什么样的影响。

小结

- 智能电网的成功和智能电表的普及取决于系统安全情况。
- 智能家居的发展依然比较缓慢。拥趸和抵制者双方都有充分的理由，所以哪方能占上风还有待观察。
- 智能城市的发展也比较缓慢。

- 有人工智能技术加持的自动驾驶车辆可以有效减少因人为失误造成的拥堵和事故。
- 除了优化陆地物流链外，空运物流链也是一个重要的优化方向。
- 高效利用现有物流基础设施，显著减少资源消耗和排放。
- 加强无人机同时交付包裹的能力，尤其是向个人家庭派送，可以有效加强物流效率。

第 8 章

人工智能在金融服务和创意行业中的应用

第 8 章　人工智能在金融服务和创意行业中的应用

在本章中，你将了解人工智能技术在金融服务行业的应用。人工智能在不久的将来将实现工作流程的自动化。另外，人工智能还可以用于信用评分以及监测金融欺诈和防伪。机器人顾问可以帮助用户管理资产以及进行高频交易，人工智能技术还可以用于创意行业。目前，基于人工智能的"新作品"仍然是根据现有的大众审美标准来创作，但创作过程可以由人工智能来负责。由于未来一定会出现以假乱真的现象，所以创作出来的声音、照片和视频可能难以分辨真假。

8.1　金融服务

人工智能系统已经越来越多地应用于金融机构，发展前景十分广阔。用于金融机构的人工智能市场预计将从 2017 年的 13 亿美元增长到 2022 年的 74 亿美元，相当于每年达到 40.4% 的增长率。这一增长得益于众多创新科技的推动，其中包括移动银行、网络安全以及区块链技术。

2017 年的国际数字智商调查的结果如下：

- 52% 的金融公司表示，他们目前正在人工智能领域进行大量投资。
- 66% 的金融公司表示他们将在 3 年内进行人工智能领域的重大投资。
- 72% 的金融公司认为人工智能将在未来产生显著的商业利益。

工作自动化是人工智能技术最重要的应用领域，对于金融企业也是如此。许多金融机构已经使用自然语言处理来实现业务自动办理。理想情况下，这样做不仅可以降低成本，还可以提高客户满意度。

美国银行推出的虚拟助手艾丽卡（Erica）就是一个成功案例。艾丽卡可以面向美国银行的 2500 万名客户提供服务。客户直接与艾丽卡通话或向其发送消息。除了转账，艾丽卡还能根据计划表告知客户何时付款，计划储蓄以及监测账户异动。未来，艾丽卡的服务会越来越个性化。

摩根大通使用的是具有图像识别功能的智能合同平台。摩根大通每年需要对 12000 份贷款协定书进行人工核对，总耗时约 360000 小时。而智能合同平台则能够将每份协定书的核对时间缩短到几秒钟。纽约梅隆银行将机器人用于机器人流程自动化（RPA）以提高运营效率。根据报告，这项功能对横跨五个系统的账户结算实现了 100% 准确率，并减少 88% 的处理时间。

在信贷和保险业务中，人工智能系统的处理速度更快、更准确、消费比更高（参见第 1.2 节）。考虑到风险评估的复杂标准，人工智能技术可以为确保计费的准确性和高效性做出重要贡献。在保险业中，所谓的"黑盒操作"属于常态。黑盒是指全业务流程自动化，无须人工干预。由于这些过程是在"黑暗中"进行的，因此才有了"黑盒操作"这一表述。这样的系统还有另一个优点——高扩展性，毕竟它们也可以用于快速处理大量数据。

自 2018 年起，德国家庭保险公司就开始通过 Alexa 向客户提供咨询和合同服务。最初，这项功能仅可用于国外健康保险业务，但不久就推出了更多产品，这充分证明了智能助理在未来将扮演重要角色。

由于大量文件和交易数据都必须进行综合评估，而传统的信用评级是通过收集大量社交平台信息或在线交易信息来完成的，所以人工智能系统也将越来越多地应用于信用评级。

金融科技初创公司 GiniMachine 利用人工智能开发出创新性的评价模型，来降低消费者和企业贷款的违约率。GiniMachine 平台可以执行全面的信誉检查，然后自动创建、验证以及实施风险模型。平台需要至少 1000 条"良好（已还款）"或"不良（拖欠）"的数据记录，但创建模型本身不需要提前分析或准备数据，甚至连非结构化数据也不需要。另外，平台还会持续向用户提供详细报告，来连续检查模型的选择度，同时在极短时间内验证假设。GiniMachine 能够监控模型本身的性能并且不断自我进化。

引发的思考

由人工智能代替人类做金融交易的时代已经到来，所以我们也越来越依赖近年来留下的各种个人数据（例如，社交平台）。但由此产生的数字阴影可能对我们有利，也可能不利。未来，我们作为客户可能越来越难以理解人工智能的决策原理。

防伪和防欺诈是人工智能的一个重要领域，其本质上就是预测和检测欺诈行为。以前用于检测金融欺诈的系统通常基于预先制定的风险因素清单，这些风险因素在一组复杂的规则中相互关联。相比之下，人工智能系统可以提前检测异常情况，并向风控机构发送报警信息。通过不断地让人工智能系统检测各种欺诈情况，检测和预测的质量也会越来越高。这意味着蒙混过关的比例也会越来越低。而所有预测到的风险后来都能被证明的确会引发危机。

德国联邦刑事警察局目前正在培训人工智能系统，计划让它们从大型数据库（在某些情况下是泄露的数据库）中提取犯罪行为信息。人工智能系统要处理的文件非常广泛，即使数百名专家穷尽一生都无法全部查看。人工智能的优势就是可以执行复杂耗时的任务。

资产管理中使用的机器人顾问是一种基于算法自动化资产管理系统。所有投资方案都是根据每个投资者的投资目标和风险偏好单独定制的。德意志银行推出的机器人顾问 ROBIN 就用于为客户提供投资建议。ROBIN 的基础是人工智能技术与经验丰富的投资经理和高级风险管理知识的组合。投资者借助 ROBIN 可以投资 ETF（交易型开放式指数基金）。ETF 是证券交易所的一种特殊形式的经典投资基金，ROBIN 会接管投资决策并自动交易。ROBIN 的界面上显示以下信息：

- 风险估值
- 初始投资额

- 每月投资额
- 最低投资额

另外，还有当前可选的投资组合，包括资产变现能力、国债、公司债券、工业股票和新兴市场股票等。

Wealthfront 为客户提供"金融合作试点"作为金融投资的完整解决方案。合约依赖于被动投资，所以投资者可以获取全球范围内的多样化指数基金投资组合。为了使投资回报率最大化，那么花费的费用就要降到最低。另外，Wealthfront 通过战略投资政策减少税收负担，同时根据投资者的个人风险偏好建立投资组合。如果市场上某些投资的风险状况发生变化，那么投资组合也会立即发生变化。

机器人顾问不仅能够自动调整资产投资，而且能够科学合理地配置资产。德国消费者基金会（Stiftung Warentest）和商品比较门户网站 Brokerbergleich 对各种不同的系统进行了测试，并得出了一些理性的结论。只有长期研究才能分析出人工智能能不能以相对较低的成本在动态市场环境中持续带来利润。

人工智能的另一个应用领域是高频交易，也称为自动或算法交易。其核心是通过算法实现证券自动买卖。复杂的人工智能系统允许实时分析各种市场因素，可以在毫秒内做出投资决策。因此，可以利用全球价格差和信息差优化投资。基于人工智能的系统可以每天进行数十万或数百万次交易，并且通过交易信息不断学习，不断更新算法。

与所有应用领域的人工智能技术一样，投资决策的质量取决于数据的质量和可靠性。如果数据过时或者错误，那么相应的投资决策或信用评级就会产生严重失误。另外，由于数据的敏感性，所以保障数据安全也极为重要。

8.2　创意行业

单论创意的话，本书中所有人工智能的应用都可以算创意。本节中我们主要介绍生活中的艺术创意、人文创意。

知识点

> 目前，人工智能系统实际上并不能通过创造前所未有的东西来实现社会认知上的"创造性"，我们所能做到的是在高质量传输的意义上进行意趣相投的再创造。

如今，人工智能在艺术创造方面已经能达到炉火纯青的程度，所以我们很多时候根本看不出来人类的创作和人工智能的创作之间的差异。人工智能的"新创作"依据的是非常具体的流程，而且通过分析大量的音乐、图像和文字来学习模型。这里的"模型"指的是创作者的"笔迹"，是一种创作、绘画和作曲的风格。人工智能算法能够分析"笔迹"，然后用来创建"新"作品。算法的逻辑仍然有迹可循。

第4.2.5节曾提到过人工智能系统可以独立编写文本，但这种文本并不是一种文学创作，而是简单机械的通知或者说明。人工智能技术已经出现在电影制作领域。《老友记》在补拍镜头时就是用了人工智能算法。算法需要提前分析一遍《老友记》，以便了解"笔迹"并且联系到当前拍摄行为。一个叫作本杰明（Benjamin）的人工智能算法撰写的手稿描述出了广阔的发展前景。七分钟的科幻短片《大卫·哈塞尔霍夫的游戏》(*It's No Game with David Hasselhoff*)就是使用人工智能系统制作的。系统分别学习了艾伦·索金（Aaron Sorkin）、《海岸救生队》(*Baywatch*)、《霹雳游侠》(*Knight Rider*)以及威廉·莎士比亚的风格。这部短片在2017年首发于技术门户网站Ars Technica上面。

2018年，雷克萨斯发布了一部商业短片。这部由人工智能制作的短片讲述了一名雷克萨斯员工在车辆出厂进行碰撞测试前调整车辆的故事。过去

15年来，汽车品牌和奢侈品品牌的推广活动都为人工智能技术提供了大量资源，这些广告创意也都出现在戛纳国际创意节上。通过这些广告，人工智能算法能够学习到哪些内容的评分最高以及如何将其整合入新的广告。另外人工智能算法还使用了视频服务商 Unrully 的"情绪智能"数据。通过分析这些数据，人工智能系统能够学会如何将不同的对象组合起来、如何调整位置、如何调动观众的情绪。为了确保人工智能系统创造的短片符合雷克萨斯的想法，事先还设定了一系列条件。IBM 沃森负责评估戛纳国际创意节广告的音频、文案和视频。根据分析结论，雷克萨斯聘请了英国导演、奥斯卡奖得主凯文·麦克唐纳（Kevin Macdonald）拍摄该剧本。

为了回答人工智能系统为什么会选择这些元素（关键词：可解读人工智能）的问题，雷克萨斯录制了一段视频，向大家展示人工智能的"思维过程"。选择日本广告商制作电视广告旨在传达雷克萨斯品牌的起源国家。IBM 沃森则发现，在汽车广告中使用无人机是个非常棒的主意，尤其是在丘陵地带和临海的地方。我们从中能够发现人工智能的最基本特征：识别并采用最优方案。

电脑游戏是人工智能的另一个应用领域。游戏开发商越来越依赖人工智能为人类玩家创造出完美的对手，为玩家带来游戏的乐趣。在游戏《传送门2》中，角色 GlaDos 就是一个人工智能系统。在游戏进程中，该系统可以根据玩家的动态实时做出应对，而且随着游戏进程的发展，人工智能的能力也越来越强大，非玩家角色（NPC）的行为也越来越合理。

我们已经在国际象棋和围棋中体验到了人工智能的强大。2017 年，人工智能系统在多人在线竞技游戏《DOTA2》中击败了一名专业玩家。该系统由开源人工智能组织开发，第 11.1 节中有介绍。系统在两周内一遍又一遍地与自己对战，不断进化，积累下了大量经验。下面的游戏也都使用了人工智能：

- 《神偷——暗黑计划》（*Thief—The dark Project*），游戏中，人工智能角

色会对玩家角色发出的声响作出反应。

- 《求生之路2》(*Left for dead 2*)，这是一个僵尸游戏，人工智能角色能够配合玩家行动，也可以自主行动。
- 《孤岛惊魂》(*Far Cry*)和《侠盗猎车手》(*GTA*)，由人工智能控制的独立世界，仿真度极高，极自然。
- 《极度恐慌》(*Fear*)，第一人称射击游戏，人工智能角色很强大，动作很真实。

知识点

游戏中的强大人工智能会为玩家带来游戏乐趣，但是太过强大反倒会削减游戏乐趣。

另外，游戏行业还为用户体验人工智能世界做出了宝贵贡献。尤其重要的是，用户不仅能够体验数字化环境，还能够直观地在其中进行操作。这就为人类接受人工智能提供了便利。位于斯图加特的初创公司Vitronity就开发了这样一种虚拟现实环境技术。该公司的产品主要用于为银行建立基于虚拟现实的客户服务。公司团队出身于游戏公司，他们从游戏中得到了灵感，开发出了新的商业模式，其核心技术就是虚拟现实和增强现实与人工智能的组合。

美国电视剧《西部世界》就描绘了一个人工智能世界。剧中，未来世界有一个面向成年人的游乐场，利用很多仿真机器人来提供非法服务。游乐场的武器经过了改装，仅能对机器人造成伤害，对客户却没有任何影响。纯虚构的故事情节还描绘了仿真机器人的语言系统是多么的发达。

在人工智能的加持下，比如《飘》等文学巨著还可以根据读者的喜好自动改编，实现一对一的创作。例如在《哈利·波特与混血王子》一书中，如果读者不希望邓布利多教授死，那么人工智能就不会在这部书中将他"写"死。在实际操作中，手册会更忠实地反映出一个人的个人情况。例如"结婚 11 年、36 岁、孩子 7 岁、住房信贷超过 13.5 万美元、在纽约一家大银行任职的刚离婚妇女的手册"可以代替"恋爱关系"。为此，平台上的读者就要提供相关的数据。然后人工智能系统的学习功能就会通过每一版对用户的调查结果来确定修改方向，这一点很令人兴奋。

2017 年，微软在中国上线的聊天机器人小冰发布了第一本诗集，题为《阳光失了玻璃窗》。而在小冰学会作诗之前，它已经学习了 519 位诗人的作品。这本诗集在亚马逊中国排名第一。但是中国作家现在在激烈争论人工智能是否有资格出版诗集。《新京报》曾为读者发放了调查问卷，但是尚未得出明确结论。

知识点

> 人工智能目前还不能够实现复杂的原创效果。现阶段的"创作"实际上是模仿和基于模仿的有限变化，以此来实现半原创。

在音乐领域，人工智能已经可以实现自主创作，例如根据巴赫、贝多芬或肖邦的作品风格，然后将这些风格融合起来。这属于将已有的音乐风格融合起来重新推出一种新的风格。在融合过程中，人工智能算法分析出各位音乐家的不同风格，然后以此为基础创作出"新"作品。由此可知，"新"作品只不过是将现有音乐风格相互组合的结果。

人工智能创作的音乐根本无法与音乐家们的音乐相提并论，其主要用途并不是音乐欣赏，而是一些实用性的领域，例如电梯、购物中心、游戏或电视剧等用途。Amper Music 和 Jukedeck 等初创公司运用人工智能技术为电脑游戏、视频和广告制作音乐。Jukedeck 可以让任何门外汉参与音乐制作，他们只需要确定想要的风格（流行乐、摇滚乐或爵士乐）。另外还要确定音乐时长和高潮部分。几秒钟后，定制好的音乐就能下载了。

作曲家贝努特·卡雷使用人工智能软件 Flow Machines（欧盟研究项目）制作了流行专辑《Hello World》。卡雷的目的并不是制作廉价的背景音乐，而是想通过人工智能来评估音乐的表达能力。这一专辑的灵感来自古老的民歌和爵士乐。歌曲《诗歌小屋》就来自这一灵感。其中的歌词由凯莉·克里斯特曼森根据安徒生的童话《影子》创作。歌曲的第二部分，声音是由 Flow Machines 制作。根据卡雷的说法，创作过程面临的最大困难在于如何将人工智能创建的每部分音乐按照顺序自然优雅地连接起来，形成一首成功的歌曲。

在创建语音时还需要考虑到其他的应用领域。例如 Adobe 的产品 VoCo 就能够根据真实声音完美地模仿人类声音。也许在不久的将来，Siri 的声音就可以更改为我们喜欢的声音。

人工智能也可以用于视觉艺术。与音乐一样，人工智能也是将不同的艺术风格重新组合。蒙克、毕加索、伦勃朗或梵高等大师的风格都可以实现自由组合。例如，人工智能可以按照蒙克的风格画一幅风景画，其中的线条、颜色等都十分标准。

一个名为"下一个伦勃朗"的人工智能程序学习了关于伦勃朗的 15TB 的数据来了解他的绘画风格，其中涉及 360 幅画，这些画用高分辨率 3D 扫描技术输入系统。通过这些信息，在 2016 年，"下一个伦勃朗"用 3D 打印机创作出了一幅戴帽子、穿着白领衬衫的男人的画。这幅画的仿真度极高，就连研究伦勃朗的专家和艺术史学家加里·施瓦茨也不得不承认这幅画足以媲美真品。人工智能成功地复制了伦勃朗的风格。

2018 年，爱德蒙·德·贝拉米（Edmond de Belamy）的作品在纽约佳士得拍卖行以 43.25 万美元的价格售出。这幅画是由人工智能根据 15000 幅真实肖像画创作而成。这幅画的特征很有意思。

在 2017 年的奥地利电子艺术节中，宣传口号是"人工智能——另一个我"。展会上介绍了用于"艺术创作"的人工智能系统。在 Dragan Ilić 公司的展台中，库卡机器人在观众的帮助下画了一幅肖像画。观众与计算机之间通过脑机接口（BCI）沟通。在另一个名为《林茨之风》的作品中，人工智能展示了另一种不同的创作方法——记录下林茨市的气流情况，然后将其转换成数据图形。

引发的思考

人工智能创作出的作品和人类作品之间有什么差距吗？艾哈迈德·艾尔加马尔教授（Ahmed Elgammal）领导的一个研究小组通过对人工智能作品进行评估来确定差距。由人类组成的评审团在不了解艺术大师的情况下，仅根据美学特征和艺术风格等指标来评估作品。

事实证明，人工智能的作品要比人类作品好得多。这怎么可能呢？人工智能的背后逻辑有两方面。第一，人工智能试图将作品以一种全新的形式表现出来以吸引眼球，这一点已经被证明是有效的；第二，人工智能是根据现有的创作风格来组合成一种新的风格，这确实能够符合人类审美。

Prisma 是一款利用人工智能技术修改照片的应用程序。用户上传照片，如图 8.1 所示，然后从众多风格中选择一个，例如安迪·沃霍尔（Andy Warhol）或皮埃特·蒙德里安（Piet Mondrian）。几秒钟后，照片就修改完毕。试想一下，一个平面设计师修改一张照片需要花费多长时间才能实现类似的效果！Prisma 属于俄罗斯电子邮件服务商 Mail.ru，源数据来自 Mail.ru 的用户数据。

人工智能在数字化影像处理方面可以实现视频合成的效果。通过精确地计算，可以将人脸插入任何场景中。这一技术不光能带来积极影响，还有可能带来相当大的风险。未来，社交平台上的任何照片都有可能受到质疑，因为作为犯罪证据的照片就有可能是假的。这些伪造品不仅对司法部门带

图 8.1　通过 Prisma 修改照片

来挑战，而且也会对普通用户的正常照片产生影响。不仅照片可以伪造，视频也可以伪造。英国广播公司就曾在奥巴马的演讲视频中使用了人工智能技术。

人工智能系统首先学习了这位美国前总统 13 小时的视频片段，直到能够准确捕捉到口型，并将其与输入的语音对应。通过这一程序，任何用户都可以从奥巴马的口中听到自己输入的话。只要有了足够的数字影像资料，那么伪造类似的视频简直是易如反掌。免费软件 FakeApp 就具有这种功能。《芯片》杂志的编辑称其为"巧妙"："通过免费的 Fake App，你可以在视频中更换人脸……例如将某部电影里演员的脸更换为其他人的脸。要想亲身体验这一技术，你不必去好莱坞，只需要安装 FakeApp 就能够实现"。

人工智能程序 TensorFlow 也可以换脸。曾有人将女演员盖尔·加朵（Gal Gadot）的人脸替换到了色情电影中。顺便提一句，TensorFlow 是一个由谷歌开发的面向所有人的开源程序。

引发的思考

假新闻 2.0：伪造照片和视频会使探寻"真相"变得越来越困难。由于人们普遍比较相信图像和视频，所以伪造会带来社会层面的危害。

如果每张照片都可以由任何人在任何时间随意伪造，那么怎么分辨出这张照片的真伪？怎么判断出它会对社会产生什么样的影响？

对于这种情况，人们创造了"深度造假"一词。

柏林画家罗曼·利普斯基（Roman Lipski）所属的艺术家组织 YQP 展示了人工智能与创意之间相互作用的一个例子。该组织编写了一个程序，将利普斯基设置为一个人工智能创作样本，然后从构图、颜色、风格、明亮度、笔记和其他我们不了解的元素等维度分析画家的作品。这也属于一种风格识别！

通过这些数据，程序创建出新的图像，然后利普斯基将其作为灵感。绘画时，艺术家将这些元素用于画作中，最后完成的作品上传至 AIR（人工智能资源库）。在这个程序中，并不是人工智能系统单独创作，而是艺术家和人工智能系统合作创作了画作。

显而易见，大量艺术家都可以借助人工智能系统来创作作品。大多数人都将人工智能技术当作一种辅助手段，并对其抱有开放的态度。就像照相机刚出现时一样，人工智能技术也是一种新的艺术创作手段。

人工智能目前还不能真正发挥出独立创作的能力。该技术首先是对现有风格的识别，以便在这些风格的基础上创作"自己的作品"。同时，人工智能也覆盖了人类对物种认知的领域，也就是区分人类、动物和机器。尽管如此，人们大可不必担心人工智能会完全取代人类进行艺术创作。按照现在的技术来看，人工智能只能辅助人类创作。

引发的思考

我们应该问问自己，人工智能到底能不能在创意行业成为人类的强大的合作伙伴。人工智能可以识别人们最喜欢的电影中的场景，最喜欢的音乐以及最喜欢的照片。无论如何，最终的结果都会是定制化作品。

未来，我们只需要告诉人工智能系统房子有多大、有几间房间、家庭成员的年龄和性别以及爱好，还有确定装修成本。然后人工智能系统就会为我们提供一个完善的、经过精心计算的装修方案。各种家具和装饰品都可以通过 3D 打印机制作出来。最终我们只需要坐享其成即可！

除了创作画作和艺术品，人工智能还可用于恢复被破坏的艺术品和文件。柏林弗劳恩霍夫研究所开发了一款名为 ePuzzler 的程序。在"两德"合并前的最后几天，大约 6 亿份 STASI（东德国家安全局）文件被销毁，ePuzzler 在恢复这些文件的工作中做出了重要贡献。

从更广泛的意义上来说，第 1 章中提到的神经网络翻译实际上也可以属于创意行业。毕竟，一个优秀的译者不应该简单地逐字逐句翻译，而是要考虑到内容的通顺、语言的风格以及字面意思背后的真实含义。在这方面，DeepL 已经能够实现较为精准地翻译（尤其是德英翻译）。但由于语言体系的不同，并非所有语言之间都能够完美互译，见图 8.2。

可以预期的是，无论是文字还是语音，未来的人工智能翻译将越来越精准。对于文本来说，不仅要"逐字"翻译，而且还要"忠实于原文"，这就要求在翻译过程中加入相关内容的背景知识。完整、优秀的译文还要包含合适的情感。

图 8.2　使用谷歌翻译将面条包装上的日语说明翻译成英语

小结

- 金融服务对于人工智能技术来说是一个极为实用的应用领域，无论正确和错误的决定都会立刻产生对应的结果。
- 与其他行业一样，人工智能能够在不久的将来应用于工作自动化，也称为机器人流程自动化。
- 基于人工智能的信用评价可以获得相当可靠的结果。
- 人工智能可用于防伪和防欺诈检测。
- 人工智能可用于资产管理，机器人顾问开始普及。
- 高频交易是人工智能的一个有趣应用领域。
- 如今的人工智能系统还不具备独立创作的能力，所谓的"新风格"也只是基于现有的风格，然后将其重新组合。
- 基于现有风格，人工智能能够创作电影、小说、音乐和绘画作品。
- 对于声音、照片和视频的创作可能会带来造假的后果。人工智能的创作的伪造品将越来越难以区分真假，这将会对社会带来重大威胁。
- 人工智能翻译系统很快就能够承担各种翻译任务——无论是口译还是笔译。

第9章

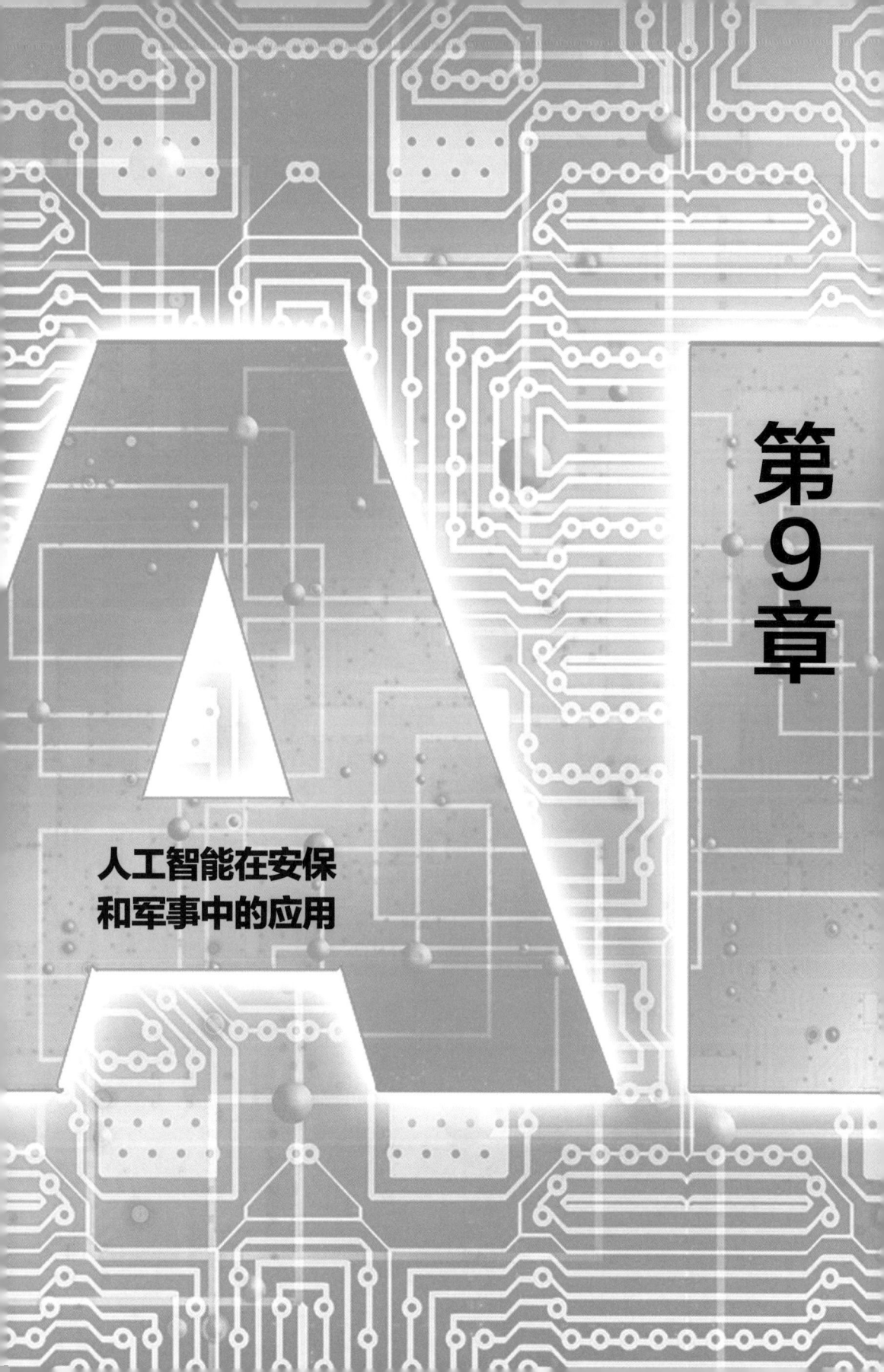

人工智能在安保和军事中的应用

第 9 章 人工智能在安保和军事中的应用

> 在本章中，你将了解人脸识别技术在众多安全程序中的核心作用。在中国，人脸识别技术已经用于建立一个庞大的社会信用体系。警方可以通过人脸识别技术预测犯罪，降低犯罪率或者追捕犯罪嫌疑人。在军事领域，人工智能也派上了用场，其中最大的风险在于开发各种形式的战斗机器人，这一项目极大地改变了战争规则。

9.1 安保和社会评级

在本书提到的众多人工智能应用领域中，人脸识别的重要性不言而喻，尤其是在安保方面。中国企业旷视科技旗下产品 Face++ 人工智能服务平台可以通过应用程序接口（API）和程序开发包（SDK）将图像识别功能集成到各种程序中。该服务分为免费和付费两种（付费为现收现付）。

Face++ 可以用于不同方向的用户身份验证，检查用户是否真实存在以及是否活着。在一个程序中，Face++ 会要求用户做一些脸部动作。该功能的典型使用场景如下：

- 数据收集——例如通过 SDK、移动/桌面设备、微信小程序
- 检测——语音识别验证、读唇验证、活跃检测
- 面部识别
- 验证结果成功/失败

Face++ 的覆盖范围从支付授权到入户权限，再到交警临检驾驶证，所有这一切都在中国得以实际应用。但问题是目前还没有全面的法规来保护数据安全。

知识点

人脸识别技术不仅为生活带来便利，还能够预防犯罪和追踪犯罪嫌疑人。

中国目前正在大力发展人工智能技术，国务院于 2014 年 6 月颁布了《社会信用体系建设规划纲要（2014—2020 年）》，以该纲要为基础建立一套覆盖全社会的信用系统，目的是对所有"主体"进行信用评估。该系统自 2017 年起在山东荣成进行试点，2020 年前向全国推广。其中重点如下：

- 政府诚信
- 商业信誉
- 社会诚信
- 司法公正

该系统的实施需要中国所有数据源的支持，其中包括了城市视频监控系统。公共空间中的大量摄像头和强大的人脸识别功能可以实时检测到任何合法或非法行为。例如，不遵守红绿灯过街的行人会立即被人脸识别技术识别出身份，有时候甚至会在路口大屏幕上立即显示出其照片、姓名和其他信息。如果不结清罚款，这些信息就会一直显示。

另外，信用系统还能从微信等社交平台获取信息，这些信息来自每天活跃的数十亿用户。购物（例如在淘宝或京东购物）、搜索（例如用百度搜索）及社交活动等信息也都会被分享给信用系统，企业也会通过分享员工信息来促进系统进化。

如今，面部识别程序已经用于实时发现犯罪行为和实时搜捕犯罪嫌疑人。由于公共场所已经部署了大量的先进视频监控系统，所以上海的犯罪率大幅下降。图 9.1 显示了通过行为监控可以获取哪些信息。通过实时分析数百万人脸数据，中国可以拓展出更多的人工智能应用领域。

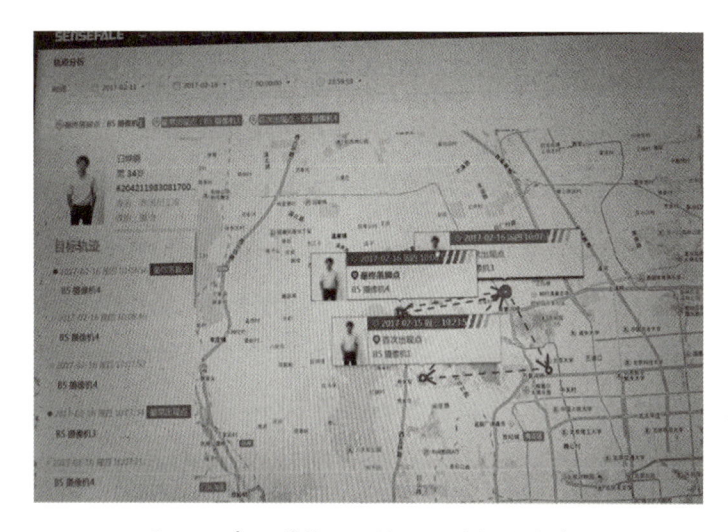

图 9.1　商汤科技用于检测运动轨迹的系统

引发的思考

在西方国家，人工智能同样也被应用于安保领域，例如预测式警务。其本质也是利用人工智能算法来预测何时何地有可能出现犯罪行为（见图 9.2）。

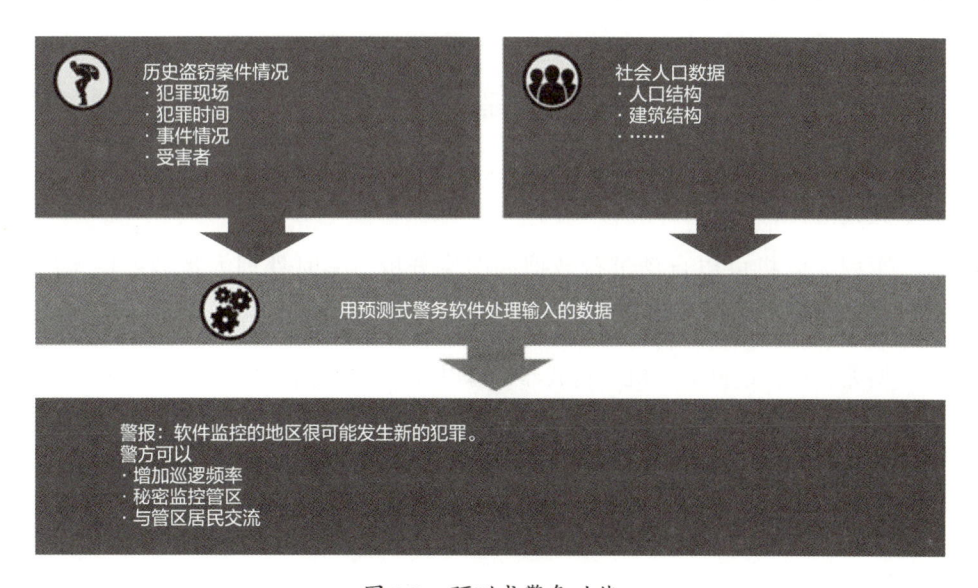

图 9.2　预测式警务功能

由于罪犯的行为往往会遵循特定的模式（犯罪现场、犯罪时间、犯罪性质和犯罪路线），所以预测式警务可以对历史犯罪数据进行分析（近重复理论）。根据这一理论，犯罪分子通常会在犯案后短时间内再次回到犯罪现场，再次实施犯罪。另外，警方通常会采用理性选择方案。该方案假设犯罪分子在实施犯罪前会评估风险，并提出如下问题：

- 特定时间和特定地区内，有多少警察活动？
- 在特定地区内被抓的风险有多大？
- 干这一票能得到多少钱？

警察们会根据这些答案在特定时间和特定地区内部署更多警力。这既能起到震慑犯罪分子的作用，还能在实际行动中抓获犯罪分子。但是这一理论能对犯罪率产生多大影响还有待观察。

9.2 军事领域

本节简要介绍一下人工智能在军事领域的应用。英国、以色列、俄罗斯、韩国和美国等国家投资数十亿美元用于开发人工智能武器。如果人工智能对人类产生威胁，那么有极大概率是来自这些国家。下面是人工智能在军事领域的应用。

无人机

军用无人机可以自动进行数据和图像分析，实时处理大量数据用于决策。如果无人机具备自主决策攻击的功能，那么它就属于攻击无人机。还有一种微型无人机，这种无人机配备武器，可以成群结队地行动，通过预先设置的目标可以自动执行攻击任务。无人机自动飞行，很难被传统的防空系统击落。如果它们同时集成了人脸识别功能的话，那么其能够实现的效果不难想象。

无人潜艇

对军事大国来说，无人潜艇也是一种恐怖的威胁。传统的潜艇在水下能够被更便宜的无人潜艇发现，也就失去了威慑力。配备了武器的无人潜艇成为自主攻击机器人，无须人员指挥。

战斗机器人（致命性自动武器系统）

一方面，战斗机器人是一种一体化系统，可以自主防御以及攻击。现在战斗机器人已经用于防御军用和民用设施（如水坝、核设施）、边境线和军舰。另一方面，战斗机器人还能以飞机和潜艇的形态存在。另外，它还能够安装轮子、履带和机械腿用于陆地移动。

多功能机器人（局部）

多功能机器人可以清除地雷和拆除炸弹，还可以在战区帮助疏散受伤人员、运送物资以及探查废墟。2011年的福岛核事故极大地推动了多功能机器人的发展。目前该地区的污染仍然很严重，有些地区仍不允许人类进入。因此只能由机器人来执行某些清理任务。然而，辐射对机器人也会产生危害，相机的镜头和存储卡都可能因辐射受损。所以福岛核电站需要稳定可靠的机器人进行清理工作，而日本自己无法生产这种机器人。相比之下，在阿富汗战争和伊拉克战争的推动下，美国已经投入数百万美元用于研发各种多功能机器人。

这里有几个多功能机器人的例子。地面机器人赫克托尔（Hector，多构型机器人团队）可以在山路上行动，并配备了机械臂、360度摄像头和激光扫描仪。即使在崎岖地形上，它也可以半自主移动，并创建目标区域的3D模型。机器人半人马座（Centauro）配备了仿真（人手）机械臂，可以使用各种工具。操作员穿戴全身套装（外骨骼）从远处控制机器人，使其实时按照操作员的动作来动作。半人马座还配备了强大的中央处理器、摄像头和3D激光扫描仪。

从宣扬者的角度来看，人工智能用于军事装备的优势十分明显：

- 人工智能武器系统可实时评估大量数据，识别目标并确定其优先级，必要时可自主攻击。

- 通过人脸识别可以准确攻击目标人物。
- 通过自主攻击，可以有效降低己方伤亡。必要时还可以根据敌方动态自主制定攻击战术。
- 人工智能机器人不会疲劳，没有情感，不会像人类一样走神。

引发的思考

人工智能和机器人能组合成复杂的战斗机器，实在是令人叹服。那么这就出现了一个问题：如果自动驾驶能够使道路交通更加安全，那么智能战斗机器人是否能使战争更人道呢？

智能战斗机器人也会带来较大的风险：

- 最核心的问题是，战斗机器人能完全遵守国际法和基本人权，保护平民和受伤士兵吗？图像识别功能是否能在作战行动中准确识别这些需要保护的人员？
- 智能战斗机器人可以脱离人工控制自主行动，所以有时候可能会做出错误决定（像人类一样）。那么问题是，需要向机器人注入哪些决策标准和道德标准，以及机器人能不能通过这些标准自主进化。

与非军事领域一样，军事领域的智能算法也可以被操纵修改（通常难以发现）。最坏的情况下，只有在算法发起攻击之后，才能发现它已经被篡改了。

在实际应用中，战斗机器人面临的很多情况在训练阶段不一定能够遇到，所以自主学习就很重要。我们无法预见在特殊情况下，人工智能将作何反应。

在冲突地区派遣战斗机器人代替人类士兵作战可以降低舆论压力，政客也不需要因为士兵伤亡受到选民唾弃。

战斗机器人会使武装冲突演化成无休止的战争，因为机器不会疲劳。

当政府或军队失去对自主武器系统的控制时，就会带来特别危险（无法预见）的后果。

如果认定了战斗机器人犯下战争罪，那又如何起诉它？

人工智能武器的易用性会使得恐怖组织对其产生兴趣，并将其用于恐怖行动。

小结

人脸识别在安保领域起到了关键作用。

预测式警务可以预测犯罪，降低犯罪率或者当场抓住犯罪嫌疑人。

如今，数十亿美元投入了军用人工智能系统的研发。

很多军用人工智能系统都是在秘密研发，外界根本不了解其研发进度。

人工智能驱动的战斗机器人会极大地改变武装冲突中的"游戏规则"。

第10章

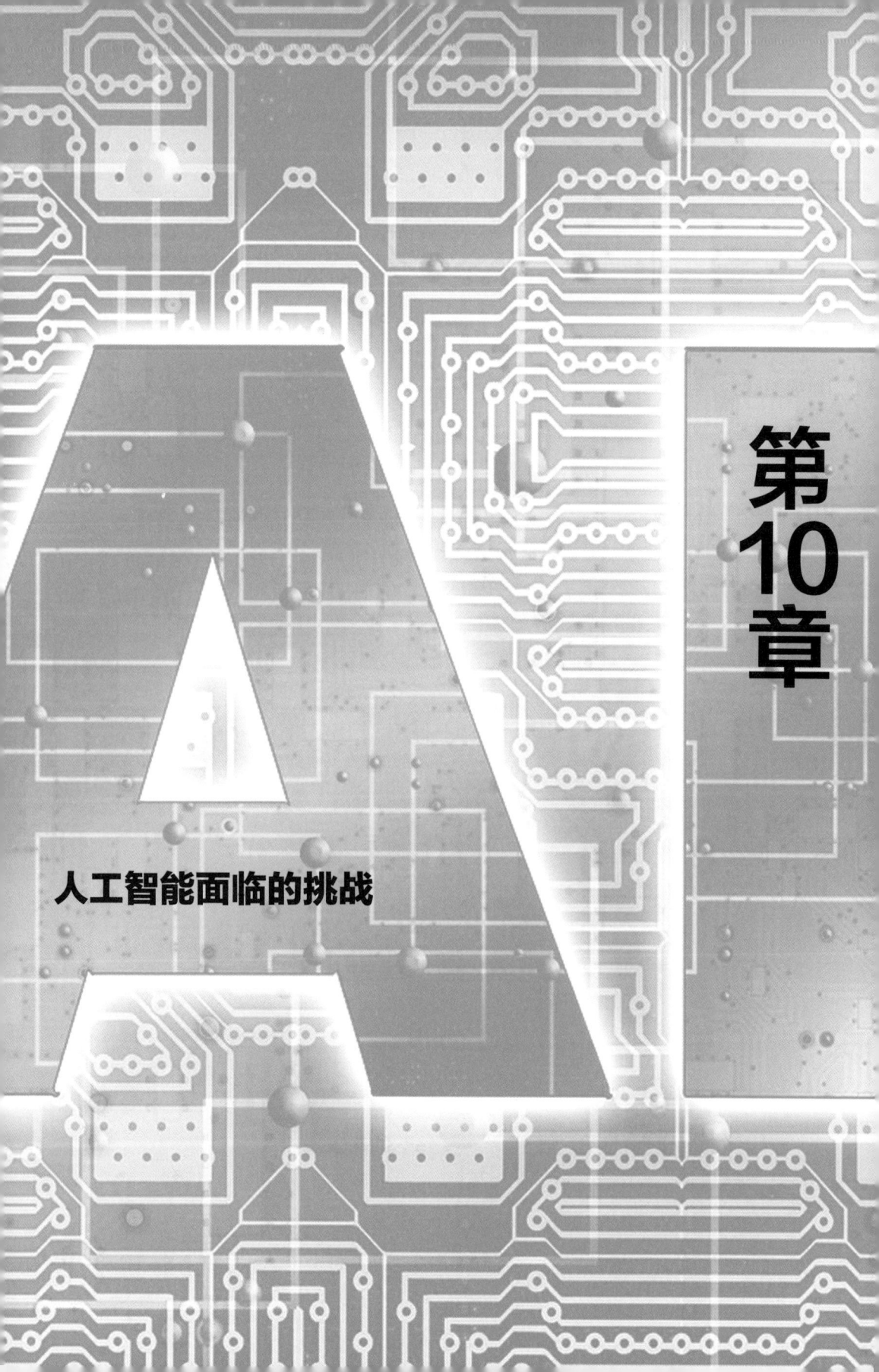

人工智能面临的挑战

第 10 章 人工智能面临的挑战

> 在本章中，我们用三层模型来评估企业的人工智能应用程度。在这个基础上可以具体分为一层、二层标准来确定人工智能的发展潜力，最后形成的人工智能发展路线图可以用来分析企业的人工智能成熟度。除了基础的人工智能知识，还有人工智能在企业中的应用领域。人工智能路线图可以让你了解到该技术在企业中的定位、明确的方向以及实施需要的手段，助力企业走上人工智能之路。你将了解如何面对人工智能带来的挑战。

10.1 作为基础框架的三层模型

本书中的人工智能应用实例说明了该技术在所有行业内都具有巨大的战略发展潜力。如今，在有限的时间内，一扇通向全新市场机遇的战略窗口为你打开，如果你还想保持竞争力，在未来的市场中力压群雄占据一席之地，那么就应该敞开怀抱迎接人工智能技术的到来。而该模型的目的是帮助你了解如何在企业内部部署人工智能，所以你还要清楚变化会带来什么样的效果。

三层模型在这里就可以派上用场（图 10.1）。一方面，企业管理层要下定决心进行战略革命，将人工智能技术全面覆盖到产品、服务、流程以及其他可能的领域。另一方面，企业所有员工都要了解人工智能技术。另外，为了成功运用人工智能技术，我们还需要规划合适的方案。通过三层模型可以确定人工智能技术在你企业中的成熟度。

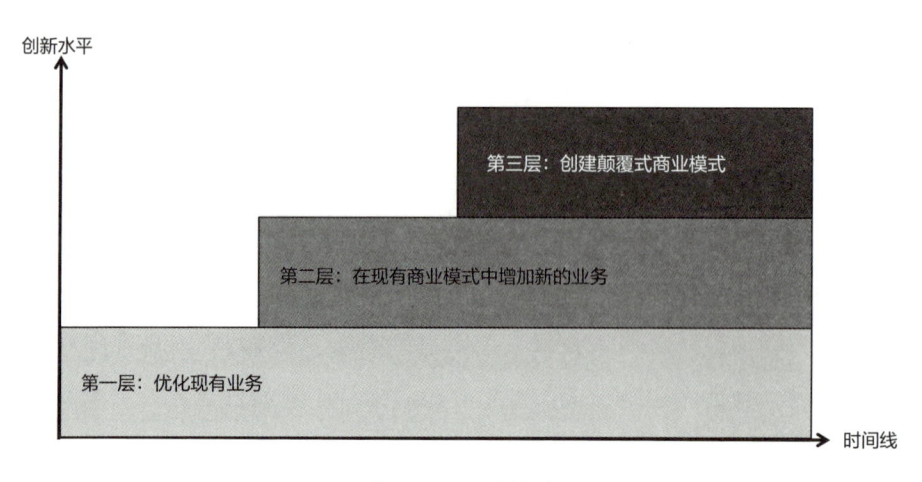

图 10.1　三层模型

如下是不同层的业务模型（见图 10.2）：

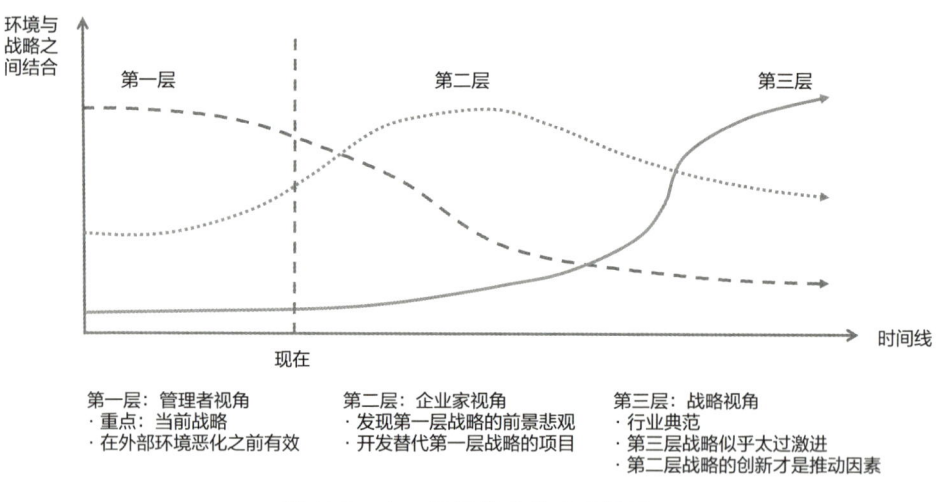

图 10.2　人工智能战略的三层模型

- **第一层业务模型**

第一层模型是企业当前的情况，其中的节点对应的是现有业务，经营重点是利润和现金流。这些也是推动人工智能进行创新的先决条件。有必要的话，这些第一层模型的核心业务都可以进行拓展或者压缩。在这一层业务中，可以有选择地整合人工智能技术，对流程、产品或服务进行优化来保证企业成长。

- 第二层业务模型

第二层模型用于检测通过第一层模型可以衍生出哪些新的商业模式。该层模型中产生的新商业模式通常都需要大量的前期投资。虽然这些商业模式在四五年内都不会产生最高利润，但是当前已经开始进入回报初期。该层可以使用线性优化的人工智能。

- 第三层业务模型

第三层模型具有高度创新性（混乱性），其中的业务逻辑只能通过人工智能技术才能实现。这些业务包括预维护、预管理以及虚拟智能助手。实现上述业务需要对单个企业或客户以及客户群进行深入分析，分析强度远远超出了传统的日常业务。在第三层模型中，创新业务颠覆了传统的商业模式，人工智能技术会将想法转化为具体的模型。

三层业务模型表达出了商业模式创新的不同范围。第一层模型表达的是基于现有组织机构以及线性优化的现有业务。其中可以在客服中心加入人工智能技术来优化客户服务，或者在 CRM 系统中加入人工智能技术来实现自动化营销，促进电子商务企业的个性化客户服务发展。该层级的创新水平相对较低，你只能对现有业务进行部分改进。通过这种方式，可以保持或者扩大现有的竞争优势。另外，还要分析你的企业是不是具备发展（同时）到第二层和第三层的潜力。

知识点

三层业务模型会将你的注意力吸引到一个特殊方向。虽然企业的日常业务都处在第一层中，但你必须要同时在第二层和第三层取得进步，这样才会塑造出成功的未来。

企业 AI 之旅

"双管齐下"在管理范畴中是一种常见情况。企业既要运行常规业务，同时还要发展第二层和第三层业务。日常业务的运行并不涉及技术的开发，而第二层和第三层业务则是完全地探索新领域。毕竟，数字时代正在商业领域进行大洗牌，人工智能技术就是孵化器。

小结

- 三层业务模型可以帮助你评估企业发展人工智能的潜力。
- 可以制订具体计划，向第二层和第三层业务发展，以便尽快确定人工智能的在企业里的发展。
- 如果你没及时投入人工智能的浪潮，那迟早会被市场淘汰，尤其在某些行业，被迅速淘汰已成定局。

10.2　记录下企业人工智能技术的应用成熟度

无论未来效果如何，每项人工智能部署的起点都为零。图 10.3 代表人工智能的成熟度。基础的人工智能技术和应用领域之间存在区别。以下四个维度内所有的企业人工智能基础都需要分析。人工智能的应用领域则有企业确定，其中包括客户服务、营销、交货和生产等方面。根据企业的业务重心，还可以包括维保部门、人力资源部门或其他相关部门。因此，在使用人工智能成熟度图形之前，先要确定图中是否包含了你需要的应用领域，你可以添加更多领域或者删除现有领域。

知识点

你必须要检查价值链中的每一个环节，了解人工智能技术是否

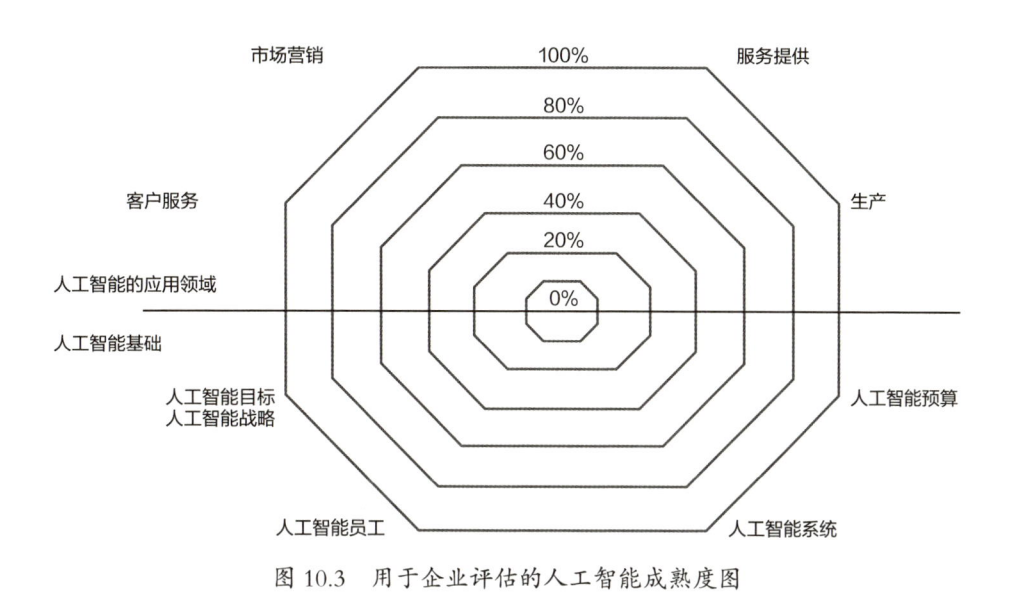

图 10.3　用于企业评估的人工智能成熟度图

能降低成本，或者为客户、供应商和企业带来额外的利润。

人工智能成熟度图的各个项目如下所述。从该图中，你将了解到一个项目在企业中的存在（基础人工智能）或在用（人工智能应用）程度。各项目的权重可以分配为0%（不可用、未确定、未实施）和100%（完全可用、完全实施、用于日常业务）。

基础人工智能的分析

- 人工智能的目标和策略

首先，你应该确定企业是否已经为人工智能技术的应用内容、范围、时间和地方制订好计划。如果没有合适的计划，那么就无法部署人工智能。因此就要知道人工智能在企业里的存在性。这方面可以通过数据、实际效果以及在企业战略中的重要程度来确定。

- 人工智能的预算

下一步，你需要为开发和部署人工智能设定预算。预算会告诉你，与研发预算或营业额和利润相比，这到底是一个垃圾项目，还是一个面向未来的绝佳计划。

- 人工智能专家

你需要知道你的企业是否有人工智能方面的专家（数据科学家、ML 专家），或者你是否打算将人工智能服务外包给第三方。你还需要了解你麾下专家的技术水平，例如他们的能力、水准、任务和职责。

- 人工智能系统

人工智能系统是一个能够自我进化的机器学习平台。例如第 4.2.1 节中的露西或阿尔伯特就是人工智能系统。第 4.2.6 节中的亚马逊图像识别系统可以通过 API 接口接入你的应用程序，这也是人工智能生态的一部分。另外还要确认是否有基础人工智能系统，例如人工智能平台亚马逊 SageMaker 和微软 Azure。除了上述这些系统，你还知道哪些数据流可以用于人工智能程序？是你企业的数据源，还是其他大型数据库？

在人工智能成熟度图的项目中，还出现了一个问题，就是现有的人工智能系统有多大的自主权限，或者能不能独立进行决策（无人工干预）。最坏的情况就是你的企业完全没有应用人工智能系统，而且企业有大量的数据和数据孤岛。

你可以为基础人工智能的评估过程划分出下列权重：

- 0 ~ 20%：基本没有
- 20% ~ 40%：单点
- 40% ~ 60%：单独的范围
- 60% ~ 80%：部分连接的范围
- 80% ~ 100%：完全覆盖，并在企业中扮演重要角色

人工智能应用的存在性分析：

- 客户服务

你需要确定人工智能是否能够在客户服务领域发挥作用。如果人工智能系统覆盖了所有客户服务领域，那么该项可以分配 100% 的权重。

- 市场营销

在营销领域，出现了人工智能系统能否识别出高价位来减少采购过程中的浪费问题。在和客户沟通过程中，人工智能系统可以提高客户购买兴趣，转换为自动化营销。这需要分析客户的相关数据记录，以确定使用哪种营销方案能够成功吸引到客户（预测分析领域）。

- 提供的服务

确定人工智能系统服务（如面部识别）或单体服务（智能助手或仿真机器人）的程度。

- 产品

你需要检查人工智能系统在生产方面的应用程度。检查的范围从采购到生产计划，包括经人工智能优化的材料消耗、预维护和经人工智能优化的上下游物流链。如果生产在你的企业中占主要部分，那么就可以将生产添加到人工智能成熟度图中，以便分析进一步的生产环节。

你可以为人工智能的应用领域划分出下列权重：

- 0 ~ 20%：没有使用或者入门级使用
- 20% ~ 40%：基本使用
- 40% ~ 60%：人工智能支持
- 60% ~ 80%：人工智能根据人类的评估结论来决策
- 80% ~ 100%：人工智能自主决策

通过企业高层会议或者对企业高管的调查，你可以从个人角度（自我形象或内心想法）来分析人工智能的成熟度。为了做到这一点，受访者必须要诚实对待，自欺欺人会严重误导调查结果。另外，还可以了解外界对人工智能应用领域的看法，外部意见有助于客观分析企业的人工智能的成熟度，还能够拓宽视野，帮助你摆脱自己企业和行业的约束，看得更加长远。

对竞争对手的人工智能成熟度分析同样重要。注意，不要受到传统行业边界的约束，尤其是人工智能会导致传统行业边界越来越模糊。新的竞争对手通常不会是同行，而是创新企业，他们往往只是想尝试全新的东西。

通过人工智能成熟度分析，你的企业要么已经在人工智能领域取得领先地位，要么就远远落后于潮流。无论如何，优秀的管理者现在就要展开人工智能之旅，大力推动人工智能的发展。

小结

- 使用人工智能成熟度图分析企业的人工智能成熟度是人工智能设计中不可或缺的第一步。
- 你可以系统地确定你是否已经为在企业应用人工智能创造了基础。
- 你还可以确定人工智能已经纳入了哪些应用领域。
- 根据人工智能成熟度图的结果，开始你的人工智能之旅。

10.3　让你的企业踏上人工智能之旅

人工智能有可能从根本上改变社会和经济。然而，这项技术将如何发展，尤其是发展速度如何，仍然存在很大的不确定性。如果你不尽快开启企业的人工智能之旅，虽然未来两三年内不会对企业产生较大的影响，但长此以往就会导致企业竞争力越来越低。你最好从今天就踏上人工智能之旅，提前增强企业的人工智能发展潜力。其目的是更深入地分析这项技术为你的企业和行业带来的机遇和风险。

考虑到这一点，如果你还在观望，那就更应该通过人工智能成熟度图的分析结果来加快脚步。在你的企业里部署人工智能技术需要具备以下条件：

- 通过招聘新员工、培训老员工或者获取第三方外包服务，建立自己的人工智能团队。
- 确定部署人工智能的项目，例如优化流程、创新产品和服务或开拓新业务以促进企业的可持续发展。

- 创建一个大型数据库来建立自己的数据生态系统，用于训练人工智能算法或参与外部数据生态系统交换。
- 为特定应用领域开发出强大算法。
- 准备好企业管理大变革，以便将整个企业和员工带上人工智能之旅。

为了实现上述过程，你可以了解一下人工智能之旅的后半段旅程。

10.3.1 第一阶段：综合信息收集

在部署人工智能之前，你和你的员工必须对其有充分的了解，而且要远超过了解网络词语以及媒体动态。通过精心选拔的人工智能团队开发出总指导方案，帮助你从计算机科学、商业、政治、心理学或哲学等方面了解人工智能。每一个方面都能为你照亮人工智能之旅！

通过人工智能中心来为你的企业创造接触人工智能系统和人工智能应用程序的机会，而且可以通过探索人工智能来减少人们对未知的恐惧并认识到这些技术的优势。你在人工智能中心得到的经验将使你能够确定企业要发展的第一个人工智能应用领域。你还可以对比人工智能技术的优缺点，很多情况下人工智能将牢牢占据绝对优势（从长远来看）！

在信息收集阶段，你可以先回答以下问题。从这些问题中可以看出人工智能如何改变行业和企业之间的竞争资本：

- 哪些行业和企业会较为容易地具备信息技术计算能力、数据、算法以及熟练员工？
- 多年来，这种竞争态势将如何发展？哪些行业以及哪些企业会取得优势？哪些企业会被淘汰？
- 行业结构的发展情况如何？哪些行业会被淘汰？哪些行业（可能是全新行业）会得到发展？

- 技术平台在转型过程中扮演什么角色？
- 如何设计自己企业的转型才能使员工也融入人工智能的浪潮？
- 人工智能技术能够优化哪些流程？重新设计哪些流程？
- 人工智能技术能够开发出哪些产品和哪些服务？
- 如何建立必要的合作、灵活和自由的组织机构和文化？

这一阶段还包括这些问题：为了获取相关资源，哪些案例对你的企业来说特别重要。你需要在早期阶段将案例与企业战略结合起来，来获得部署人工智能所需的高层支持和预算。重要的是，不要盲目相信人工智能的炒作，而是要确定你的企业内确实有能够应用的业务领域，并能够保证投资回报率。你可以从前文中列出的各应用领域中得到启发。

我们用三层模型来确定相关的案例（图10.1和图10.2）。

- 在第一层，你可以确定当前哪些业务可以通过人工智能技术来提高效率或价值。下列风险与技术的滥用有关。

如果你将一个糟糕的项目进行数字化改造，那么你将获得一个糟糕的数字化项目。

因此，只有运行情况良好的项目才值得使用人工智能技术。但是，即使在这种情况下也会出现问题，那就是你是否能够用人工智能技术重新设计出更好的项目。

另外，你还要确定能否通过人工智能技术对现有产品或服务实时改进。你可以关注那些已有的经过验证的人工智能技术案例，包括生产流程的自动化、预维护或CRM领域的分析（客户价值分析或信用评级），这一阶段需要一到两年时间。

- 在第二层，你可以放宽视野，确定哪些人工智能技术可以明显促进现有业务。另外，你还要提倡对整个产品线和服务范围进行分析。这样就能够确定人工智能可以对哪些项目组合进行改进或增减。这一层级包括将聊天机器人集成到客户服务中，或者将人工智能集成到医疗保健以及诊疗领域。另外还包括为流水线和原料创建数字孪生，以便为已有的项目开辟新的业务领域，这一阶段需要花费两到四年时间。

- 在第三层，你应该将视线放到现有商业模式之外，寻找新业务领域和创新商业模式的人工智能案例。当然，这些都是与你最相关的领域。为了实现这一点，你必须要克服惯性思维和行为模式，与来自前沿科学界的强大伙伴合作。与初创公司进行合作也有助于你接受先进的人工智能技术创新，这一阶段需要花费三到五年时间。

三个层次都可以引入"测试和学习"的概念，所以要持续验证各个业务案例，并随时进行测试。这样，你可以快速确定哪些方法最为可靠，能够确保未来业务具备发展潜力。在评估人工智能方案时，商业和技术负责人应该平等参与，将不同的意见组合到一个整体方案中。这样就能预防数据孤岛的形成：技术部门与商业部门互不通气。

数据孤岛意味着信息技术、数字化或创新等部门各自为战，产生的业务项目混乱不堪，毫无目标，导致"锤子找钉子"。所以你可以使用上文中的整体方案来避免这种情况。重要的是要确保人工智能技术能够持续产生价值，而不是一锤子买卖。在实施过程中，应该采用灵活的产品管理方法。

你可以使用人工智能专用的商业模型表格来确定企业部署人工智能的必要性和紧迫性。在表格里可以表达出清晰的概念。图10.4中就是人工智能专用的图示表格。通过这个表格可以确定人工智能与企业的相关性。这一表格的优势在于你可以在企业内部会议中清晰地研究人工智能技术。如果你将表格放大，还能够通过注释功能插入各种想法和建议。

图10.4中，还能看出对于人工智能的投资何时可以得到回报。麦肯锡对国际上3000多家活跃企业进行了研究，结果比较令人兴奋：

- 41%的企业表示，投资回报率的不确定性是进一步部署人工智能的最大障碍之一。

- 26%的企业表示，目前还缺少令人信服的人工智能应用案例。

在你使用这个表格时，需要处理好这些紧迫问题，然后再进入第二层。

人工智能的机遇	人工智能的风险	人工智能的目标	人工智能数据库	人工智能资源
·人工智能可以为哪些领域提升潜力 ·企业可以通过人工智能技术获得哪些益处 ·哪些人工智能技术投入了使用 ……	·人工智能会为行业带来哪些风险？ ·如何评估法律风险（数据保护）？ ·客户如何看待人工智能的使用 ……	·可以为客户优化哪些流程？ ·可以为客户开发哪些产品或者服务？ ·可以为供应链提供哪些优化？ ·可以为生产领域提升哪些潜力 ……	·哪些相关数据已经用于内部数据库？ ·哪些数据可以从外部获取？ ·可以确定哪些数据差距？如何弥补差距？ ·如何保证持续收集数据？	·需要哪些人工智能员工？ ·需要哪些外部资源？ ·需要哪些外部架构？ ·价值链上需要哪些网络？ ·需要哪些外部投资？
成本结构			利润结构	
·人工智能的初始成本是什么（系统、许可证、程序、数据、员工、培训）？ ·人工智能的运营成本？ ·人工智能的管理变革成本？ ……			·在哪些领域（直接/间接客户、新的/先进的流程、新的产品/服务）具有哪些收入潜力？ ·这项领域在什么环节进入？ ·预期收入的不确定性？	

图 10.4 人工智能示意图

10.3.2　第二阶段：人工智能部署准备

人工智能部署的一个重要基础就是建立企业自己的数据生态系统。根据第一阶段中的业务案例，你首先列出与案例相关的数据，然后检查企业已有哪些数据，甚至是独家数据。通过对目标数据和可用数据的对比，你可以发现大数据或多或少都存在一些差距。现在我们来找到更多的重要数据源。首先你要确定选择数据的标准（见第 2.4 节）。

在这方面，你会痛苦地发现欧盟的 GDPR 为你套上了众多法律限制，而亚马逊、脸书和谷歌却有着强大的发展潜力。为了弥补这一缺陷，所以就必须要与其他数据企业进行合作，以克服自身访问数据的限制。为了实现这一点，你可以与第三方建立数据生态系统来弥合数据差距。除了"挖掘"相关数据源外，如何利用多种数据格式也是一个重大挑战。不同的数据流可以结合在一个更大的数据生态系统中，带来持续的竞争优势。所以来自不同传感器和设备,特别是来自社交网络的持续性数据就要进行实时管理。

培养和招聘企业自己的人工智能专业人才是另一项重要任务。如果你的企业还没有自己的人工智能专业团队,那么就可以使用第三方服务来促进企业的人工智能发展,另外还可以与研究中心合作来培养合格员工。与同行企业合作也可以实现这一目标,哪怕是竞争对手。对于第三层面的创新通常需要克服自身的行业限制,这一点可以通过与人工智能初创公司或其他领先的人工智能企业合作来实现。

还有一种可能性是人工智能合作组织(Partnership on Artificial Intelligence)。该组织由来自亚马逊、苹果、DeepMind、脸书、谷歌、IBM 和微软的人工智能研究人员于 2016 年发起。2017 年,该组织增加了六名成员,扩展为一个多方利益联盟。今天,它的旗下已有 50 多个成员组织。该联盟遵循的口号是:汇集全球之声,创造人工智能未来。

为了造福人类和社会,人工智能组织将开展研究、组织讨论、分享见解、提升领导性思维、与第三方合作,回答公众和媒体的提问,创建教育资源以促进公众对人工智能技术的理解,其中包括机器感知、机器学习以及自动推理。

根据你企业的人工智能战略,可以选择加入该联盟或者关注该联盟组织的各种论坛。另外,弗劳恩霍夫大数据联盟(Fraunhofer Big Data Alliance)也是一个有趣的想法。该联盟提供直接访问弗劳恩霍夫专家的服务来满足企业的"数据饥渴"。弗劳恩霍夫大数据联盟将行业知识与智能数据分析结合起来,核心领域覆盖以下方面:

- 生产和工业
- 能源与环境
- 物流与运输
- 安保
- 生命科学与医疗
- 商业与金融

这一阶段还需要测试前文中提到的人工智能平台亚马逊 SageMaker 和微软 Azure 是否适合你的企业。所以还要对员工进行相应的资格认证。另外你还需要确定你的项目是否能够得到国家政策的支持。下列清单可以帮助你在企业中部署人工智能：

- 将可用的案例转换为合适的商业项目对于部署人工智能至关重要。如果将仿真机器人派到酒店前台，那么既不方便客人，也无法通过部署这台机器人产生任何经济效益以及实现投资回报，这就没有任何意义。

- 保证合适的环境。例如，在前台部署人工智能程序之前，需要考虑你的酒店是传统的阿尔卑斯山观景酒店还是现代化的城市酒店。如果客户是老年人，那么就不能够让他们使用太过复杂的现代智能设备。所以，在保证人工智能功能的前提下可以简化流程和复杂性。

- 使用人工智能还要求熟练性。首先员工就要很熟练，其次才是客户要熟练。如果你的员工不会使用人工智能程序，那么客户就不会信任他们。因此，一定要让员工们熟练使用人工智能程序，尤其是一线员工。

- 个性化信息和服务也是人工智能的一个重要的应用领域。你可以在营销自动化方面创造重要的客户优势。无论哪种情况下，你都应该随时检查客户能否发现你的优势。因为企业理念和客户期望通常都不大一样。

- 千万不要等到竞争对手在市场上推出新方案时才为你的企业研究应用人工智能技术的可能性。准备好预算和专业团队，积极进军创新领域！

- 密切关注客户的需求动态。与合作伙伴建立一个交流平台，随时交流想法并联合开发新的解决方案。例如思维设计等灵活项目法可以帮助你开发出人工智能可用的新业务模型。

- 为你的人工智能程序制定自己的伦理标准。法律的发展毕竟比新技术的发展要慢得多。这也提高了你创造产品、服务和流程来利于客户的责任。因此，科技造福人类，而非人类造福科技。

10.3.3 第三阶段：人工智能程序的发展

你需要意识到，人工智能技术的应用在短期内不会有明显效果，投资人工智能的回报以及客户利益只有经过长期发展才能实现。所以你需要让你的企业做好打持久战的准备，提高容错空间。如果某些项目的发展不佳，你的管理层就需要依靠"技巧"来结束它们，同时还不能对自己产生影响。这听起来好像比较令人沮丧，但长期来看却十分有效。同时，你还需要对人工智能项目投资保持耐心，否则就极有可能会在项目成熟前就草率终结它们。

知识点

> 亚马逊从一个被嘲笑的烧钱机器变成了一个令人钦佩和恐惧的全球化赚钱怪兽用了多长时间？将利润用于企业再投资来开拓新的业务领域用了多长时间？很多很多年！现在亚马逊是世界上最有价值的企业之一，在众多服务领域牢牢占据主导地位！亚马逊几乎已经在业内一骑绝尘，至少很多西方企业难以望其项背！

为了开发出相关实例，你可以采用经过市场考验的设计思维。设计思维来自设计师，他们在工作中通过观察、理解、头脑风暴、开发原型、确定和执行来制订出合理的解决方案。为了强化学习效果，各个阶段都反复斟酌。设计思维的创意过程可以借助特殊的方法论以及多种工具来实现，归根结底都是以用户为导向，这也是发展人工智能的目的。这里所说的"用户"既可以来自企业内部（企业内部员工，例如销售、产品开发、生产、采购）也可以来自企业外部。

在开发基于人工智能的产品、服务和流程时，需要考虑设计思维的以下特点和原则：

- 成立设计思维团队

设计团队的多样性可以为设计思维带来优势。多样性指的是团队成员有男性和女性，年轻人和老年人，新手和老手。另外，企业各部门也都在团队中派员参加，以充分拓展人工智能的部署范围。

设计团队最需要的就是 T 型人格。这些人拥有广泛的兴趣和高水平的专业知识。字母"T"的竖线代表对某一学科的深入了解，横线部分代表专业所需的广泛知识。

- 设计思维的流程

设计思维的流程通常包括下列步骤，具体内容将在后文介绍：

——重点：为目标群体建立同理心，确定所有人的初衷，然后统一思想。

——定义：确定任务目标，该目标必须以用户为导向。

——构思：提出解决方案或想法。

——原型：简单勾勒出原型。

——测试：邀请目标人群测试方案。

——决定（必要的情况下，可以在运行中进行多次迭代）：决定采用哪种方案。

设计思维的一个特点是目标群体定位的一致性，所有步骤都体现出了这一点。整个过程还会交替出现发散和收敛的情况。在发散时，需要通过全员进行头脑风暴来增加解决方案的数量，以便开发尽可能多的想法。在收敛时，需要将所有方案和想法都汇集在一起。

反馈是设计思维重要的组成部分。这一部分有很多实现的方法。例如，四轮评估方案。每个提供反馈的人都扮演一个角色：

- 第一轮：批评者只关注结果中的负面内容
- 第二轮：先知展望未来
- 第三轮：实用主义者着眼于纯粹的功能
- 第四轮：支持者关注给客户带来的利益

以上方法从某些特殊的角度对流程或原型提供反馈。因此个人意见就会退居其次。汇集在一起的知识（发散）则可以形成新的方案（收敛）。

在所有阶段中，想法开发可以借助可视化手段来实现。可视化可用于展示开发新服务理念、新应用程序以及新产品，促进想法的统一。获得的知识和开发出的想法可以通过简图和白板的形式可视化，方便众人理解和统一认识。同时，可以将人物角色的具体应用场景、努力方向和期待值打包成小故事，以进一步促进人们对人物角色的认知。

设计思维的另一个重要原则是快速设计原型。这一部分指的是尽量避免在初期阶段就设计出详细的原型，相反，应该首先勾勒出简单的草图。草图可以减少工作量，还方便用户测试。

草图可以促进迭代循环，也就是同一个步骤循环运行：新的发现带来新想法、新原型、新结果和新决策。所有这些都会促进创新和评估。因此，学习的过程和逐步推出方案的过程会持续好几轮。

- 设计思维中的时间和空间设计

空间和时间概念必须要提高设计思维过程的灵活性和动态性。因此，房间应该在内部装修方面具有高度的灵活性。墙、装饰画、吧台和娱乐室，还有所有带轮子的东西，或者能够轻易挪动的东西都属于基本配置。另外，还可以用计划卡和各种颜色以及形状的便签来辅助工作。各种材料都可以用于开发原型。黏土、乐高积木和其他材料都可以赋予不同的颜色。

为了使设计团队免于日常事务干扰，可以单独划分出一个办公场所。该办公场所可以与其他部门位于同一栋建筑，但最好为其设置单独的区域。如有必要，还可以挂上"请不要大声喧哗"等提示牌。很多企业都为员工提供了独立办公室，使他们能够不受干扰地工作，这可不是没事找事。

创新需要时间，这也是为什么无法"转瞬之间"就能拿出想法和方案。所以团队成员都应该完全投身于当前任务。

下面将详细介绍设计思维的流程，方便你准确了解在哪个阶段会发生什么（见图 10.5）。

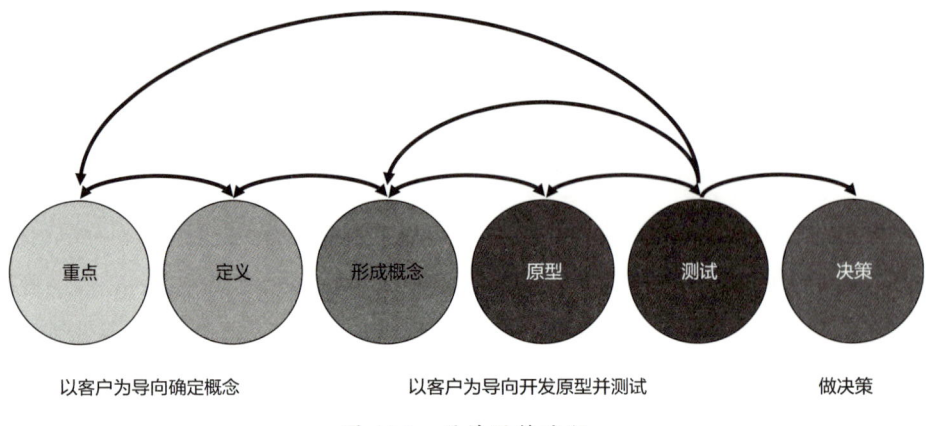

图 10.5　设计思维流程

- 共鸣：为团队成员建立共鸣

设计思维的流程始于团队成员的共鸣（统一认识）。首先应该制定各种问题和研究方向，以便更好地了解团队成员的情况。通过小组座谈或重点访谈可以获得新的见解，这一方法可以特别全面地了解目标成员的思想。为了强化这一点，可以使用前面提到的人物角色设计。这些角色是代表特定目标群体的虚拟人物，主要是以用户为导向。对于这些角色，可以用同理心地图来表示并进一步拓展，例如，如何将人物角色转换为人工智能程序（见图 10.6）。

同理心地图可以帮助你确定用户的期望点、厌恶点、受益点以及角色的个人诉求。还可以让你了解角色的情绪状态以及感知或想法。人物角色位于同理心地图的中央位置，附属的两个字段分别为"厌恶"（表示讨厌的东西）和"受益"（表示已实现或已获得），可以用于表述人工智能。围绕两个字段的是其他各部分的相关问题以及说明。以上区域现在必须面向具体角色来补充内容！

第 10 章 人工智能面临的挑战

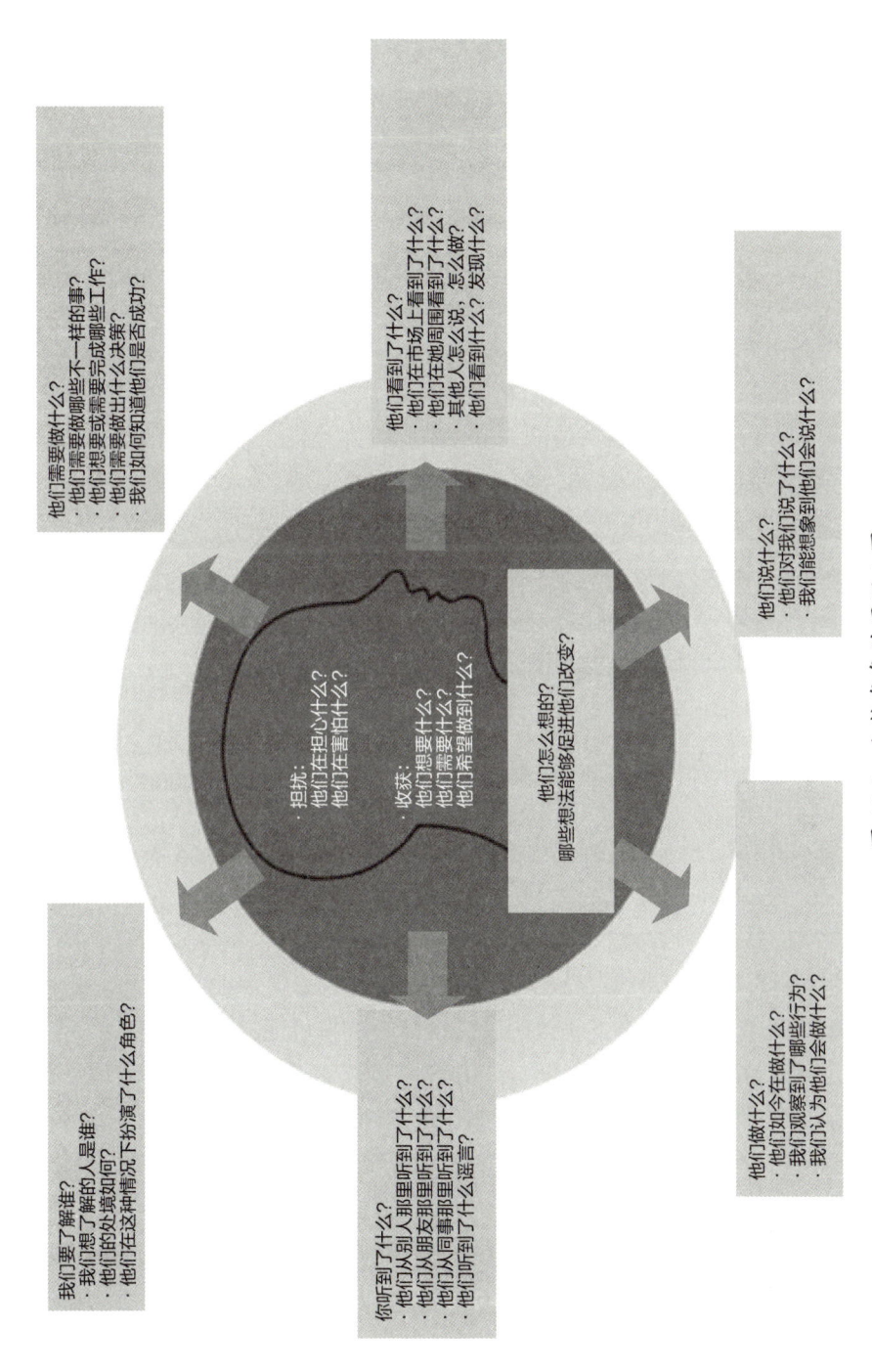

他们需要做什么？
· 他们需要做哪些不一样的事？
· 他们想要或需要完成哪些工作？
· 他们需要做出什么决策？
· 我们如何知道他们是否成功？

他们看到了什么？
· 他们在市场上看到了什么？
· 他们在他周围看到了什么？
· 其他人怎么说，怎么做？
· 他们看到什么？发现什么？

他们说什么？
· 他们对我们说了什么？
· 我们能想象到他们会说什么？

担扰：
· 他们在担心什么？
· 他们在害怕什么？

收获：
· 他们想要什么？
· 他们需要什么？
· 他们希望做到什么？

他们怎么想的？
哪些想法能够促进他们的改变？

他们做什么？
· 他们如今在做什么？
· 我们观察到了哪些行为？
· 我们认为他们会做什么？

你听到了什么？
· 他们从别人那里听到了什么？
· 他们从朋友那里听到了什么？
· 他们从同事那里听到了什么？
· 他们听到了什么谣言？

我们要了解谁？
· 我们想了解的人是谁？
· 他们的处境如何？
· 他们在这种情况下扮演了什么角色？

图 10.6 人物角色的同理心图

281

知识点

设计思维的核心是人物角色，所有的开发项目都围绕角色来执行。我们首先要深入了解人物角色，这是开发相关实例的必备条件。

- 定义：定义要处理的任务

定义阶段的目的是尽可能提出精确的问题，也可以称为设计障碍。根据人物角色，要确定初始问题的模板，也称为观点。这是头脑风暴的基础：

——这个角色需要具备什么样的特点才值得用人工智能程序推动？

——她为什么需要具备这样的特点？

——他的目的是什么？

——人工智能的使用会遇到哪些阻力？

——角色希望得到哪些支持，才能使人工智能程序受益？

——哪一方可以提供额外的帮助？

——什么样的解决方案、服务或产品能够满足期望？

- 概念的形成：获得灵感

在概念的形成阶段，会先开发出想法和首个方案。首先要提出众多想法（关键词：分歧）。这一阶段可以使用不同的发散方式（例如思维导图、头脑风暴、属性列表）。接下来是收敛阶段，在其中选择可能性较高的解决方案，并在下一阶段进一步处理。创造完毕，然后再次回归到更理性的思维。

- 原型：开发原型

在这一阶段要使用快速原型（图10.7）。使用最简单的方法创建用于学习和测试的初级原型。根据不同的方案，可以使用简图、白板或3D模型。创造的结果仅受时间和预算的限制。在设计流程和服务时，还可以通过角色扮演来测试特定流程的功能。

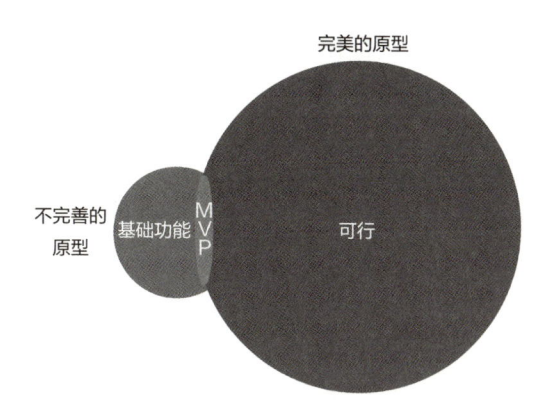

图 10.7　基础功能产品示意

- 测试：验证方案

在该阶段会向用户展示原型。根据之前的步骤，此阶段有多种原型可供测试。如果原型无效，那么就重新回到概念的形成阶段。如果原型通过测试，那么也可以在概念的形成阶段进一步处理。如果原型被用户接受（可能在多次迭代之后），那么就会直接过渡到最后阶段。这就是设计思维的灵活性。解决方案在彻底完善之会不断进行测试。

- 决策：决定采用哪种方案

目标人群"接受"原型后，设计思维过程就算是完成了。现在，该方案可以转入实战状态，准备正式推出市场。

设计过程的所有阶段都应遵循以下指导思想：

- 经常失败，就要及时止损（低成本）！
- 团队的高度自主权非常重要！
- 随时提出建设性意见！
- 不断学习！
- 使解决方案切实可行！
- 让客户来决定！

但是，千万不要急于求成，妄图用一两天的研讨会就能设计出可行的方案！从每个阶段都能看出，正是在为失败准备的容错时间段内才能提出最佳的创意。另外，还可以借助外部合作伙伴的帮助来完善方案。

定向开发的概念可以用于具体的人工智能应用领域。因为供需两侧的目标很明确，所以可以直接向市场推出相关度极高的解决方案。通过定向开发，你可以在更大范围内通过特定程序为供需匹配做出巨大贡献。

知识点

> 定向开发的核心概念特别简单，但实施起来却缺乏持续性。关键是你的产品和服务要紧密贴合市场，并且在开发过程中还要持续获取潜在客户的反馈。

你离开了开发产品和服务的象牙塔，然后早早面对社会的批评，而且没有保护。但是，如果所有的预算都已经花光，并且大家都不敢终止亏损项目，那么你最好在项目开发完毕后尽早进行筛查。

定向开发的目的是帮助你开发紧贴市场的人工智能应用领域创新。产品开发和推向市场之间的时间跨度必须缩短。如今，许多企业仍以产品上市时间为准。产品或服务从提出创意到推向市场通常都以天、星期、月或年为周期。这段时间包含了产品或服务的开发以及内部测试。由于在此期间并未实际部署，所以也就没有"实际测试"，这也就带来了许多开发风险。同时还在市场研究、原型创造、通信等方面产生费用，而原型本身还尚未产生利润。只有开发和测试阶段完成，以及产品或服务项目正式开启以后，才能产生客户价值（图 10.8）。

你应该尽快将创新产品推向市场，以抢占竞争优势。许多欧洲企业都犯了上市时间过长的毛病。这意味着在产品或服务上市前会有很长的空白期。特别是在仍需投入大量时间进行开发的情况下，延迟上市对生命周期非常短的产品和服务尤其不利。市场价格变化得越快，那些发展脚步缓慢的企业就会越被边缘化。

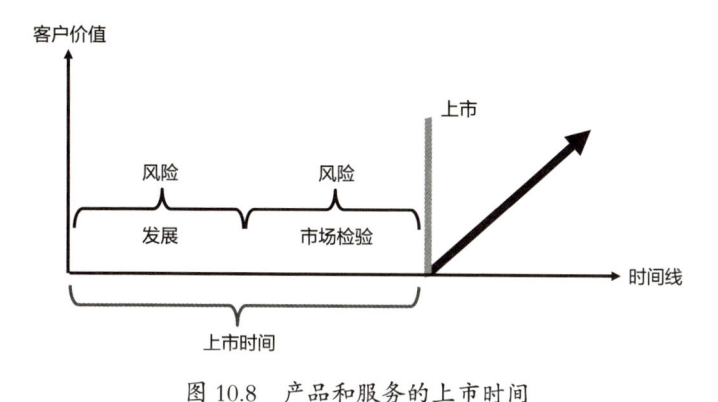

图 10.8　产品和服务的上市时间

知识点

以产品上市时间为准的方法已经越来越不适应当前对创新速度的要求。

因此，为了加快速度，你应该将注意力更多地放在价值实现期限方面。价值实现期限指的是产品或服务从开发到取得客户利益之间的期限。因此，你不必等待产品或服务十分完美时才将其投放到市场，但起码不能出现错误。

知识点

如今的挑战是时间价值！

快速原型的宗旨是压缩时间以尽快从产品或服务的创新理念形成真正的

产品或服务来测试其适用性。另外，当产品或服务稳定有效时，就可以将其推向市场，为客户创造价值。这种策略比较有标志性，代表第一个实用性产品或服务已经开始在市场运行。这一方案可以用术语"基本功能性产品"（MVP）来表述，意思是能够满足客户最低要求的产品或服务。

与以上市时间为标准的方法比，这种试运行的理念可以使你尽早地实现客户利益。同时还能获得真正的客户反馈，了解哪些地方可以优化，以及哪些功能可以扩展。产品的更新与创造客户利益可以同时进行。根据产品的试用反馈，你可以在适当的时候推出"最终"产品或"最终"服务。从试运行到正式运行之间的平稳过渡的流程十分科学，同时还能持续创造客户利益（图 10.9）。

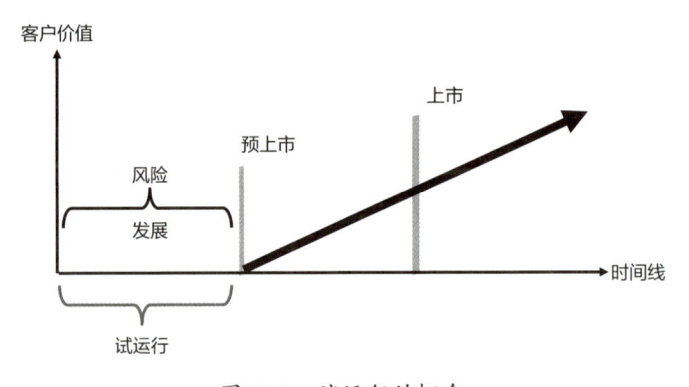

图 10.9　试运行的概念

一旦有了新的产品或新的服务，你就可以在有限范围内进行发布。通过与真实客户合作，你还可以获得新的产品概念，并加入创新过程中，那么正式产品的发布时间可以稍微延迟（图 10.9）。

知识点

通过试运行的概念，你可以实现以下目标：

第一，你的企业可以通过人工智能产品尽早进入市场。

第二，你可以在真实的市场环境中确定和调整产品或服务，并提前发现问题或者终止项目。

第三，试运行的产品或服务虽然只具备 70% 或 80% 的功能，但是你已经可以实现盈利。起码能够支付部分市场研究、模型构建以及通信等方面产生的成本。

定向开发基于以下几点，并提供了市场导向的三阶段模型，该模型与人工智能方案的开发相关：

- 创建
- 评估
- 学习

这种基于时间——价值理念的目标是尽快将产品、服务或完整的商业理念推向市场。为了符合目标群体的诉求，所以应尽早获得产品或服务反馈。目的是为进一步的发展提供动力和想法，必要时还可以重新修改创新。通过这种一致性的市场导向，可以节省大量时间和金钱。

为此，你可以对产品或服务本身的重要性能特征进行迭代测试，还可以对正在进行的试运行产品在市场上"测试"定价、分销、定位和品牌管理。该过程不断重复，形成了图 10.10 所示的创建—评估—学习的循环，这能让产品或服务与市场需求保持一致。通过定向开发重复这个周期，直到市场完全接受这个产品或服务。

创建—评估—学习各个阶段的具体内容如下。

- 第一阶段：创建——根据假设来定向开发产品或服务

创建—评估—学习循环以解决市场问题为起点。根据假设来开发产品、服务或业务模型，这些假设需要在市场上进行验证，必要时可以进行调整或者终止。

我们用简图来创建开发新方案的流程。在初始阶段，还不需要创建全面

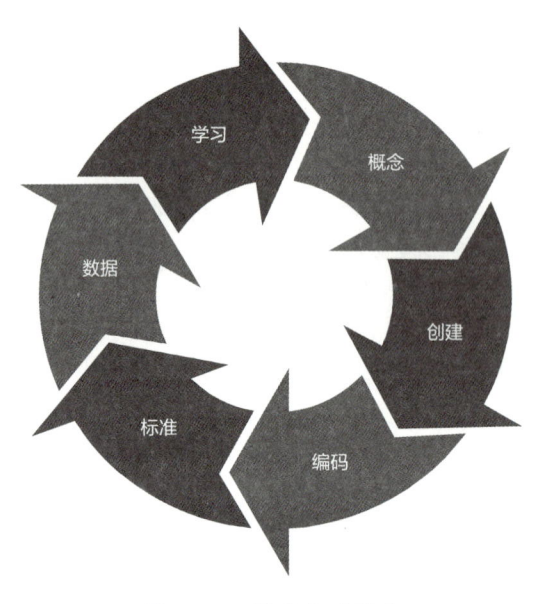

图 10.10　精准启动模式

的业务项目。因为在迭代中，方案可能会发生多次变化，甚至是巨大变化。

利用简图可以创建出解决方案的第一个原型。为了降低原型复杂性，简图中应该只包含方案的核心功能或关键属性。原型产品和服务可以只提供核心服务和功能，而不需要进行外观设计。通过上述流程，最终推出的试运行产品或服务称为"基本功能性产品"（MVP，图 10.7）。

- 第二阶段：评估——分析潜在客户的反馈

在图 10.10 中，编码环节会生成试运行产品，然后进入评估阶段。评估的目的是分析市场上现有产品的关联性和功能性。所以该阶段中，我们向用户提供试运行产品或具有最基本功能的产品，并从用户处获取反馈。除了召集座谈会和产品调研外，还可以为目标群体举办产品讲习班，另外定向开发也节省了评估阶段所需的时间和金钱。

- 第三阶段：学习——分析反馈以及提出新假设

我们根据从评估阶段获得的数据开始学习。首先要全面评估获得的知识，以便测试刚刚完成的创建—评估—学习循环假设的有效性。循环首次运行开始后，会出现下列问题：

——第一轮循环中的问题是否还存在，或者是否存在替代的解决方案？

——人们对解决问题还感兴趣吗？

——你是否愿意为计划的解决方案支付"适当"（以你对"有利"的概念）的成本？

——解决方案的人物角色正确吗？

——计划中的推广渠道是否适合目标群体？

——期望的定位清晰吗？

——品牌概念能否传达服务的核心理念？

实际上，很多初始假设肯定是不正确的。所以你应该庆幸很早就能发现这些假设并不成立。接下来你可以继续寻找新的灵感！

知识点

如果要失败，那就尽量快、尽量低成本、尽量早！

根据获得的知识，你可以提出新的假设，然后开始新的创建—评估—学习循环。重点是你的结论需要有大量数据支撑，否则会被少量数据诱导到错误的方向。

学习完毕以后，再开始下一个灵感、下一次创建、下一次评估、下一次学习！这样你不仅可以正确定位假设，还能越来越完善方案。当你的报价在市场上大受欢迎时，就可以结束循环了。

上述试运行结束之后，就进入了正式上市阶段，也就是全面推向市场的阶段（图10.9）。通过许多次试运行循环，失败的风险大幅度降低，几乎不用再投入时间和资源了。

为了帮助企业在人工智能技术方面入门，33A公司开发出了人工智能冲刺计划，目的是帮助企业的研发团队开发出人工智能程序。这一概念源于谷歌的冲刺计划，属于其中一个变体。人工智能冲刺计划可以从最终客户（"新服务"）、单个产品（"产品扩展"）或业务流程（"流程自动化"）入手。冲刺计划从人工智能程序的设计阶段开始，包括前期开发、冲刺研发和后期发布。而实施阶段的概念验证、业务案例开发以及灵活性检查等步骤不包括在冲刺计划中。

研发团队会使用人工智能冲刺计划"新服务"对设计阶段的各个步骤进行详细检查前期开发时需要确定你希望为其开发人工智能解决方案的人物角色，同时为获取内部和外部信息制定方案。前期开发请见图 10.11。

如图 10.12 所示，这一步的目的是明确研发目标和期望。为了实现这一点，还要用图 10.6 所示的同理心地图来调整不同方面的权重。

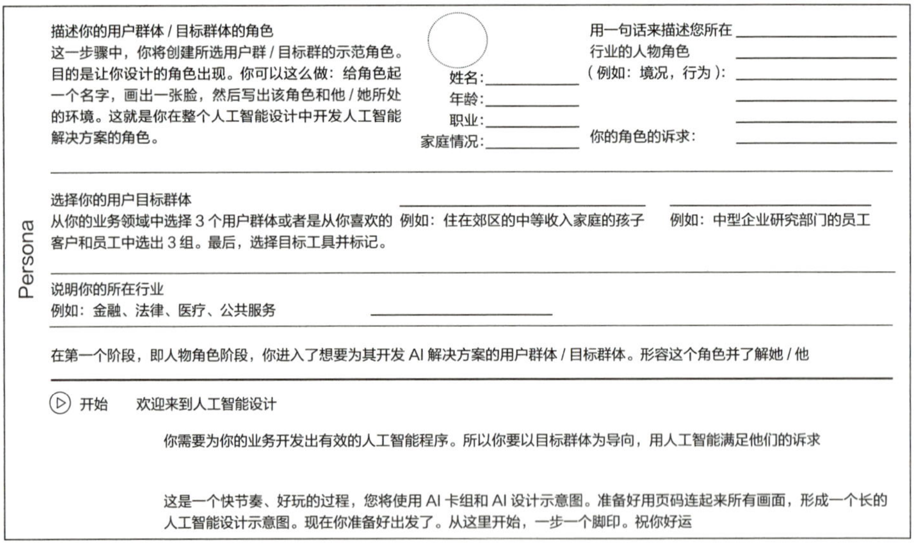

图 10.11　人工智能设计

在人工智能冲刺计划中，团队成员需要开发一种新的基于人工智能的方案，用于将用户轨迹绘制成图形。除此之外，你还可以选择其他能满足用户

第 10 章 人工智能面临的挑战

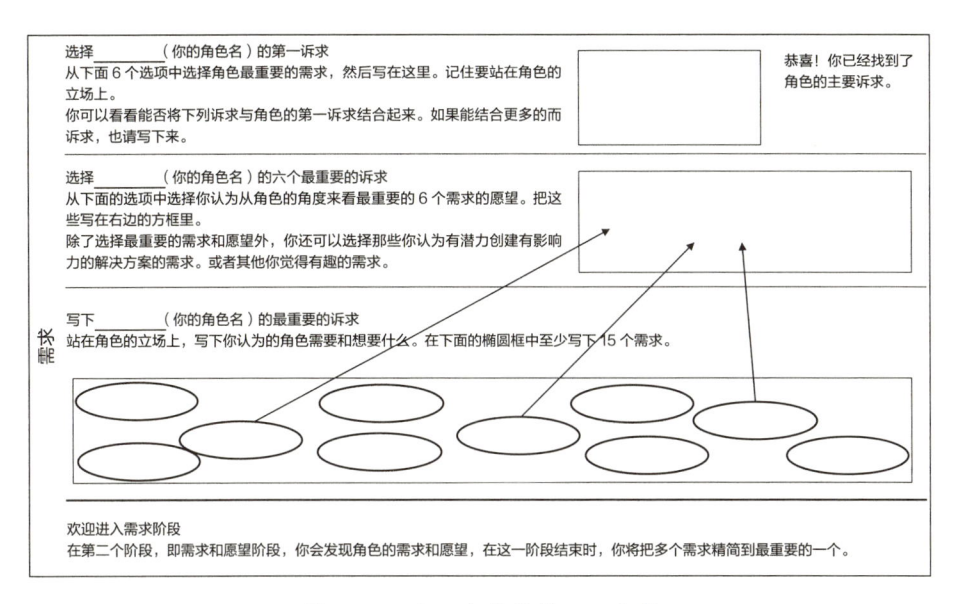

图 10.12 人工智能设计——需求

期望的人工智能技术。选择的过程可以通过图 10.13 的人工智能卡片来实现。也就是确定哪方面需要用哪种人工智能技术支持。

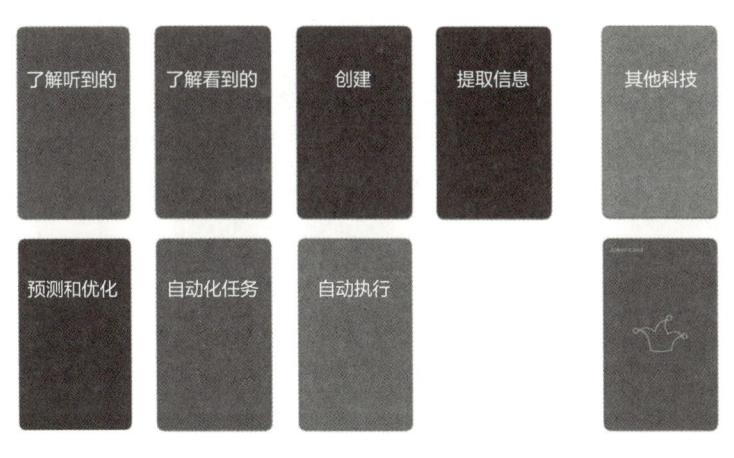

图 10.13 人工智能卡片——各种分类

如图 10.14 所示，使用人工智能选项卡来表示哪些功能可以淘汰，例如"理解语音"选项卡。

图 10.14　人工智能卡片——以"了解听到的"为例

如图 10.15 所示，这些选项卡可以用于更高级的流程。

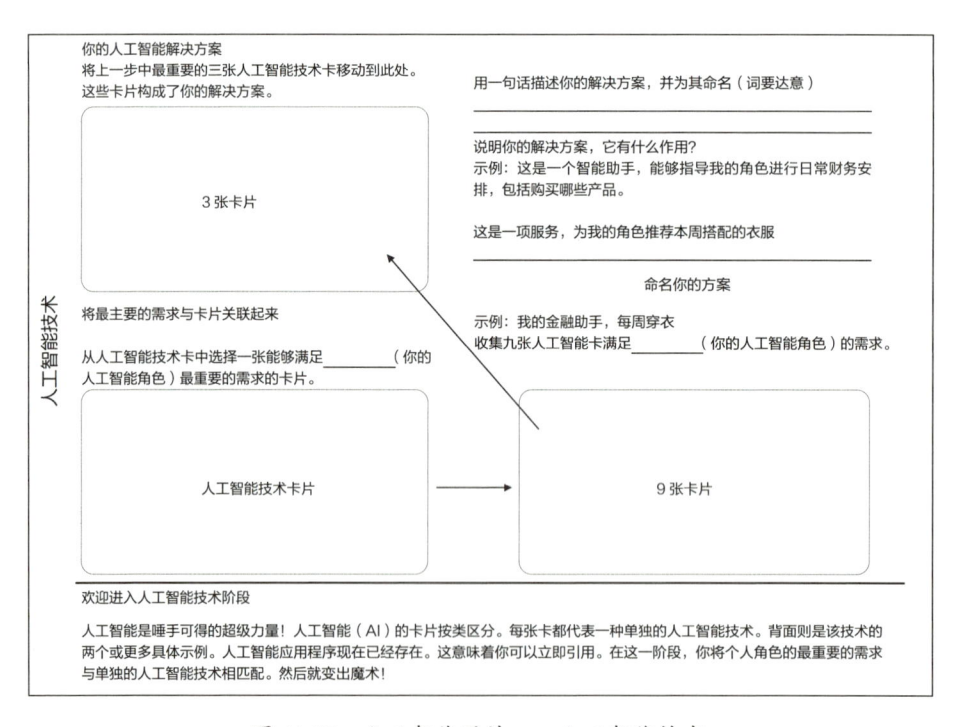

图 10.15　人工智能设计——人工智能技术

如图 10.16 所示，此时用户测试已经结束。

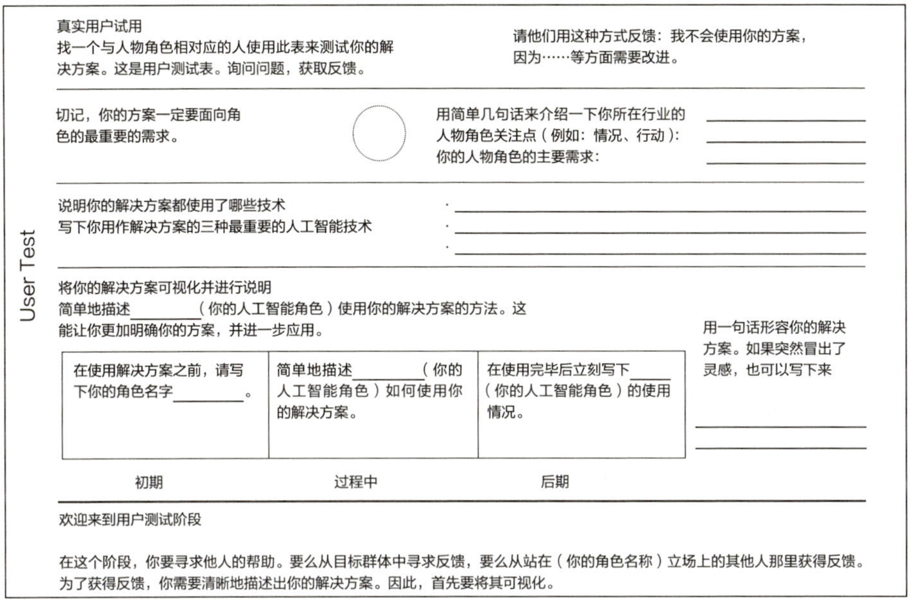
User Test

真实用户试用
找一个与人物角色相对应的人使用此表来测试你的解决方案。这是用户测试表。询问问题，获取反馈。

请他们用这种方式反馈：我不会使用你的方案，因为……等方面需要改进。

切记，你的方案一定要面向角色的最重要的需求。

用简单几句话来介绍一下你所在行业的人物角色关注点（例如：情况、行动）：
你的人物角色的主要需求：

说明你的解决方案都使用了哪些技术
写下你用作解决方案的三种最重要的人工智能技术

将你的解决方案可视化并进行说明
简单地描述________（你的人工智能角色）使用你的解决方案的方法。这能让你更加明确你的方案，并进一步应用。

在使用解决方案之前，请写下你的角色名字________。	简单地描述________（你的人工智能角色）如何使用你的解决方案。	在使用完毕后立刻写下______（你的人工智能角色）的使用情况。
初期	过程中	后期

用一句话形容你的解决方案。如果突然冒出了灵感，也可以写下来

欢迎来到用户测试阶段

在这个阶段，你要寻求他人的帮助。要么从目标群体中寻求反馈，要么从站在（你的角色名称）立场上的其他人那里获得反馈。为了获得反馈，你需要清晰地描述出你的解决方案。因此，首先要将其可视化。

图 10.16 人工智能设计——用户测试

快速原型可以通过图纸或者简单模型开发出来，然后提供给用户测试。这样就能在初期阶段从目标群体获得真实的产品反馈，同样不断地迭代可以启动新的创建—评估—学习循环。在产品的完全体开发完毕后，要赋予产品一个名称。图 10.17 中将记录下这些步骤。

在后期发布阶段，你可以从不同角度来检查开发出的产品。人工智能专家检查产品是否完全发挥了人工智能技术的优势。从人力资源、生产、采购和营销的角度来确定产品是否能为目标群体带去价值。另外，还要检查哪些成本和附加值与企业行为有关。

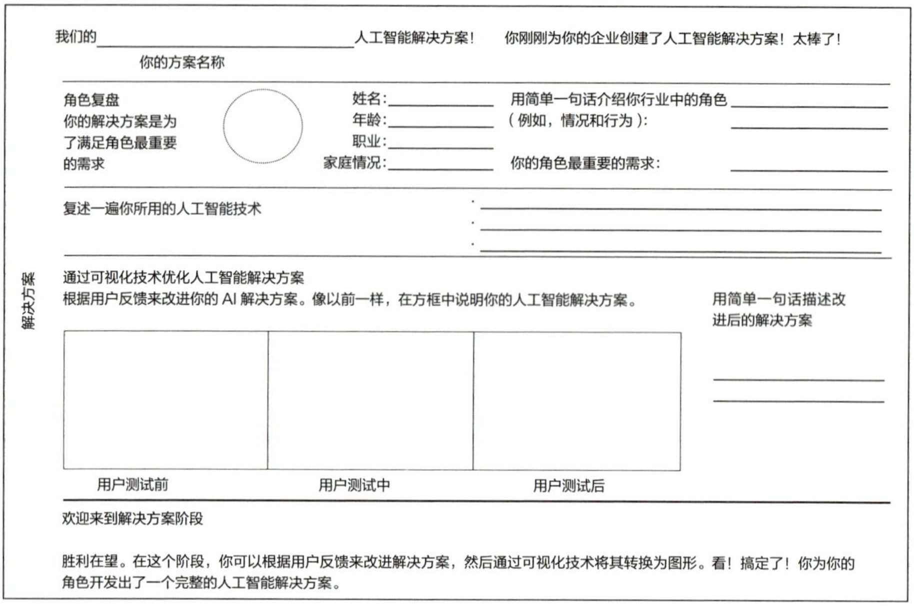

企业 AI 之旅

图 10.17　人工智能设计解决方案

知识点

　　人工智能冲刺计划产生的结果是一个经过验证的人工智能案例。另外还说明了所需的数据和数据源、计算和时间的范围，流程和人员的需求以及业务案例都是对项目合适的补充。

通过特殊的人工智能示意图（机器学习示意图）可以将企业的工作流程拆分为单独的任务（图 10.18）。然后挨个检查是不是能用人工智能程序替代。

图 10.18 所示的机器学习示意图主要表达了期望实现的价值。核心问题就是人工智能系统能为用户做什么。我们可以从以下问题来确定具体的作用：

决策	机器学习	价值诉求	数据资源	收集数据
• 你的哪些预测可以为最终用户提供有价值的决策? • ……	• 输入输出预测,问题的种类 • ……	• 我们要为预测系统的最终用户做什么? • 我们的服务目标是什么? • ……	• 哪些内部数据可用? • 哪些外部数据可用?	• 我们如何获取用来学习的新数据(输入和输出)? • ……
预测	线下评估	目标	特征	创建模型
• 我们什么时候对新的输入进行预测? • 我们需要多长时间对新输入赋予特征并进行预测?	• 招聘前系统评估的方法和指标 • ……	• 什么? • 为何? • 谁?	• 输入从原始数据源获取的数据 • ……	• 我们何时使用新的训练数据创建模型 • 我们需要多久来提取培训数据特征并创造模型?
		实时评估和监测 • 方案部署后评估系统的方法和指标 • 对价值创造的方法和指标进行量化		

图 10.18 机器学习示意图

- 做什么:试图解决哪些问题?
- 为什么:解决方案的意义是什么?
- 谁:谁来使用我们的解决方案?
- 怎么做:我们能预测到什么程度?我们能学到什么?

示意图的左侧是预测部分。其中有以下问题:

- 可以做出那些决定?可以为客户带来什么样的价值?
- 实现哪些机器学习任务?什么样的数据有效?预期产生什么样的结果?涉及哪些问题?
- 做出哪些预测?服务推出的速度要多快?
- 在系统实际应用之前,如何先对结果进行评估?

示意图的右侧是学习部分,其中有以下问题:

- 哪些外部和内部数据源可以使用?
- 如何收集数据才能持续获得相关的新数据?
- 从原始数据中可以获得哪些重要特征和模式?
- 如果新的商业数据有效,那么什么时候创建新的模型?时间有多久?

示意图的下半部分用于实时评估和监控。你可以从中看到该模型如何在日常实践中应用，以及它可以带来什么价值。

你可以通过机器学习示意图与团队一起确定机器学习平台的任务。从示意图中不仅可以同时制定和绘出方案，还能够确定概念的方向。目标价值要置于示意图的中心。

图 10.19 所示是另一个示意图的例子。在这幅人工智能示意图中，可以清楚地看到人工智能在哪些领域可以直接影响到成本和收入结构。

重要伙伴	关键行为	服务理念	顾客关系	客户细分
• 社交网络 • 供应商 • 销售伙伴 • 数据安全组织 • 律师 • ……	• 搜索不同的数据源 • 开发强力算法 • …… **关键资源** • 人工智能专家 • 客户数据 • 强力算法 • 预算 • ……	**新产品和新服务** • 聊天机器人 • 数字化智能助手（Alexa，谷歌家庭等） **现有产品和服务的新功能** • 个性化推荐 • 数字化智能助手提供服务（苹果 Siri，谷歌助手）	• 通过新产品留住现有客户 • 通过个性化解决方案进一步挖掘产品潜力 **销售渠道** • 服务流程的数字化 • 实现全向通信	• 通过创新解决方案开发新的客户群 • 通过个性化服务提高客户转化率

成本结构	利润结构
• 通过封闭的生态系统降低笼络客户的成本（客户转换成本增加） • 更经济高效地访问其他客户数据 • 减少克服中心的员工人数	• 通过交叉销售和追加销售方案，进一步挖掘客户潜力 • 销售新的产品和服务 • 根据营销数据拓展更多收入来源

图 10.19 对话式人工智能模型示意图

另外，你还可以在业务设计中使用示意图，从中可以看出你的业务模式收到第三方平台威胁的程度以及你是否有足够的资源开发自己的平台。说到平台概念，我们通常首先想到的是 B2C 平台，如爱彼迎、亚马逊、Check24、优步。而 B2B 平台则有：

阿里巴巴（2019）：在线采购批发平台，还支持租用货柜。

- CheMondis（2019）：在线化学品 B2B 平台

- Kaa（2019）：灵活的开源物联网平台
- Mercateo（2019）：面向商业客户的大宗采购平台
- Mindsher（2019）：基于云服务的开源物联网平台（西门子）
- Ondeso（2019）：工业自动化管理一体化方案
- Predix（2019）：基于云服务的平台即服务（通用电气）
- Scrappel（2019）：面向可回收材料的数字市场
- Skywise（2019）：开放式航空数据平台
- TOII（2019）：用于连接不同门户制造商和不同世代机器的物联网平台
- Wucato（2019）：中型工业和手工业企业采购平台

知识点

所有这些平台的共同点都是充当服务商和客户之间沟通的桥梁。由于众多卖方对应众多买方，所以这也成了对双方都有利的双边市场，产生了积极的网络效应：供应商被众多买家包围，同时买家也被众多供应商包围。当平台弹性较高，并在市场上出现"独家垄断所有资源"时，则会导致一家独大。

供应商在使用此类平台时会承担两大风险。第一，平台运营商会通过交易数据准确地了解到哪些产品畅销，哪些产品遇冷。实时掌握市场动态。而这正是其他供应商无法具备的优势。第二，平台切断了传统商业活动中供应商和客户之间直接交易的关系。客户直接交易的对象换成了平台，这就为供应商带来苦恼。

然而，这些平台对客户来说十分重要，你应该考虑是进驻这些平台，还是与强大的合作伙伴共同建立自己的交易平台。

只有一件事情你不应该低估：平台的重要性！通过平台来思考和行动已

然成为当今主流！如图 10.20 所示，你应该为你的企业引入特殊的平台示意图概念。使用示意图的第一步是制定企业平台战略的发展目标。平台示意图与业务示意图的区别是平台示意图可以用来发现哪些第三方平台会危及你的业务。另外还能够发现哪些合作伙伴值得合作开发自己或者公共的平台。

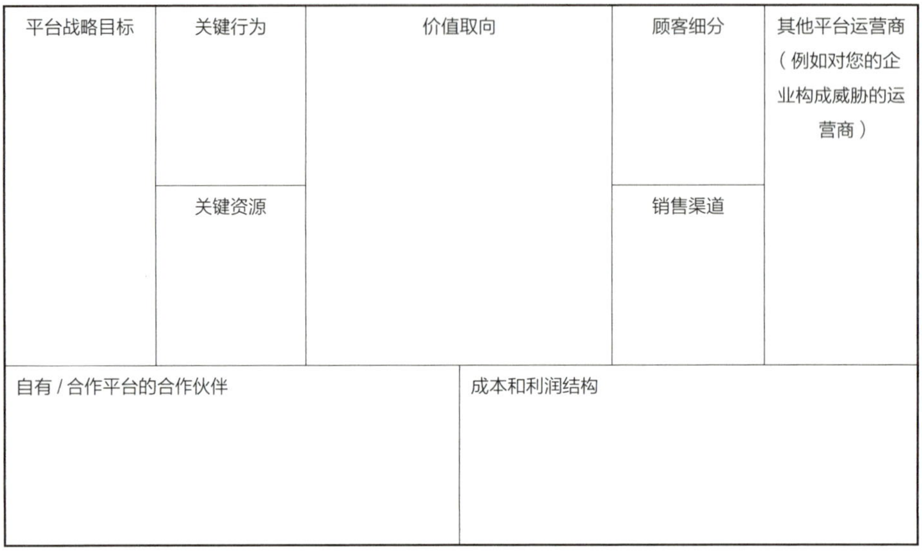

平台战略目标	关键行为	价值取向	顾客细分	其他平台运营商（例如对您的企业构成威胁的运营商）
	关键资源		销售渠道	
自有/合作平台的合作伙伴			成本和利润结构	

图 10.20　平台的概念示意图

现在的工作重点可以放在分析已有或者在建的平台可能产生哪些威胁上面。同时你需要启动创造流程，为你自己或者与合作伙伴开发的平台确定可行的目标。最后还要筛选出对该方案感兴趣的潜在合作伙伴。这样你就可以应对来自第三方平台的冲击。

这项工作可以交由你的跨专业人工智能团队来负责。他们必须持续开发面向业务的新人工智能应用案例。该过程需要灵活的内部和外部合作，系统地克服从研发到采购、生产、营销以及价值链上经常出现的内部信息孤岛。为了开发人工智能潜力，还要克服供应链上的信息孤岛等外部障碍。

通过上文所述，你应该在企业内的各部门都派驻合格的人工智能专家，以便长期保障将你的兴趣变为现实。这样你就不用再面临从与竞争对手共用的人工智能机构获取服务的风险。为了保证你的应用程序的可靠性，人工智能专家必须要对系统有深入了解，而且尽可能保证最终决策权，以求实现交叉验证的效果。这一操作需要关闭人工智能程序来避免不必要的干扰因素。毕竟人工智能的决策只有在使用的基础数据和算法极为出色的情况下才会准确。所以你应该始终保证应用程序中的人工智能易于解读，便于复盘（见第 1.1 节）。人工智能应用程序必须自我评估预测或者决策的准确率，所以就需要保证项目的严谨性。确保开发过程中 100% 的用户友好性。为了实现这些，我们引入苹果公司的原则，这也是成功的决定性因素：

简化！简化！简化！

在人工智能的使用中，人工智能即服务可以提供重要帮助。该服务平台来自第三方系统，而且已经针对其自身情况进行过培训。这里的问题在于，该服务平台并不属于你的企业，也就是说你完全不了解其中的算法和数据的真实性，所以做出的决策有可能会产生风险，尤其是某些服务提供商会使用自己的数据来训练系统。

10.3.4 第四阶段：将人工智能程序和人工智能结果整合进企业

人工智能应用程序的集成和产生的结果为每个企业都带来了或多或少的挑战。例如流程就可能需要重新设计。根据新的发现或者新的可行性，我们可以对企业的流程和步骤重新检查。现有的流程都可转为自动化（例如，管理、生产或物流）。自动化的核心是机器接口（M2M）。其他情况下，人工智能则会拓展人们的行动能力。同时相关信息可以实时传输给客户服务中心或者维保人员。这就是人机界面的设计，例如企业里智能助手或者专家系统与员工之间的人机界面。另外，人工智能还能用于创造产品和服务或者开发新业务。所以重点在于，你必须对企业里的下列情况有所了解：

- 如今，大多数企业只在突破性创新方面着手准备，但这些创新有可能会冲击到企业已有的业务、产品和服务。这些企业的核心可以称为发动机，目的是推出质量可靠的产品和服务，并能够以高效率、低成本批量生产。你从中可以联想到大众和奥迪的整车装配线，也可以联想到巴斯夫、汉高和联合利华的生产车间。对于发动机来说，稳定性、可预测性、常规性以及零误差是正常运行的关键因素。

发动机的作用就是驱动整个企业。因此，所有与当前业务背道而驰，并且带来不确定性和低效率的项目都会被终止，切断时间和资源分配，甚至是完全关闭。从发动机的角度来说，这些并不算是肆意妄为，而是对企业当前顺利运行的一种保护。保证现有业务才是发动机的任务目标。

- 今天，这种传统的发动机与另一种类似网络的概念对比，后者可以更快地对变化的环境作出反应。所以也就衍生出了另一个术语"创新发动机"。创新发动机可以独立于企业核心业务之外，用于单独开发激进性或者破坏性的创新项目。其核心原则是业务系统的开放性、容错性以及探索未来战略中的业务机会。它会独立于企业的传统发动机，双方互不影响。

创新发动机不一定非要合并到企业中来，而且通常也并不会合并。太过接近现有项目可能会对必要的创新性带来反作用。很多例子都能证明，为创新发动机单独设立一个创新中心可以最大化地发挥其效果。独立人工智能企业的建立与合作也可以形成创作自由。起初，这种创新发动机与所属企业的关系相对松散，主要还是存在于公司法的层面。

在创新发动机中可以自由定义各种任务领域。你可以基于数据生态系统或人工智能平台来创造新的业务，而不必考虑是否能够与现有业务兼容。最重要的是，一定要跳出现有的企业思维局限，脱离传统发动机的限制，创新发动机的精髓就是探索。

引发的思考

你可以为创新发动机制定一项精彩的任务,这样就可以开发出能够严重冲击到你现有发动机及业务的想法和概念。

如果你真这么干了,那么人们肯定不会理解你——至少一开始不会。但是,你的竞争对手,尤其是来自初创企业的竞争对手是否会采取和你一样的方式?他们会在你的计划中寻找弱点加以攻击,或者从你的现有业务中窃取最有利可图的领域。

这就是为什么你需要亲力亲为,以便在潜在竞争对手发难前拿出可靠的项目:

你拿不出来好东西的话,别人能!

现在,你的企业需要解决组织困境。首先你要确定企业内部是否已经存在下列情况:一方面,如今的运营情况(从发动机的角度)存在机械的分层管理结构。另一方面,用于创新项目的结构越来越先进以及网络化(从创新发动机的角度)。这一环节充分体现出了第 10.1 节中描述的"灵活性"。

为了实现这一点,你需要确定你的企业能在多大程度上向图 10.21 所示的二元结构方向长期发展。

传统发动机	创新发动机
组织的层次结构	组织的网络部分
• 定义明确且经过验证的流程和组织结构	• 组织内的工作要灵活处理
• 可靠性、效率和零错误的运营业务管理	• 激进、破坏性和相互影响的项目管理
• 改变需要小步快跑	• 开放性、容错性、灵活性和速度是关键
重点:今日钱今日赚!	重点:今日钱未来赚!

图 10.21 转换过程的二元结构

你要保证传统发动机和创新发动机的组合不只是一个选择题,还是两个部分之间形成类似于伙伴关系的合作。这两个发动机的团队成员都需要认识到另一个发动机的重要性,并能够予以重视。只有这样,传统发动机和创新发动机之间才能科学分工，共同保障企业长期生存。创新发动机中会出现对企业可持续发展不可或缺的新业务理念，但前提是传统发动机会持续带来资金。

为了使这一组合发挥作用，你必须培养相应的企业文化以及观念，还要为员工建立起对人工智能的信心。第 1.1 节中的可解读人工智能可以在这里起到不可低估的重要作用。请记住，人们需要时间来适应这种转变。你需要高度重视发展人工智能相关的企业文化，不仅需要为员工培养人工智能技能，还要让中高层管理人员全面了解人工智能的用途和效果。千万不要阻止员工提出相应的建议和想法。

知识点

> 你需要面对的最大挑战之一就是内部管理革命，使企业文化能够和人工智能完美结合。为什么这么做？

在文化面前，战略不堪一击（彼得·德鲁克）

重要的是，你要让所有员工在初期就参与人工智能的应用，而不是单纯展示结果，就像是扔手榴弹。只有当员工养成数字化思维模式，才能够完善人工智能程序的应用效果。通常，人工智能方案会对现有项目产生影响，从而引起强烈的防御反应。

事实证明，基层员工的力量对于成功运用人工智能技术以及企业的数字化转型能够起到极为重要的作用。

引发的思考

你的企业已经推广数字化思维了吗？人工智能不是一个寿命仅仅数年的独立信息技术项目，而是整个企业赖以生存的长期战略！未来，人工智能的影响力会大幅度增加，并且覆盖所有部门。

知识点

企业需要将基于人工智能技术的创新项目推出市场，避免错过人工智能的浪潮。更不要苦等政策推动。

任何想要人工智能成功的人都必须具备灵活、开放和批判的特征！

多于科学界和工业界的代表交流，尽早部署人工智能。通过行业内以及行业间的合作，进行必要投资。设计出你自己的方案（符合法律要求），与政治家交互意见，同时获取客户关于创新产品和服务的反馈！

小结

下面的指南可以帮助你踏上人工智能之旅：

- 确定你的企业的人工智能应用领域。
- 根据明确的业务案例，为选定的案例设置优先级。
- 不要把一切都放在同一个人工智能"篮子"里——分散投资风险，同时保持对盈利项目的关注。
- 为企业培养人工智能技术（通过第三方）——人工智能将成为企业的核心竞争点，但同时却缺少人工智能专家。
- 存储各种各样的数据，有效的数据源是人工智能的发展动力。
- 利用你的相关知识，只有专业知识才能充分挖掘人工智能的潜力。
- 人工智能的第一步，小步快跑：试运行、测试以及模拟。
- 前期没必要大规模投资，而是要灵活投资！
- 检查示意图中哪个概念最能帮助你完成人工智能之旅。
- 将人工智能解放出来的资源重新投资于创新业务——这不是"救死扶伤"，而是持久战！

- 人工智能需要你企业实行文化变革——开放性的人机协作。
- 让员工在人工智能开发的早期阶段参与其中，积极参与管理变革，并提出新的恐惧和担忧。
- 人工智能的结果可能很难复盘，但你还是应该努力做到（可解读的人工智能）。
- 对人工智能的信任会随着时间的推移而越来越强烈！

第11章

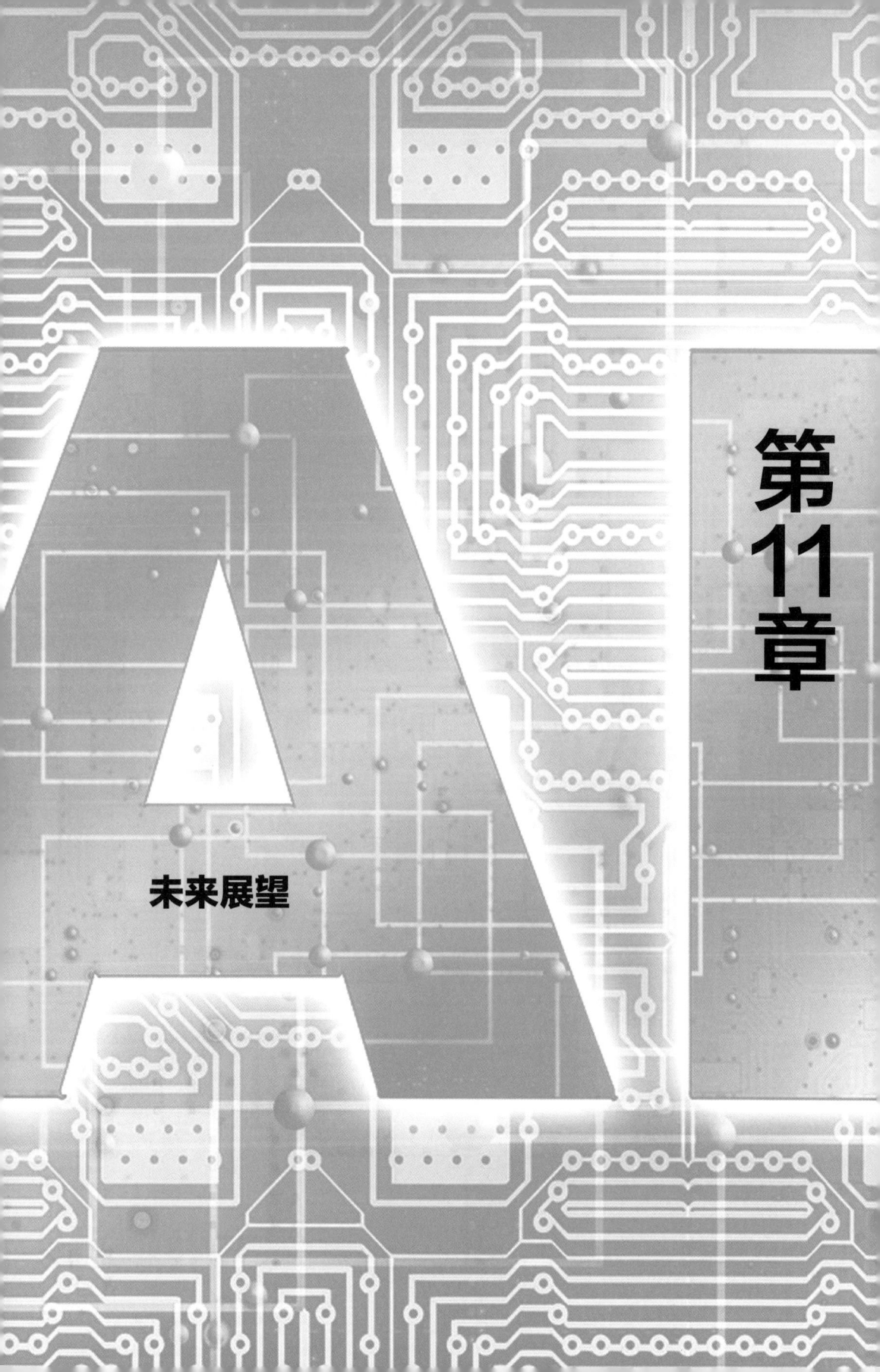

未来展望

在本章中，你将看到全社会都要在全球范围内适应人工智能带来的破坏性冲击！所有国家、企业和人民都处于不断蜕变的过程，这一过程由数字化引发，经人工智能进一步放大，并且将一直持续下去！关于是否应该普及人工智能的讨论已经毫无意义，这项技术已然形成了席卷全球之势。所以现在应该积极研究如何遏制人工智能系统带来的歧视、滥用和误用。人工智能是一个克服城市化和人口流动、人口增加和全球气候变化等持续性全球挑战的绝佳机会。互联网无国界，人工智能也无国界！

11.1　人工智能发展的时间线

纵观短期、中期和长期发展，应该能够了解到人工智能的发展方向。以这些作为预测方向，就能够大致了解人工智能在未来的突破。我们对未来展望得越远，这句话就越有推测性。

知识点

人工智能一旦实现新的技术突破，就可以快速朝着不同的方向发展！

目前的重点在于快速发现和利用现有的人工智能技术。表 11.1 所示的标准化、重复性和可扩展任务都是人工智能的重要应用领域。另外还要进一步开发数据源以便向人工智能系统提供相关的数据流。

表 11.1 人工智能的预期发展情况

时间线	现在	短期发展	中期发展	长期发展
示例	• 用于数据模式识别的大数据分析，例如图像和视频识别 • 提高现有流程的效率 • 确定最佳服务方案和沟通方法 • 标准化流程中的协作机器人 • 人脸识别	• 实时信息反馈（例如信用评级） • 有效预测（预防欺诈或者辅助营销） • 消息应用和聊天机器人取代其他应用程序 • 自适应学习系统 • 复杂管理系统 • （商用）客服机器人	• 复杂的辅助系统和机器人（例如医疗和维保） • AR 或聊天机器人（例如旅行和法律援助） • 生物黑客 • 自动驾驶服务（例如出租车、卡车、巴士） • 自动飞行服务（无人机和飞机）	• 人脑解码 • 开发通用系统（通用人工智能） • 开发完全拟人化的仿真机器人
标准	标准性、重复性、（数字化）可扩展性	复杂数据互联，混合技术	普及自动化和自主性	意识、强人工智能、超智能、技术奇点

未来几年，很多用于生产和服务的人工智能程序都会开发出各种各样的技术。另外，向人工智能程序提供不同来源的大量非结构化数据变得越来越容易。经过优化的结果和预测功能能够处理更复杂的情况以及开发出更强大的系统。智能助手会更加完美地处理自然语言，并能提供远超过现在的信息量。

我们可以预期，在未来几十年内，自动化流程将产生重大影响。人机协作会变得越来越重要，并为许多行业带来冲击！尤其对于文字工作或其他高度重复但仍需智力的工作领域，如会计师、客服中心员工、营销专家、税务顾问、银行员工和保险业务员等。

以上预期的价值取决于不同的出发点。如果用人工智能系统降低成本，那么就可能产生综合性的岗位淘汰以及增加企业利润。如果用人工智能系统照顾老人或者与他人协作，那么生活质量就会持续提高。

无论如何，与前几次工业革命一样，技术也将全面革新！未来的重点将是管理变革以及新概念的研发和实施。IBA 全球就业研究院发布了一份关于人工智能对工作职位影响的报告。他们得出的结论是，中低端工作以及简单体力工作将被淘汰。与此相反，对高水平数据科学家的需求将大幅增加以应对日益增长的数据流量。与此同时，众包工作者和数据工人的数量也将显著增加。这两个工种指的是通过众包平台接受派单的人员。这些人在平台上申请订单，然后独立或者与他人合作完成任务。他们主要是自由职业者。

这里只讨论了就业关系中的差距可能导致劳动力的两极分化。高端员工的工作条件很完善，而且他们的资格也允许轻易跳槽。但众包工作者就完全处于劣势。他们只能接受平台派单，而且不知道下一次派单是什么时候，所以根本无法制定长期职业规划。

同时，人工智能在各个行业都有着巨大的增值潜力，麦肯锡预计，人工智能的潜在价值将占2016年行业销售额的1%~9%。该占比根据行业而异，具体取决于可行性、复杂数据的可用性以及监管和其他限制情况。

图11.1中的指数并非特定时期的情况，相反，它们旨在说明人工智能技术在全球经济中的巨大发展潜力。其最大的影响体现在营销和销售以及供应链管理和生产领域。尤其是在消费品行业的营销和销售领域的潜力更大。其中一个原因是店铺和客户之间越来越频繁的数字沟通能够产生大量数据，这些数据为人工智能技术提供了丰富的资源。电子商务平台也能够通过人工智能受益。因为这一类平台可以轻松捕获用户信息（例如点击的选项或在网站上花费的时间），所以可以为每个用户单独制定促销以及提供价格、产品或服务优惠。

图11.2显示了你的企业可以将人工智能应用于哪些领域。凯捷管理顾问公司（Capgemini）的一项研究分析了50多个人工智能案例。事实表明，很多企业都是从最困难的案例开始人工智能之旅。相比之下，只有少数企业首先着眼于那些不仅易于实现，而且非常有益的案例。为了避免这一情况的发生，我们将人工智能程序根据复杂程度和利润程度进行分组（图11.2）。

必要程序是指那些应用广泛且操作简单的应用程序。在接受调查的活跃

企业 AI 之旅

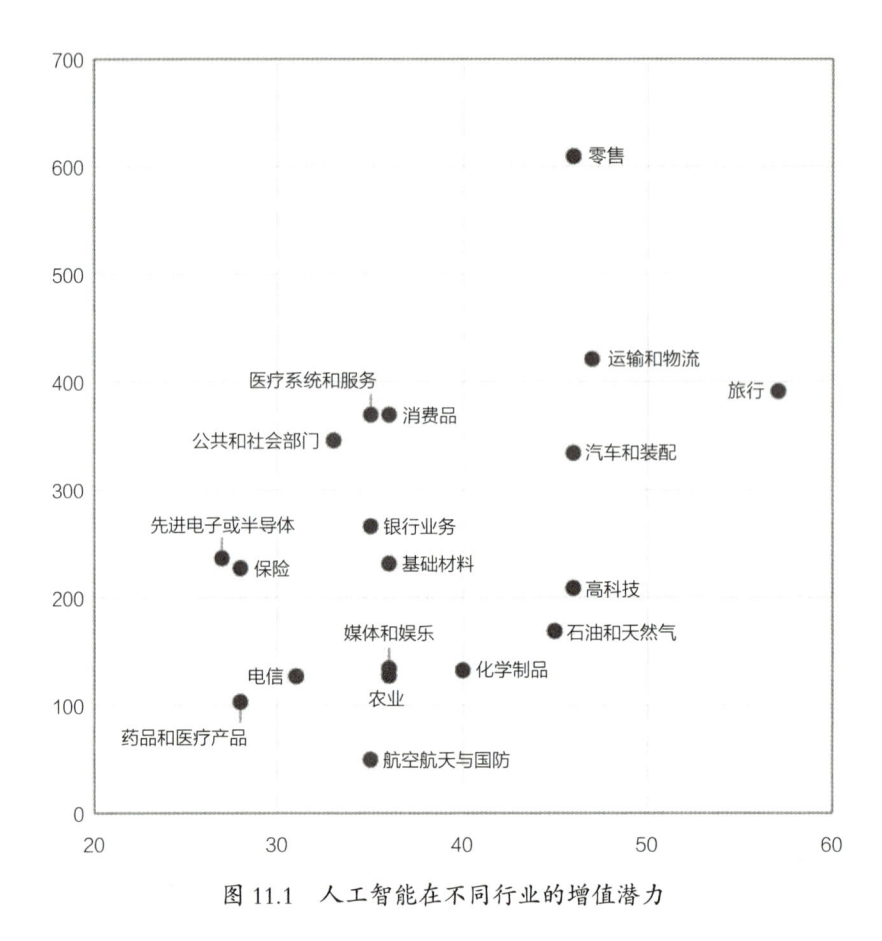

图 11.1 人工智能在不同行业的增值潜力

企业中，46% 都集中在这一方面。包括预测和分析客户行为、风险管理、面部识别、聊天机器人或者智能助手。基于人工智能的产品和服务推荐也属于这一范畴。可用程序（操作简单且应用一般）占 27%，其中包括职业规划优化和流失分析。

专业程序是指那些操作复杂且应用面窄的应用程序。根据不同的应用领域需要确定相应的人工智能投资是否有意义。34% 的案例集中在这一方面。例如人力资源管理。凯捷公司调查的案例重点就是需求性，高度应用性和高度复杂性保持了一致。其中包括客户服务、决策系统以及开发新产品和新服务。

第 11 章 未来展望

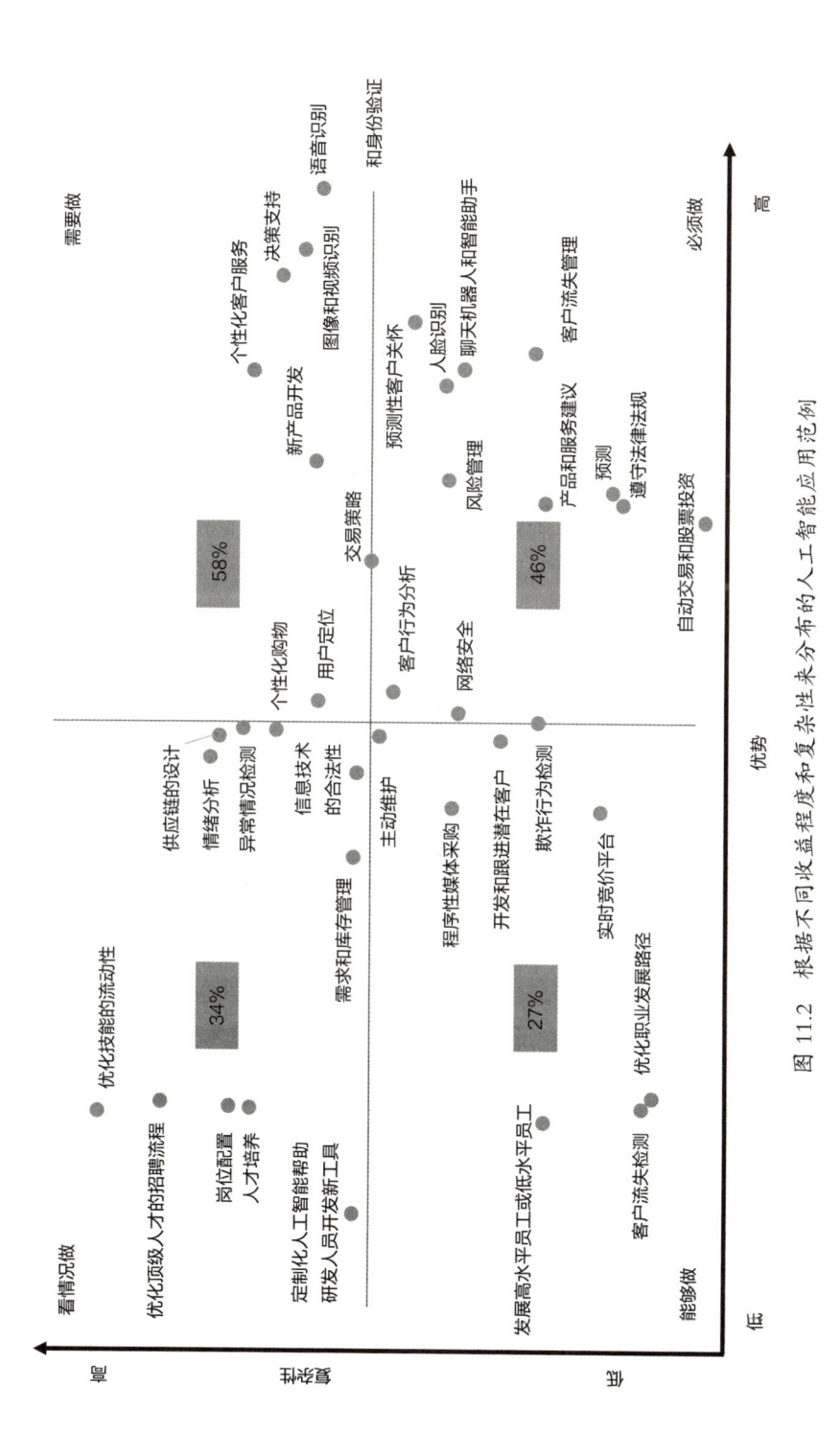

图 11.2 根据不同收益程度和复杂性来分布的人工智能应用范例

企业 AI 之旅

知识点

> 你的企业需要回答这些问题：必须做什么、可以做什么、根据具体情况做什么和需要做什么。图 11.2 可以帮助你做出决策，并代表了一种思维冲动。你要对你的公司进行相应的评估。

开放人工智能项目可以为在社会、商业和科学中更全面地锚定人工智能做出贡献。这是一家由个人（如埃隆·马斯克和皮特·蒂尔）和企业（如亚马逊、印孚瑟斯技术有限公司、微软和开放慈善项目）支持的非营利人工智能研究公司。该公司的介绍中有以下内容：

通用人工智能（AGI）将是人类创造的最重要技术。

开放人工智能的使命是建立安全的 AGI，并确保 AGI 的优势尽可能覆盖更广的领域。我们预计人工智能技术在短期内将产生巨大的影响，但其影响将被第一批 AGI 所抵消。

我们是非营利性研究机构。共有 60 名研究人员和工程师，他们不顾个人利益，全力为了我们的使命而奋斗。

我们专注于人工智能的长期研究，致力于在人工智能领域实现根本性进展。通过在前沿领域的长期耕耘，我们可以对 AGI 的创造条件带来影响。阿兰·凯（Alan Kay）曾说："预测未来的最佳方式是创造未来"。

我们在顶级机器学习会议上发布开源的软件以加速人工智能研究，并在博客上发布研究进展，与各位交流。我们不会为了私人利益将信息保密，但从长远来看，我们将创建正式的标准以便于在安全受到威胁时将技术加密。

通过活动、研究、出版物和博客，开放人工智能项目可以提供一个讨论 AGI 的平台——对所有人都有益！

人工智能在生活中的普及程度取决于我们自己。然而，不断增加的使用复杂性不仅迫使公司，也迫使每个人都采用不同的解决方案。很多人已经在不知不觉中接受了服务。如果没有人工智能，那么谷歌的热榜、亚马逊、网飞、Spotify 也就无法准确发给我们推送。同时，人工智能还用于高标准的制造业。借助预维护功能，飞机在抵达纽约后就能够立即更换即将故障的涡轮系统。我们已经在日常生活中接受了人工智能。

诸如人工智能的伦理挑战以及机器人失控灾难等复杂场景实在是杞人忧天，真实的应用场景应该是像派珀这样的类人机器人完美运行，还有下围棋、疾病诊断、计划旅行、识别和响应情绪等。科幻电影可以通过各种思维爆炸来探索未来，帮助我们发挥想象力。

引发的思考

很多对于人工智能的恐惧实际上就是对于未知的恐惧，因为我们根本无法理解某些事情的原理。如果我们老实，那就每天只要接受这些未知即可。除了特定领域专家外，谁能准确说出柴油发动机的工作原理，太阳能发电厂如何发电，谷歌搜索算法的原理，以及每天我们必备的智能手机的工作原理？但我们还在使用并且信任这些东西——无时无刻！

知识点

没有人工智能就不会有人类的未来，就像没有电或互联网就不会有现代生活一样。

11.2 政治和社会的挑战

人工智能的不断进步给政治和社会带来了哪些挑战？除了企业，政界人士也负有重要责任，就是确保通往人工智能世界的旅程一切顺利。其中的第一个阶段应该类似于企业发展人工智能时的第一个阶段：通过与推动者和反对者的对话来了解自己！

如今，政界人士比以往任何时候都更需要全面评估人工智能技术在科学和工业中产生的影响。然而人们不仅应该关注风险，更重要的是应该关注机遇。因此，重点不在于有多少人类的工作机会被人工智能淘汰，而是应该思考人工智能如何为我们的经济智能化健康增长做出贡献！

企业经常会建立一个专门的数字化部门，以便正确分类管理数字化、工业4.0和经济4.0以及人工智能之间日益复杂的关系，并制定符合政策的方案。我们认为，这种部门在政治层面来讲是不可或缺的。无论如何，各部门应该分工明确，各负其责。

知识点

如果每个人都有责任，那每个人都没有责任！这句话也适用于政治！

另外，政界人士也有责任为民众普及人工智能知识教育，以提升人们对数字化的理解。教育不仅在普及人工智能知识方面发挥着关键作用，而且在对抗日益加剧的不平衡发展方面也起着关键作用。科技与教育之间存在着真正的竞争。那些不仅具备实际操作和创造应用能力，还提早接触到新技术的人，能够将学到的技能应用到专业工作中去，并且不用担心失业。MOOC等智能学习工具可以为学生和研究者提供一个学习的渠道，并且为整个教育系统反馈数据，持续促进教育优化。

所以，在社会层面一定要加强政策的普及，推动人工智能主题走入各大论坛，帮助民众克服对人工智能的恐惧和焦虑。否则的话，阴谋论者和末日论者就会大放厥词，将恐怖带给民众。

知识点

> 政界和商界应该共同努力，创建透明互信的人工智能文化，这也是滋养乐观精神的土壤。

另外，对于已经步入职场的人们来说，可以利用继续教育渠道来传授他们数字化知识。这些渠道包括学校、专业培训机构以及大学的数字化课程。

科学和工业的合作不仅能够取得研究成果，而且能将成果应用到市场上的产品和服务当中。这种合作还有利于没有能力独自发展人工智能技术的中型企业。

在就业方面，人工智能可以降低劳动力和雇主的成本，同时让符合条件的技术工人快速找到合适的工作。员工之间的个人推荐也仍然是一种有效的方式。人工智能系统会根据雇主的要求来评估求职者的能力，政治家有责任在国际层面促进数据库的发展。

人工智能的普及对工作岗位的影响是长期性的。自动化程度越高，那么工作岗位就会相应减少，如果不同时创造相应数量的工作岗位，就业就会受到严重的影响。财富总量不会变化，但在整个人口中会出现两极分化。政府需要制定一些前瞻性计划，保证在数字化浪潮中人工智能能够服务于整个社会，而不仅仅是个人或者企业。

知识点

> 全社会必须要意识到人工智能的意义以及理论道德底线，同时还要明确人工智能能够而且必须为创造未来做出贡献。这样，美国和欧洲才能继续保持合作关系。

另外，政策制定者必须为安全和数据保护等问题制定具有约束力的法律条款。正因为法律的缺失，所以许多已经拥有人工智能应用程序的公司实质上处于灰色地带。首先要制定新的通用数据保护条例（GDPR），该条例为人工智能在许多领域的使用设定了严格的限制；其次是要在保护个人数据和保障人工智能算法训练数据之间做到平衡。

引发的思考

GDPR 的存在使欧洲企业获取个人数据（例如，来自相关企业和客户的数据）变得更加困难，而亚马逊、脸书和谷歌等美国企业将保持竞争优势，阿里巴巴、百度、京东和腾讯等中国企业也将占据有利地位。

这种情况与在工业 4.0 背景下获得的数据不同，通过物联网获得的数据并不受 GDPR 的约束。这就为欧洲企业获取数据打开了一扇新大门。

政府应该在适当的监管和创新业务范围之间做到平衡。像所有企业一样，所有国家都必须明确自己在人工智能领域扮演什么角色，以及给予多少投资支持。中国的角色是世界人工智能的领导者，而非简单地随大流。

人工智能总体规划的其中一个重要方向就是开发创业生态系统，围绕该系统可以建立人工智能企业。根据罗兰·贝格国际管理咨询公司（Roland Berger）的一项调查，几乎 40% 的人工智能初创公司位于美国，欧洲整体排名第二，领先于中国和以色列。但是单个欧洲国家的人工智能初创企业较少。英国排名第四，法国排名第七，德国排名第八。

人工智能的全面应用创造出了许多机会，但实施过程也面临着巨大的挑战。人工智能的优势只有长期才能显示出来，因此，初期的投资回报率会非常低。因此，在经济、政治和社会层面不仅需要耐心，还需要政府层面制定长期战略和准备。政府部门要发挥明确的领导作用，以便成功转型并克服障碍。如果忽视人工智能，那么人们就会像被世界抛弃一样陷入失业的恐惧。

为了使国家从人工智能中受益，首先回答下列问题：

- 对人工智能技术的哪些投资有利于提高竞争力，同时创造新的就业机会？
- 政策制定者如何才能通过发展教育来普及人工智能知识？
- 如何确保政府能够提高对国民资本的投资？
- 如何使社会接受劳动力市场的预期变化（例如，通过政府、公司和工会之间的联合行动）？
- 如何促进企业之间的健康竞争，以避免一家独大（类似于搜索引擎和社交网络垄断）？
- 如何设计法律条款（例如，创新业务和数据的使用）才能保证转型过程受法律保护？
- 怎么才能在设计版权中体现出人工智能的角色？毕竟人工智能才是方案的创造者，而非人类。
- 如何解决由人工智能（促进流动性、加强培训、产业转型）造成的就业赤字和失业率？
- 如何为人工智能设定全球统一标准（边境驻军、数据保护或人工智能算法），以及这些标准的定义？

大多数企业都需要较长时间才能尝到人工智能的甜头，但很多企业仍然在努力应对数字化转型，以便应对下一阶段——人工智能的全面融合。这些企业正在逐渐落后，所以比较令人担忧！

引发的思考

任何人想要在全球层面具有技术话语权，首先要主导技术。

小结

全世界都要适应人工智能带来的破坏性冲击！如今，我们正处在一个数字化大变革中，经过人工智能的无限放大，这一过程再也回不了头了！

人工智能这项技术已经以燎原之势普及到全世界。所以现在我们要研究的就是如何避免人工智能系统遭到歧视、滥用和误用。

我们应将人工智能视为一个应对不断加剧的城市化和流动性、急剧的人口变化和全球气候变化等全球性挑战的机会。

国际上应该统一制定人工智能指南，为所有国家建立一个具有约束力的框架。互联网无国界，人工智能也无国界！该指南可以囊括安全性和人工智能的接受程度、人机协作以及自动化带来的社会影响等内容。

下列内容有助于我们平和地接受人工智能。

人类的智力经过了数百万年的进化，形成的理性分析功能可以保护我们免遭危险。因此，我们的数学思维并不太重要，重要的是偶然性决定我们的智能思维。换言之，作为感性生物，我们的思维并不会局限于特定规则。每个人都有自己的思想，自己的世界观。所以分析别人是一件特别困难的事情。我们能够吃一堑长一智，而不是由程序控制。

所以，制造出和人脑同一水平的智能设备目前还遥不可及。一旦实现，就将彻底改变我们的日常生活和工作。

愿读者们都有足够的勇气和自信来面对人工智能的浪潮！